Rizzoli best

Giampaolo Pansa

Poco o niente

Eravamo poveri. Torneremo poveri.

Rizzoli

ISBN 978-88-17-05210-8

Prima edizione: ottobre 2011
Seconda edizione: ottobre 2011
Terza edizione: novembre 2011
Quarta edizione: novembre 2011
Quinta edizione: novembre 2011
Sesta edizione: novembre 2011

Poco o niente

Prologo

La grande paura del Duemila è di ritornare poveri. È il timore nuovo che leggo negli occhi di molte persone. E che affiora sempre più spesso anche dalle loro parole, non appena si comincia ad accennare al futuro.

Tanti genitori si chiedono quale sarà la vita che attende i loro figli. A volte m'imbatto in nonni angosciati da quanto potrà accadere ai nipoti. Sono pochi quelli che non si fanno domande. E sostengono di non provare nessuna di queste ansie. Li ascolto con un pizzico di invidia perché non hanno i dubbi che, al contrario, inseguono anche me.

È questo il regalo del nostro difficile e torbido inizio degli anni Duemila. Prima una crisi finanziaria globale, poi la crisi economica che riduce molti redditi famigliari, la crescita dei disoccupati, l'obbligo di intaccare i risparmi, i bilanci di molte nazioni a rischio di fallimento. E infine il divampare della questione dei giovani: non trovano davvero lavoro o aspirano a un lavoro impossibile da conquistare?

Nei decenni passati le cose non andavano così. Certe paure non avevano ragion d'essere. Me lo conferma la mia storia personale. E soprattutto quella della famiglia dove sono nato e cresciuto. Come leggerete in questo libro, mio padre Ernesto e mia madre Giovanna venivano da un'infanzia segnata dalla povertà. Quella di mio padre, poi, era stata marchiata da una condizione ben più dura: la miseria. Ma entrambi guardavano al futuro con fiducia.

Ernesto aveva vissuto i primi vent'anni tra gli ultimi

della scala sociale. Mangiando poco. Vestendo panni smessi da altri. Calzando scarpe di ripiego, ottenute grazie alla carità del parroco del paese. E soprattutto iniziando a lavorare da bambino. Quando venne arruolato dall'esercito e fu mandato al fronte nella prima guerra mondiale, era un ragazzo soldato che non aveva ancora 19 anni. Ma toccò il cielo con un dito. Si riteneva fortunato e in *Poco o niente* scoprirete il perché.

Alla mia nascita, Ernesto e Giovanna avevano un lavoro in grado di mantenere se stessi e i figli. Lui era un operaio dello Stato, un guardafili delle Regie poste e telegrafi. Lei era diventata una modista e una pellicciaia provetta. Grazie al suo negozio, guadagnava più di mio padre. Ma anche Giovanna ha faticato tutti i santi giorni, sino alla vigilia di morire.

Non si sono mai concessi alcun lusso. Non hanno mai posseduto un'automobile. Non sono mai andati in vacanza. Però hanno sempre avuto una certezza: tanto io che mia sorella avremmo vissuto un'esistenza migliore della loro. Una certezza che oggi molti genitori non possiedono più.

Ernesto e Giovanna mi hanno fatto crescere senza obbligarmi ad affrontare nessuno dei sacrifici incontrati da entrambi. Mi hanno messo in mano libri che non avevano potuto leggere. Mi hanno aiutato a frequentare scuole che gli erano state negate. Mi hanno protetto con una generosità illimitata, ma avvisandomi che, da un certo momento in poi, avrei dovuto far conto sulle mie sole forze.

Li ho sempre visti felici di potermi offrire una vita tutta diversa dalla loro. Mi incitavano ad approfittare del piccolo benessere conquistato anche per me. Dicevano: guarda che non capita a tutti la fortuna di studiare, devi cercare di meritarti il regalo che hai ricevuto, grazie ai nostri sacrifici.

Quando sono entrato all'università, era il 1954 e

avevo appena compiuto 19 anni, mio padre stentava a nascondere un orgoglio felice. Mi raccontò: alla tua età ero un soldato ignorante, arrivato appena alla quarta elementare, e stavo al fronte insieme a tanti altri militari uguali a me. Molti erano analfabeti, non sapevano neppure parlare l'italiano, si esprimevano unicamente nel dialetto dei loro paesi.

Un piemontese e un siciliano potevano morire l'uno accanto all'altro, nella stessa trincea. Però non riuscivano a capirsi: erano come due stranieri arrivati da nazioni lontane. Soltanto gli ufficiali non erano così. Ma anche tra loro di laureati se ne trovavano pochi. Invece tu, caro Giampa, frequenti l'università. E io potrò vantarmi di avere un figlio dottore!

Ernesto mi seguì, passo dopo passo, lungo tutto il percorso di studente universitario. In un taccuino segnava gli esami che avevo superato e il voto ottenuto. Mi resi conto che sapeva tutto del corso di studi al quale ero iscritto. Pur essendo un uomo mite e alieno dalla severità, non accettava la minima incertezza nell'affrontare un esame. Pretendeva che i miei voti fossero sempre alti. Se dopo una serie di trenta, portavo a casa un ventisette, lo scoprivo deluso. Non mi diceva nulla, però capivo che si era aspettato di più.

Venne a Torino per assistere alla mia laurea in Scienze politiche, a Palazzo Campana, la sede delle facoltà umanistiche. Stava per compiere 61 anni ed era la prima volta che metteva piede in un santuario della cultura accademica, un operaio fra tanti professori e studenti.

Si preoccupò molto nell'ascoltare il battibecco fra il relatore della mia tesi e il presidente della commissione di laurea. Era il magnifico rettore dell'ateneo, un vero barone, autoritario e stizzoso. Si lamentava delle troppe pagine che avevo scritto. Ma forse non gli garbava l'argomento: la guerra civile nella mia provincia, quella di Alessandria, fra Genova e il Po.

Ernesto ebbe il timore che il fastidio del rettore potesse nuocere al mio voto di laurea. In seguito, mi confessò di essere stato tentato di andarsene per non trovarsi di fronte a un disastro. Però nella vita si era imbattuto in momenti molto peggiori e decise di restare sino alla fine della cerimonia, confuso tra il pubblico.

Quando mi vide premiato con il massimo dei voti e la menzione della dignità di stampa, scappò via di corsa a prendere il treno e ritornò da solo nella nostra città, dove lo aspettava mia madre, assai più tranquilla di lui. Alla sera, quando ci ritrovammo a casa, mi abbracciò dicendomi: una laurea come la tua ti garantirà una vita diversa da quella che abbiamo fatto la mamma e io.

La stessa certezza ho avuto nei confronti di mio figlio Alessandro. A differenza di mio padre, sono stato un genitore a volte assente. Ero molto assorbito dal lavoro nei giornali, sapevo che studiava, tanto al liceo che all'università, e questo mi bastava. Non nutrivo nessun timore per il suo futuro. Erano i primi anni Ottanta e non esistevano le apprensioni di oggi.

Per un bravo laureato l'avvenire era sicuro. Niente precariato. Un lavoro tutelato da un buon contratto. Uno stipendio all'inizio modesto, ma destinato a crescere con il tempo e l'esperienza. Un percorso professionale aperto a ogni possibilità. Una carriera non facile, che tuttavia poteva condurti in alto. Grazie al merito e senza bisogno di contare sulla protezione di qualche santo in paradiso.

I padri di oggi come vedono il futuro dei figli? Sempre più spesso sono indotto a pensare che, nella maggioranza dei casi, non siano in grado di prevedere niente. Tanto che, a volte, non si pongono nessuna domanda perché hanno paura della risposta. Oppure perché non sanno neppure immaginarne una.

Il risultato è uno solo: per quel che riguarda l'avvenire dei figli, molti genitori vivono nel presente. Per dirla in modo secco, campano alla giornata. Osservano i figli crescere, superare l'adolescenza, entrare nella prima età adulta e non riescono ad avvistare che cosa gli accadrà l'indomani, dopo sei mesi, un anno o cinque anni. Se li interroghi, questi padri e queste madri dichiarano la loro impotenza a intuire quale vita faranno i loro ragazzi.

È un silenzio obbligato. Che può essere infranto soltanto se chi li interroga è un amico o una persona che merita la confidenza più totale. Allora confessano le ansie che li assediano. Sono tante e molto diverse, ma conducono a un risultato sempre uguale: il timore che i figli incontrino un'esistenza ben più difficile della loro. E siano costretti a retrocedere nella scala sociale. Sino al punto di ricadere nella povertà, la stessa dei padri, delle madri e soprattutto dei nonni.

Per questo dico che molti genitori vivono nel presente. Rifiutano non soltanto di affacciarsi al futuro, ma ancor più di dare un'occhiata al passato. Anche il passato li induce a mille timori. Fa emergere fantasmi che credevano di aver sconfitto per sempre.

In questo libro ho guardato al mio passato senza timore, e ho cercato di raccontarlo com'ero capace. Quando dico mio, intendo quello della famiglia che mi ha generato. Il passato di mio padre Ernesto e di mia madre Giovanna. Il passato dei miei nonni, a cominciare da quelli paterni. E soprattutto il passato della mamma di mio padre: Caterina Zaffiro, la nonna che, dopo aver cresciuto sei bambini da vedova in miseria, si è occupata anche di me e di mia sorella Marisa.

Il giorno che sono nato Caterina aveva 66 anni. Era una donnina d'acciaio, mai piegata dalle infinite disgrazie e dalla miseria patita sin dall'infanzia. Dopo aver sposato i figli, era rimasta a vivere con mio padre Ernesto, l'unico ancora scapolo. E quando anche lui aveva messo su famiglia, era andata ad abitare con gli sposi, a tu per tu con la nuora, mia madre Giovanna.

Sono vissuto con Caterina sino all'età di 11 anni e mezzo. Di solito si pensa che le nonne contino poco per i nipoti maschi. Invece la sua presenza costante ha arricchito la mia infanzia. Come leggerete in questo libro, Caterina era analfabeta, però mi ha condotto alla scoperta di una realtà preziosa: la storia di un mondo disperato dal quale, in fondo, venivo anch'io.

È stata una maestra di vita. Se non l'avessi incontrata, se non avessi passato molte ore con lei, ascoltando i suoi racconti, a cominciare da quello della propria esistenza disgraziata, non sarei la persona che sono. Ancora oggi la memoria della sua fatica di vivere è la lezione che considero più importante e formativa fra le molte che ho ricevuto, a scuola e nel lavoro.

Per questo motivo, la figura di Caterina appare di continuo in tanti miei scritti. A volte, qualche amico mi domanda, con ironia affettuosa: «Di nuovo Caterina?». Rispondo: «Certo, di nuovo lei, sempre lei. Le devo molto e mi piace farla rivivere. È l'unico modo che ho per ringraziarla di quanto mi ha donato».

In *Poco o niente* ho cercato di narrare le vicende di una famiglia qualsiasi a partire dalla seconda metà dell'Ottocento. Una famiglia che ha incontrato le medesime sofferenze di tante altre, come accadeva alla grande maggioranza degli italiani di quel secolo e della prima metà del Novecento.

Allora milioni di cittadini dell'Italia unita da poco erano assediati da un'infinità di nemici che troverete descritti in *Poco o niente*. La povertà, la fame, le malattie, le epidemie, la sfortuna che insegue sempre i più miseri, la violenza privata e quella pubblica. Il tutto sullo sfondo di troppe guerre, concluse dal massacro del primo conflitto mondiale. Una follia che spalancò la porta a un fanatico scontro politico fra sinistra e destra, il prologo sanguinoso alla nascita del regime fascista.

Il sottotitolo di *Poco o niente* recita: *Eravamo poveri. Torneremo poveri.* Confesso che avrei preferito che la seconda riga si concludesse con un punto interrogativo, per non apparire un profeta di sventure. Ma l'editore ha deciso altrimenti.

Del resto, l'eventualità di tornare indietro se ne sta sempre in agguato in questo difficile 2011. È come un incubo che può ripresentarsi soprattutto nell'esistenza di tanti giovani. L'incertezza del futuro riguarda loro, più che gli anziani. I ventenni di oggi sono diventati il problema numero uno della società del Duemila. Vivono una giovinezza in apparenza spensierata, senza problemi, ma che nasconde un rischio micidiale. Quello di arretrare nella scala sociale e di non poter neppure conservare quel poco che i genitori hanno costruito per loro, con il lavoro e con il risparmio.

La mia speranza è che la storia di Caterina e di suo figlio Ernesto rammenti ai giovani di oggi che il benessere non è una conquista definitiva. E può essere perduto. Le vicende narrate in *Poco o niente* non sono per nulla relegate in un tempo lontano. Ci riguardano da vicino, stanno ancora dentro le nostre esistenze e un giorno potrebbero bussare alla porta di ciascuno.

Le ho narrate alla mia maniera, cercando di non scrivere un libro che rievocasse soltanto eventi tragici e un seguito incessante di disgrazie. Insieme ai miserabili dell'Ottocento e del primo Novecento, la carne da cannone della prima guerra mondiale, ho descritto com'era l'Italia di allora pure nei suoi lati meno tetri.

Qui c'è anche l'amore, spesso violento persino fra le mura domestiche. L'incontro fra i signori ricchi e le ragazze povere, con le passioni e gli intrighi che ne derivavano. Gli amori clandestini, i tradimenti, le punizioni, i delitti d'onore. Le donne che campavano vendendo il proprio corpo. I bordelli autorizzati e le prostitute definite girovaghe. Il trionfo del sesso, non esibito come oggi e tuttavia sempre presente, anche nei racconti a mezza bocca di Caterina.

Qualche volta ho ripreso e ampliato le tracce seminate in altri miei libri. A cominciare da *Romanzo di un ingenuo*, pubblicato nel 2000 da Sperling & Kupfer, un editore al quale devo molto.

Ho scritto *Poco o niente* con emozione. Dentro queste pagine c'è anche la vita dei vecchi ragazzi come me, ormai diventati signori "su di età", avrebbe detto Caterina. I miei capelli bianchi mi regalano un vantaggio sui giovani: non ho paura del mio futuro. Qualunque cosa decida per me il Padreterno, mi troverà soddisfatto di aver onorato il debito che avevo nei confronti di chi è venuto prima di me.

G. P.

Parte prima

I

Morire di fame

Crudele. Possiamo ricordarlo soltanto così l'Ottocento. Fu un secolo di grandi asprezze, feroce, senza pietà per chi non possedeva niente: i poveri, i pezzenti, i miserabili. In quel tempo erano davvero tanti: la grande maggioranza della gente che viveva in Italia.

Non dobbiamo pensare all'Ottocento come a un'epoca preistorica che non ci riguardi più. Molti di noi sono stati cresciuti da genitori e spesso da nonni nati in quel secolo. E li hanno sentiti raccontare la grande difficoltà di vivere incontrata da tanti di loro.

È successo a me, come sarà di certo accaduto a non pochi lettori di questo libro. Le storie che abbiamo ascoltato erano quasi sempre tristi, a volte tragiche. Del resto descrivevano un'epoca barbara. Dove poteva accadere anche di morire uccisi dalla fame.

Una di queste storie sono in grado di rievocarla per averla ascoltata dalla mia nonna paterna. L'anno d'inizio fu il 1850. Quando la prima guerra d'indipendenza era terminata da poco, con la vittoria degli austriaci sull'esercito sardopiemontese, guidato da re Carlo Alberto e poi da suo figlio, Vittorio Emanuele II.

In una grande cascina della Bassa vercellese viveva una ragazza di 20 anni, figlia del proprietario della tenuta. Nata nel 1830 in territorio di Caresana, si chiamava Margherita, detta Ghita. Era davvero bella, una mora con gli occhi ardenti, un volto da madonna e un carattere così forte da far sembrare pappemolle parecchi maschi che l'avevano corteggiata. Sapeva persino leggere e scrivere, una dote non frequente tra le donne del suo tempo, comprese quelle che povere non erano.

La sua esistenza sembrava avviata lungo un percorso del tutto normale. Previsto per lei dal padre, un possidente burbero, un vero ricco e di quelli astiosi, che provava per la figlia un affetto esclusivo. E la preferiva ai tre figli maschi, messi al mondo dalla moglie scomparsa in giovane età.

Il genitore aveva ben chiaro in mente quale doveva essere il futuro di Ghita. Un matrimonio con un uomo dello stesso ceto. La nuova famiglia. La nascita di una sfilza di bambini. Una vita tranquilla nella casa padronale di un'altra tenuta, identica a quella del padre. Ma il caso, o il Padreterno, si mise di mezzo. E per Ghita tutto cambiò.

Il mutamento imprevisto fu la conseguenza di una vicenda d'amore. La ragazza conobbe un giovane che aveva tre anni più di lei, nato a Caresana nel 1827: Maurilio. E lo guardò come non aveva mai guardato nessuno. Poteva sembrare l'inizio di una storia destinata prima o poi a concludersi con le nozze. Invece non andò così, perché non poteva andare così.

Maurilio non era ricco come Ghita. Faceva il bracciante avventizio e per di più lavorava nella cascina del padre della ragazza. Era davvero un bel giovanotto: alto, asciutto, gli occhi buoni e i modi della persona onesta. Come gli altri braccianti, non possedeva nulla, se non la forza delle braccia e una grande resistenza alla fatica sui campi.

Viveva in una casa miseranda, alla periferia di Caresana. I suoi genitori erano scomparsi. E lui aveva imparato a badare a se stesso. Il salario più o meno gli bastava. Il bucato se lo faceva da solo. Mangiava una volta al giorno, di sera: un piatto di minestra o qualche fetta di polenta, un po' di pane, un tantino di verdura rubata o ricevuta in regalo da chi possedeva un orto.

Contro ogni previsione, e soprattutto in contrasto con gli usi del tempo, i due giovani s'innamorarono l'uno dell'altra. Sulle prime, tra loro corsero soltanto degli sguardi. Poi iniziarono a parlarsi, sotto gli occhi di tutti, nella corte della cascina. Ma appartenevano a due mondi distanti anni luce e nessuno sospettò nulla. La prima a rendersi conto di quanto stava avvenendo fu la ragazza. E toccò a lei decidere che cosa fare.

Una sera d'autunno, mentre Maurilio stava per lasciare la tenuta e tornare alla sua bicocca, Ghita lo fermò in un angolo buio della corte e gli disse quello che provava per lui. Il ragazzo osò baciarla su una guancia. Lei rispose baciandolo sulla bocca. Non si dissero una parola, ma bastarono quei gesti per far ammettere a entrambi che cos'era accaduto.

I due innamorati presero a incontrarsi di nascosto. La Ghita aveva una zia che abitava da sola nel centro di Caresana: una signora già anziana e dalla salute malferma. Cominciò ad andare a trovarla con più frequenza di prima. Cenava insieme a lei, poi chiedeva di poter uscire per fare quattro passi in paese. Maurilio l'aspettava in un vicolo buio ed entrambi godevano di qualche minuto d'intimità.

Il momento di amarsi arrivò il giorno della festa patronale di Caresana, alla fine di ottobre del 1851. Come al solito, in paese c'era una gran folla. Nella ressa, i due morosi riuscirono a incontrarsi e si rifugiarono in un capanno lontano dal centro. Qui la Ghita si concesse a Maurilio, senza rendersi conto di compiere un passo molto rischioso per l'esistenza di entrambi.

Qualcuno li vide ritornare insieme in paese e avvisò il padre della Ghita. Il genitore impazzì di rabbia. Maltrattò la figlia e le proibì di mettere la testa fuori di casa. Poi fece chiamare il bracciante e lo licenziò, urlando: «Se ti rivedo nella mia cascina, la pagherai cara!». E per far capire che non scherzava, tre sere dopo gli mandò in casa due famigli che lo pestarono a sangue. Maurilio si ritrovò con le ossa rotte, senza lavoro e senza un soldo.

Ma il padre della Ghita non aveva fatto i conti con il carattere della figlia. Passati pochi mesi, all'inizio del 1852 la ragazza decise di scappare con il moroso. Insieme a qualche abito, mise in una sacca i gioielli che aveva ricevuto in regalo sin da bambina e un po' di monete d'oro prelevate dalla cassaforte del genitore. Poi una notte lasciò di nascosto la cascina, diretta al tugurio di Maurilio.

Qui i due morosi s'interrogarono su quanto potevano fare. La risposta la trovò Ghita: «Non dobbiamo rimanere qui. Domani mattina mio padre verrà a cercarmi. Partiamo subito e andiamo lontano, verso il Monferrato o in Lomellina. Quello che ho preso in casa basterà per campare qualche mese senza problemi. Ci sposeremo e allora mio padre non avrà più nessun potere su di me. Tu troverai un lavoro da bracciante, io farò la sarta o la camiciaia, in questi mestieri sono brava perché li ho imparati in casa da piccola».

Sembrava un piano perfetto, ma la sfortuna li prese di mira. La mattina, il padre di Ghita si accorse che la figlia era fuggita. Corse a Vercelli dai carabinieri reali e denunciò la sua scomparsa. Era un signore ricco e ottenne subito che due militi della Benemerita andassero alla casupola di Maurilio. Qui non c'era più nessuno. Ma i carabinieri scovarono i morosi mentre stavano per varcare il fiume Sesia ed entrare in Lombardia, che allora era territorio austriaco.

La ragazza venne ricondotta dal padre, mentre Maurilio fu arrestato e rinchiuso nel piccolo carcere di Caresana. Consisteva in una sola camera di punizione, chiamata in dialetto 'l cruton, una cantina sotto il municipio. L'unico arredo era un tavolaccio di legno. E di solito veniva destinata ai ladruncoli, ai vagabondi e agli ubriachi molesti.

Il bracciante fu accusato di furto, ma la ragazza spiegò che l'oro e i gioielli erano suoi. Maurilio venne scarcerato e scomparve. Ghita rimase alle prese con il padre. E lui la informò che aveva stabilito di rinchiuderla in un convento a Vercelli. Lì sarebbe rimasta sino a quando non avesse messo la testa a posto. Lei si disperò e decise di fuggire di nuovo per raggiungere l'innamorato.

Da un bracciante venne a sapere che Maurilio era andato a vivere in un casolare di Prarolo, un altro paese della Bassa vercellese. Dove campava lavorando per qualche padrone. Una sera del maggio 1852, la Ghita scappò e lo raggiunse. Lui l'accolse pazzo di felicità. E le disse: «D'ora in poi, nessuno riuscirà più a dividerci. Se i carabinieri verranno ancora a cercarci, li accoglierò con questo». E mostrò alla morosa un revolver.

La ragazza si spaventò. E gli chiese: «Dove l'hai trovato?». Maurilio spiegò: «Me l'ha procurato un amico. È un anarchico e odia i ricchi come tuo padre. Ho una buona riserva di proiettili. Se sarà necessario, sparerò per difendere te e me». La Ghita lo scongiurò di buttare la pistola nella boscaglia. Ma il giovane non volle saperne.

Trascorse qualche giorno e i maledetti carabinieri si rifecero vivi. Il padre di Ghita rivoleva la figlia e aveva saputo dove si nascondeva insieme a quel disgraziato di Maurilio. Una mattina del giugno 1852, un paio di militi bussarono alla porta del casolare. Maurilio aprì con la rivoltella in pugno e cominciò a sparare. Non uccise nessuno dei caramba, però ne ferì uno al braccio. Bastò questo per convincere i militi a ritirarsi.

I morosi vennero assaliti dalla disperazione. Ghita disse a Maurilio: «Ci verranno a cercare di nuovo. Tu sarai arrestato per aver ferito un carabiniere, verrai processato e ti condanneranno. Io finirò in convento. Il

Padreterno ha deciso che non dobbiamo vivere insieme. E allora non ci resta che una strada: ucciderci. Ci getteremo nel Sesia abbracciati e moriremo».

Anche Maurilio era affranto. Temeva di andare in carcere per chissà quanti anni. E si disse d'accordo. Qualche giorno dopo, era il 1° luglio 1852, si gettarono nel fiume e scomparvero. Il cadavere della ragazza venne ritrovato quasi subito. Il corpo di Maurilio, invece, non fu rintracciato. Il Sesia se l'era portato via, trascinandolo verso il Po.

Così pensarono i carabinieri e lo stesso padre di Ghita. In realtà, Maurilio non era morto. Non aveva esitato a scaraventarsi nel fiume, insieme alla morosa. Ma mentre piombava nel Sesia sperando di affogare, un piccolo tronco d'albero l'aveva colpito e spinto lontano dalla ragazza che stava annegando. Stordito, il bracciante si ritrovò in acque più calme e, con un gesto istintivo, si aggrappò a un cespuglio che sporgeva sul fiume.

Rimase lì per qualche ora. Quando si rese conto di essere ancora in vita, mentre Ghita era di certo annegata, decise di rientrare nel Sesia, per crepare anche lui. Ma l'istinto di sopravvivenza lo spinse a risalire il piccolo argine e a guardarsi intorno.

Stava sul margine di una boscaglia fitta che non ricordava di aver mai visto. Traballando, la superò e scorse in lontananza una bicocca isolata. Riuscì a trascinarsi sin lì, poi svenne a pochi metri dal casolare. Quando riprese conoscenza, stava sdraiato per terra dentro una vecchia cucina. China su di lui, c'era una donna di mezza età, vestita di abiti poveri, con un'espressione sgomenta.

La donna scosse Maurilio, poi lo aiutò ad alzarsi e lo condusse nell'altra stanza della casa: una camera spoglia, dominata da un gran letto, un giaciglio anch'esso misero, con un paglione di foglie del granoturco. Gli tolse gli abiti fradici, poi lo protesse con una vecchia coperta e gli ordinò di dormire.

Maurilio si svegliò che era già sera. Non si rendeva conto del tutto di quanto fosse accaduto. La donna gli consegnò i suoi indumenti che aveva messo ad asciugare al sole, e lo fece sedere al tavolo della cucina. Senza perdere tempo in parole inutili, gli disse: «Tu devi essere il moroso della ragazza che si è annegata nel Sesia. Non tentare di contraddirmi. La voce del vostro suicidio è già corsa come un fulmine per queste campagne. La gente sostiene che anche tu sei morto. Ma il Signore Iddio ti ha salvato. Il resto l'ho fatto io, quando ti ho soccorso e portato qui, dentro casa mia».

Il giovanotto scoppiò in un pianto disperato. Ma la donna lo fermò subito: «Caragnare non ti servirà a niente. Adesso mangia quel poco che ho. Poi tornerai a dormire. Nel letto ci verrò anch'io. Ma non ti darò fastidio. Domani mattina vedrai che cosa puoi fare».

Dopo un sonno profondo, di dodici ore filate, Maurilio si alzò. In cucina trovò ad aspettarlo la padrona. Lei gli mise davanti una fetta di polenta fredda e una bottiglia d'acqua del pozzo: «Non ho nient'altro da offrirti. Posso dirti soltanto chi sono. Il mio nome è Domenica, ma tutti mi chiamano Menica. Anzi, Menica la Baldracca, perché da giovane ho fatto la donna di vita. Sono stata a letto con tutti: ricchi, poveri, preti, militari, persino con qualche altra femmina. Sempre per soldi. Ne ho guadagnati tanti e, per fortuna, non li ho gettati nel Sesia, come avete fatto tu e la tua morosa che ormai sta in paradiso.

«Quando ho compiuto 40 anni, mi sono ritirata dal mestiere» continuò la Menica. «Ho comprato questa casupola, ho un orto, un bel pollaio e un po' di risparmi. Da allora vivo da sola e basto a me stessa. Dei maschi non voglio più saperne. Tu sei l'unico uomo che sia entrato in questa casa. E abbia dormito nel mio letto.»

Maurilio le domandò quanti anni avesse. La Menica sospirò: «A luglio ne farò 43. E non mi pesano per niente. Sulla mia filura ci sono cresciute le ragnatele. Ma questo mi fa contenta. A partire dai 20 anni ho visto e fatto troppe porcherie. E mi sono resa conto di una verità: i maschi più sono istruiti e carichi di soldi, più si comportano da maiali. I poveri come te non sono diversi. Però almeno non pretendono di essere serviti e riveriti. E di solito, dopo aver goduto, non ti picchiano come fanno gli altri».

Ancora con la testa in cimbali, Maurilio domandò alla Menica: «Che cosa mi consigli di fare adesso?». Lei rispose: «Prima di tutto, devi dimenticare la disgrazia che ti è caduta addosso. Poi cambia nome e cognome. Ricordati che la giustizia, se possiamo chiamarla così, ti sta cercando. Potrai fermarti da me qualche giorno. Ma dopo è meglio che tu lasci la Bassa vercellese. Vai altrove, nel Monferrato, in Lomellina o ancora più in là. Un lavoro da povero lo troverai sempre. I braccianti sono tanti, però tu sei giovane e robusto e qualche padrone avrà bisogno di un servo come te».

Il giovanotto rimase dalla Menica per un paio di settimane, accudito dalla donna come un figlio. Lei aveva un aspetto sciupato, tuttavia conservava un poco dell'antica bellezza. Era robusta, però non sformata. Con il seno prosperoso, i fianchi sodi, le labbra invitanti. E osservava Maurilio con uno sguardo da femmina attenta.

Una notte, dimenticandosi delle ragnatele, la Menica gli saltò addosso e si accoppiò con lui. Lo stesso accadde nelle notti successive. La donna ne rimase estasiata. La fortuna le aveva portato in casa un amante giovane e buono, che non pretendeva niente da lei. Però non perse la testa. E non chiese più di tanto al Padreterno.

Allo scadere del quindicesimo giorno ordinò a Maurilio di fare fagotto. Gli consegnò un po' di soldi, un paio di scarponi, qualche indumento nuovo comprato al mercato di Motta de' Conti, insieme a una bisaccia. Poi lo spinse fuori dalla sua bicocca, dicendogli: «Che il diavolo ti sia compagno e ti tenga lontano dalla giustizia degli uomini».

Era la fine del luglio 1852 e Maurilio aveva 25 anni. Si diresse verso il Monferrato e trovò quasi subito un lavoro da bracciante. Cambiava spesso paese e ai padroni che lo arruolavano dichiarava di chiamarsi Francesco Salasco, il nome di un paese vicino a Vercelli, ma lontano da Caresana. La gente parlava ancora del doppio suicidio nel Sesia. Ogni volta, Maurilio sussultava, poi diceva tra sé: "Adesso sono un'altra persona, nessuno potrà farmi del male".

Ma una sera di dicembre, mentre stava all'osteria, fu riconosciuto da un venditore ambulante che veniva da Caresana. L'uomo andò a denunciarlo ai carabinieri reali che, la mattina successiva, lo arrestarono. Come antipasto, i caramba lo pestarono a sangue, per fargli pagare il ferimento del loro commilitone. Poi lo condussero nella prigione di Casale Monferrato, un castellotto dalle mura grigiastre, situato in via Leardi, nel centro della città.

Qui un delegato di polizia, arrogante e sbrigativo, spiegò a Maurilio le accuse che si era meritato. Aveva istigato la morosa a uccidersi nel Sesia per rubarle il denaro e i preziosi che portava con sé. Prima ancora aveva ferito un carabiniere sparandogli con il revolver. Quindi aveva tentato di sfuggire alla giustizia, cambiando il proprio nome. Ce n'era abbastanza per guadagnarsi una condanna a parecchi anni di galera. Da scontare in qualche penitenziario duro, una tomba per vivi.

Il giovane si rese conto di non avere più scampo. Nessuno avrebbe mai creduto che anche lui voleva andare all'altro mondo insieme alla Ghita. E che la piccola fortuna che la ragazza portava con sé stava sul fondo del Sesia. Per di più, la sparatoria con i carabinieri c'era stata per davvero. Maurilio si rassegnò ad aspettare il processo. Si sentiva privo di volontà, con le forze che gli mancavano. Sembrava anche più vecchio della sua età.

Poi la sorte questa volta lo aiutò. Nella prigione di via Leardi aveva stretto amicizia con un assassino. Era un lomellino sui 50 anni che nel paese di Villanova Monferrato aveva ammazzato una coppia di possidenti per rapinarla. Questo tizio non voleva essere condannato a morte e si era risolto a fuggire dalla prigione. Una sera del gennaio 1853, approfittando di un cambio di guardia fra i custodi del carcere, riuscì a scappare. E Maurilio lo seguì.

Via Leardi era deserta e invasa da un nebbione spesso una coltellata. I due attraversarono di corsa i grandi giardini di Casale, raggiunsero il cimitero e qui si lasciarono. Maurilio prese la strada delle colline. Non possedeva nulla, se non il povero abito che indossava. Non sapeva dove dirigersi. Pensò di andare verso Asti, un territorio a lui sconosciuto, nella speranza di scovare qualche lavoro da bracciante.

Ma si stava ancora in pieno inverno e sui campi tutto era fermo. Maurilio non trovò nessuno che gli offrisse di faticare. E senza rendersene conto si trasformò in un camminante, uno di quei disgraziati che vagavano di paese in paese, campando di elemosina e di qualche furto. Era ancora giovane, ma assomigliava a un vecchio. Dormiva nei fienili, non si lavava, la barba gli era cresciuta sino al petto, i capelli gli ricadevano sulle spalle.

Faceva paura a se stesso e agli altri. Infatti veniva scacciato da tutte le cascine che visitava in cerca di un lavoro. I monelli lo accoglievano a sassate. Gli adulti, con il fucile da caccia in mano, gli ingiungevano di allontanarsi alla svelta. Maurilio sperimentò sino in fondo la tragedia del povero che vive da solo, come un cane senza padrone. E può soltanto mangiare miseria.

Pensò di ritornare dalla Menica, la baldracca che l'aveva accolto e aiutato. Poi si disse che ridotto in quello stato le avrebbe fatto soltanto ribrezzo. Tuttavia il ricordo dell'amore di Ghita per lui lo spinse a lasciare il Monferrato e ad avviarsi verso la Bassa vercellese. Di tappa in tappa, sempre più stanco, lurido e affamato, raggiunse Caresana, il paese dove aveva conosciuto Ghita.

Ci arrivò una sera del giugno 1853. E si diresse alla cascina del padre di Ghita. Era quasi mezzanotte. Il portone della fattoria lo avevano già sbarrato. Maurilio si coricò di fronte all'ingresso. Si sentiva sfinito e il sonno lo colse all'improvviso.

La mattina successiva, nell'aprire il portone, i servi della tenuta si accorsero di lui e in quel mendicante addormentato riconobbero Maurilio. Si precipitarono ad avvisare il padrone. Lui non si mosse e ordinò al figlio più grande di dare a quel bandito la lezione che si meritava per avergli sequestrato la figlia.

Uno dei fratelli di Ghita, affiancato da due salariati, andò all'ingresso della cascina. Impugnavano randelli robusti ed erano pronti a spaccare le ossa a Maurilio. Ma quando lo presero a calci si accorsero che non reagiva. Aveva il volto coperto da un mantello rattoppato. Lo strapparono via e si resero conto che Maurilio era morto. Di fame, di stenti, di malinconia disperata.

La storia di Ghita e Maurilio me la raccontò mia nonna. Anche lei aveva conosciuto la miseria e la fame. Ma per mia fortuna ce l'aveva fatta. Adesso andremo a incontrarla.

2
Caterina

Mia nonna Caterina Zaffiro, vedova Pansa, d'estate non indossava le mutande. Durante l'inverno sì, era lei a farsele, lavorando con i ferri da maglia. Erano mutandoni di lana color nocciola, che le arrivavano quasi alle ginocchia. Ma non appena iniziava la buona stagione, venivano messi nella naftalina, in attesa del prossimo autunno. Il bello è che non erano sostituiti da nessun altro indumento. In parole povere, nei mesi caldi, sotto il vestito Caterina non portava niente.

A questo punto, per non dare un'idea sbagliata di mia nonna, ho l'obbligo di aggiungere che il suo abito era lungo sino alle caviglie e fatto di stoffa nera. Era quasi una divisa, buona per tutte le stagioni. Vestivano così le donne come lei anche alla metà del Novecento. Nate in campagna nel secolo precedente, e fra poco ricorderò in quali condizioni di povertà, erano sempre andate in giro senza curarsi della moda e di tutti i fronzoli che ne derivavano.

Un giorno, quando avevo 10 anni ed era l'estate del 1945, le chiesi da vero mascalzone: «Nonna, perché non ti metti le mutande?». La sua risposta fu la più semplice del mondo, ma anche la più falsa: «Perché non ho i soldi per comprarle».

Le replicai, senza rispetto: «Sei una bugiarda, nonna. Le mutande non ti costerebbero niente. Te le potrebbe regalare la mamma. Nel suo negozio di mode per signora puoi trovare tutte le mutande che vuoi!». Caterina, allora, s'infastidì e mi strillò: «Pensa ai fatti tuoi e non ai miei. Vai a cantare in un altro cortile!».

Per dirla tutta sulla faccenda delle mutande, c'è ancora un dettaglio da raccontare. E spero di riuscire a farlo in modo che non appaia volgare. Non indossarle aiutava Caterina a risolvere in un attimo la questione della pipì quando si trovava fuori casa. Come si regolava e dove? In piedi, sopra un tombino. A volte accadeva che lo facesse ai margini di una piazza centrale della nostra città, Casale Monferrato. Quella dedicata a San Francesco, dove mia sorella Marisa e io andavamo a giocare, sotto la sua sorveglianza.

Per lei, era un'operazione banale, al riparo della lunga veste nera. Compiuta anche da altre donne della sua età e della sua condizione. L'ho saputo da un paio di signore, mie coetanee. Mi hanno confessato, per niente scandalizzate: «Pure mia nonna si comportava così».

Mi sono spesso domandato che mutande indossasse quando era molto giovane. Caterina era nata il 4 settembre 1869 a Caresana, in provincia di Vercelli. I genitori erano contadini senza terra, condannati a fare i braccianti o i salariati fissi sotto padrone. Lui si chiamava Paolo Zaffiro e lei Clara Falsone.

La coppia mise al mondo cinque figli, tutti a Caresana. Il primo fu una bambina, Margherita, nata nel 1856. Poi ebbero un'altra bambina, Giuseppina, partorita parecchi anni dopo, nel 1867. Quindi nel 1869 nacque Caterina. Dopo di lei arrivò un maschio, Giorgio, del 1872. Infine un secondo maschio, Giovanni, del 1876. Non so dire se ebbero altri figli nati in un comune diverso da Caresana.

Qualche tempo fa ho scoperto qualcosa a proposito dell'ultimo tra i fratelli Zaffiro: Giovanni. Come tanti era un salariato che cambiava spesso padrone. All'inizio del Novecento faceva il cavallante, l'uomo che si occupava dei cavalli, in un'azienda agricola sempre della pianura vercellese: a Livorno Ferraris che allora si chiamava Livorno Piemonte.

Era sposato e nel 1907, quando aveva 31 anni, gli nacque un figlio che chiamò Olimpio. Mi è capitato di occuparmi di Olimpio perché, dopo aver lavorato all'"Unità" di Torino da impiegato amministrativo, aveva aderito al movimento comunista dissidente di Cucchi e Magnani. Per questo motivo, era stato espulso dal partito dopo un processo sommario. Concluso da una sentenza d'impronta staliniana: "Per indegnità politica e morale".

Ma a quel punto stavamo già in un'altra epoca storica assai più recente e molto diversa. Dunque sarà bene ritornare al mondo di mia nonna. Dove le asprezze erano davvero ben più pesanti. E avevano origine nella vita miserabile dei poveri, non dai contrasti politici.

Com'era Caterina da ragazza? Di lei giovane non esistono fotografie. I ricchi di allora avevano, fra le tante, una fortuna in più rispetto ai poveri: lasciavano una traccia del loro aspetto fisico e del tempo in cui erano vissuti. A chi viveva sul confine con la miseria, la cattiva sorte non concedeva neppure questo.

Un bel problema per chi cerchi di ricostruirne le vicende, come sto provando a fare io. Il problema è che viene a mancare una fonte importante come l'immagine fotografica. Dunque, non mi resta che far ricorso a qualche indizio ricavato dalla figura di mia nonna ormai anziana.

Caterina era piccola di statura, capelli castani, un viso bello, come saranno belli i volti dei suoi figli. Tanto le femmine quanto i maschi, a cominciare da mio padre Ernesto. Ma soprattutto era una ragazzetta magra, una fiuletta. Allora i contadini poveri erano non dico pelle e ossa, ma quasi. Lo stesso valeva per lei.

Il corpo era molto asciutto, il ventre piatto, i seni piccoli, un lato B, come si usa dire oggi, per niente ciccioso.

Caterina non avrebbe mai avuto bisogno di mettersi a dieta. La dieta lei la faceva tutti i giorni. Mangiando poco e in seguito vedremo che cosa.

Alla sua nascita, Caresana era un paese della Bassa vercellese abbastanza grande, dati i tempi. Contava 3220 abitanti, in maggioranza giovani, al di sotto dei 30 anni. Vivevano nel borgo e nelle cascine di una decina di grandi tenute agricole. Alla metà dell'Ottocento, attorno a Caresana, le fattorie isolate erano quindici. E avevano spesso nomi sorprendenti: Panperduto, Bellincontro, Follia, Madonna dello Schiaffo, Immacolata, Travagliosa.

Erano tutte fortezze rettangolari, molto lunghe, ampie e parecchio affollate, poiché il lavoro sui campi era manuale, a cominciare dall'aratura. All'ingresso, svettava la casa del padrone. Dentro la grande corte, stavano schierati gli alloggi dei salariati fissi, assunti con un contratto annuale, da un novembre all'altro. Era un patto fragile, poiché poteva essere rinnovato oppure no a insindacabile giudizio del proprietario o del fittabile.

Poi c'erano le stalle per i cavalli e per le vacche. I magazzini con i sacchi di farina di frumento e di granoturco. I depositi degli attrezzi da lavoro. Il pollaio. La porcilaia. Il fienile. Il portico. Il forno per cuocere il pane, una volta alla settimana. Insomma, tutto quanto bastava per rendere la cascina una struttura sufficiente a se stessa. Soprattutto nei mesi invernali, quando l'isolamento diveniva quasi totale.

All'intorno si stendeva la pianura sul lato destro del Sesia, il fiume che segna il confine fra il Piemonte e la Lombardia. Sull'altra sponda inizia la Lomellina, un territorio già lombardo, in provincia di Pavia, anch'esso fitto di proprietà agricole, spesso assai vaste. E dunque, a somiglianza del Vercellese, strapieno di poveri e con ben pochi ricchi.

Mi domando se, da ragazza, Caterina abbia mai attraversato il Sesia, per andare verso Langosco o Candia Lomellina. Ma tenderei a escluderlo. Per lei i trasferimenti da un paese all'altro sarebbero venuti dopo, come racconterò. Allo stesso modo penso che Caterina non sia mai andata a bagnarsi nel Sesia.

Allora anche quel fiume era pulito, con un'acqua buona da bere. Però il bagno non rientrava nelle consuetudini dei contadini poveri. Persino quando l'estate schiacciava nell'afa le campagne. E l'unico refrigerio poteva essere l'immergersi in una roggia o nel Sesia. In realtà, non lo faceva nessuno, neppure i benestanti. Lo impedivano le usanze del tempo e, soprattutto, il pudore.

In quell'epoca, a una ragazza era vietato spogliarsi sia pure in modo sommario, per poi entrare in acqua protetta da un camicione lungo sino alle caviglie. Anche se ad accompagnarla c'erano altre donne, rischiava di passare per una poco di buono, una malvissuta, destinata a diventare una purcacciona, fatalmente attratta a fare purcarie. Era una nomea terribile, un marchio che le restava addosso per sempre. E la condannava allo zitellaggio perpetuo.

Nella seconda metà dell'Ottocento, Caresana poteva vantare un'agricoltura fiorente, pur se i proventi andavano soltanto ai padroni delle terre. La coltura più importante era quella del granoturco, il padre della polenta, spesso l'unico piatto sulle mensa dei poveri. Poi venivano il frumento, il riso bianco, l'avena, la segale, i fagioli.

Non mancavano le istituzioni pubbliche. A parte il municipio, bene organizzato, esisteva una piccola rete di servizi, come diremmo oggi. Un asilo infantile. Una congregazione di carità. Una società di mutuo soccorso tra gli operai e gli agricoli, ossia i contadini. Un trasporto gratuito per gli ammalati poveri da ricoverare all'ospedale di Vercelli, distante una quindicina di chilometri.

A differenza di altri paesi delle stesse dimensioni, Caresana poteva giovarsi della presenza di figure professionali, molto importanti per la popolazione. Un medico, una levatrice, ossia un'ostetrica, un flebotomo specialista in salassi del sangue, un farmacista, un veterinario.

Esistevano inoltre ben sette chiese. La chiesa parrocchiale, chiamata Chiesa Grande, era stata costruita nel 1700 e l'avevano dedicata a San Matteo, il patrono del paese. Affiancato da un patrono in seconda, San Giorgio. Venivano tutte accudite con rispetto. Gli abitanti erano cattolici convinti, almeno in apparenza. Sugli altari non mancavano mai i fiori.

Infine c'era una scuola elementare, frequentata da circa duecento alunni. Questo numero non deve trarci in inganno. I bambini si presentavano alle lezioni soprattutto durante l'inverno, quando il lavoro sui campi si fermava. Per quanto la frequentò Caterina? Direi poco o niente.

Lo conferma un fatto che ho constatato quando ero un ragazzo e lei viveva con mio padre Ernesto e con mia madre Giovanna, sua nuora: la nonna era analfabeta. A somiglianza di tanti altri italiani della sua generazione e della medesima condizione sociale, Caterina non sapeva né leggere né scrivere.

Delle donne come lei, si diceva che non avevano mai preso in mano un abbecedario. O se gli era capitato di farlo, "non avevano mai visto neppure il Gesumaria". Vale a dire che non si erano nemmeno accorte che sul frontespizio del libro per l'istruzione elementare stavano effigiati il Redentore e Maria Vergine.

Purtroppo Caterina era in buona, o cattiva, compagnia. Alla fine dell'Ottocento, milioni di italiani erano analfabeti. Anche in regioni considerate evolute. Nel 1871, quando lei aveva 2 anni, in Piemonte il 43 per cento degli abitanti, considerando solo quanti stavano in età scolastica, era prigioniero dell'analfabetismo. Quella piemontese era la quota più bassa in Italia. La media italiana era assai più alta: il 68,8 per cento.

Poi l'istruzione elementare si fece strada, sia pure con grande lentezza. Nel 1881, quando Caterina aveva già 12 anni, sempre in Piemonte gli analfabeti erano ancora il 32,3 per cento, quasi un terzo della popolazione adulta. Ma se consideriamo l'intera nazione, chi non era in grado di leggere e scrivere costituiva più della metà degli abitanti: il 61,9 per cento.

Mi sono sempre chiesto se, in seguito, Caterina l'avesse sentita come una menomazione, la prova di una inferiorità ormai impossibile da rimediare. Ma debbo pensare di no. Poco prima che morisse, nel 1947, la ricordo sfogliare "Grand Hotel" o "Bolero Film", settimanali di fotoromanzi. Sosteneva spavalda di capire tutto della storia raccontata e dei personaggi, anche guardando soltanto le figure. Del resto, come racconterò, da sposata e ancora giovane, aveva dovuto affrontare un mare di disgrazie, capace di assolverla da qualunque colpa.

C'è ancora una cosa da dire sul conto di Caterina. Oltre a essere analfabeta, non sapeva parlare l'italiano. Soltanto poco più dell'1 per cento degli abitanti di una nazione appena riunita era in grado di esprimersi nella lingua che oggi tutti usiamo. Caterina si esprimeva nel dialetto di Caresana, più o meno simile a quello degli altri paesi della Bassa vercellese. Se mai avesse incontrato un veneto o un siciliano non sarebbero riusciti a intendersi.

Mentre i figli delle famiglie benestanti, o non del tutto povere, sedevano sui banchi delle elementari, Caterina aveva già iniziato a lavorare. Sto parlando di una bambina di 8 o 9 anni. Se i maschi venivano subito inchiodati a qualche fatica sui campi, forse lei cominciò a fare da seconda o da terza serva nella casa di qualche abbiente.

Quando la padrona o il padrone non erano di razza cattiva, in fondo quel lavoro presentava un vantaggio. La paga poteva essere di qualche soldino o addirittura inesistente, ma in compenso si mangiava. Non certo alla tavola padronale, bensì in cucina con le altre donne di servizio. Però il cibo era comunque buono.

La cuoca, anche lei una donna povera, era di manica larga. Di minestra e di companatico ne avanzava sempre. E soprattutto, come un regalo della Provvidenza, non mancavano mai. Ecco un dettaglio non da poco, in tempi di miseria galoppante.

Devo confessare al lettore che sto andando un po' a tentoni. Pur essendo vissuto con lei sino all'età di 12 anni, non ho mai sentito Caterina parlare della propria infanzia. E nemmeno di quali fossero stati i suoi sogni di ragazza.

Le giovinette di quell'epoca avevano in sostanza tre destini. Le fanciulle di buona famiglia, ossia con genitori ricchi, di solito andavano all'altare per un matrimonio combinato dai parenti. Erano fortunate se lo sposo si dimostrava un giovane pronto ad accettarle come mogli e disposto a volergli bene. Ma poteva anche accadere che da nozze forzate derivasse soltanto l'infelicità della sposa. Soprattutto se il marito era un signore anziano, di pessimo carattere e abituato a un tipo diverso di donne.

Le ragazze povere, com'era Caterina, avevano un unico traguardo: sposare un altro povero. In questo caso, la loro esistenza non migliorava, anzi poteva soltanto peggiorare. Con il matrimonio la sposa passava da una servitù all'altra, ossia da quella dei genitori a quella del marito.

L'uomo aveva tutti i diritti e la donna soltanto doveri. A cominciare dal peso di mettere al mondo figli su figli. E di lavorare due volte: in casa e fuori. Vedendo svanire la giovinezza con la rapidità di un fulmine, sino a ritrovarsi vecchia prima ancora di arrivare ai 40 anni.

Infine esistevano le ragazze ribelli che rifiutavano il matrimonio. Potevano farlo in due modi. Il primo era scegliere la strada del convento e diventare monache. Il secondo era tutto l'opposto: fuggire di casa e cercare di sostenersi facendo il mestiere più antico del mondo, la prostituta. In questo caso, la ragazza non aveva altra possibilità che scappare dal paese natale e rifugiarsi in una città più grande, per esempio Torino.

Alla fine dell'Ottocento, ci voleva un impasto di coraggio, di ribellione e di angoscia disperata per scegliere di campare vendendo il proprio corpo. Ma al contrario di quanto s'immagina avvenisse in quel tempo lontano, non erano poche le ragazze povere che decidevano di battere la strada.

Nelle famiglie dabbene era vietato parlarne. Ma le voci di paese non erano mai campate in aria. Raccontavano spesso di quella tale o tal'altra ragazza caduta nelle grinfie di un amante che poi l'aveva abbandonata. O addirittura l'aveva spinta a prostituirsi per campare alle sue spalle. A quel punto, per la disgraziata iniziava un'esistenza che aveva un solo destino: diventare sempre più disperata.

Erano molto rari i casi di giovani donne così forti da tramutarsi in cortigiane senza farsi dominare da uno sfruttatore. Caterina ne conosceva più di uno, ma rifiutava di parlarne per pudore o per una reticenza istintiva. Allo stesso modo, il silenzio copriva storie diverse, ma anche queste da non nominare mai.

Come la vicenda di una fanciulla di Caresana che, nel fare la vita, si era accorta di preferire le femmine ai maschi. E aveva potuto sistemarsi nella casa di una nobildonna torinese, innamorata di lei. Formando una coppia proibita, ma in grado di durare nel tempo, con soddisfazione di entrambe.

Da giovane, Caterina era di poche parole. Non parlava neppure del paese natale. Come se a Caresana fossero iniziate tutte le sventure della sua vita. Può sembrare singolare, ma di Caresana, a parte la storia tragica di Ghita e Maurilio, narrava soltanto un fatto accaduto dieci anni prima che lei venisse al mondo. Era l'arrivo degli austriaci durante la seconda guerra d'indipendenza, nel maggio 1859.

Dopo aver superato il Ticino, le truppe dell'imperatore Francesco Giuseppe, guidate dal generale ungherese Ferencz Gyulai, erano dilagate in Piemonte. Caresana subì un'occupazione di appena cinque giorni, dal 6 al 10 maggio. Non risulta che in paese ci siano stati combattimenti. Ma tutti videro la variegata composizione dell'esercito austriaco. Cacciatori tirolesi, ussari a cavallo, ulani anch'essi in sella a bestie magnifiche, e infine mille uomini del 31° Reggimento di fanteria.

Nella memoria dei contadini di Caresana rimase impressa la quantità enorme di cibo consumato a sbafo dai soldati dell'Imperatore. Tremila razioni di pane, altrettante di vino, la carne di dieci buoi e un quintale di salumi. Era quest'ultimo il dettaglio scandaloso, poiché tra i poveri il salame era più raro del caviale.

Alla fine del maggio 1859, quando gli austriaci furono costretti a ritirarsi davanti all'avanzata delle truppe francesi di Napoleone III, alleato di Vittorio Emanuele II, gli abitanti di Caresana si trovarono di fronte a un'altra truppa pronta anch'essa a razziare. Erano gli zuavi del 3° Reggimento francese di fanteria, soldati che avevano l'aspetto di diavoli in terra.

Indossavano una divisa mai vista prima a Caresana. Larghi calzoni rossi chiusi sotto il ginocchio, una corta giubba azzurra, un fez di stoffa rossa. Avevano la fama di essere combattenti senza pietà, come gli austriaci constatarono. Ma non si accontentavano di vincere.

Se ne resero conto soprattutto gli abitanti delle cascine isolate. Gli zuavi si mossero senza riguardi. Rubarono di tutto: pollame, maiali, legna, paglia. I cascinai che cercarono di opporsi vennero picchiati. I libri di storia non raccontano che cosa successe alle donne della Bassa vercellese. E se insieme alle ruberie ci furono violenze e stupri.

Qui è possibile narrare una sola vicenda di quell'epoca, rimasta nella memoria di Caterina.

3
L'Austriaca

Il passaggio per Caresana dei reparti austroungarici fu all'origine di una storia che Caterina conosceva bene per averne sentito parlare molte volte, negli anni successivi. Riguardava una ragazza nata in paese nel 1841 e che, all'arrivo dei militari di Francesco Giuseppe, aveva 18 anni. Di nome faceva Romilda e veniva da una famiglia di salariati che lavorava in una delle cascine vicine al borgo.

Romilda era di una bellezza prorompente, del genere procace e vistoso, soprattutto per quei tempi. Aveva un corpo perfetto, i capelli biondi, il viso da sgenata, senza vergogna. Come molte figlie di contadini era un'analfabeta ignorante, ma disponeva di un cervello sveglio. E dimostrava di aver imparato subito come andava preso il mondo dalle disperate come lei.

Per dirla schietta, si era resa conto molto presto di avere un solo modo per sfuggire alla miseria dei genitori: sfruttare l'unica dote che possedeva, «la filura in mezzo alle gambe» spiegavano le donne della cascina, un po' nauseate e un po' ciccando per l'invidia. E la Romilda non aveva esitato a servirsene. Non appena compiuti i 16 anni si concesse al proprietario della tenuta dove viveva con il padre, la madre e quattro tra fratelli e sorelle, tutti più piccoli di lei.

Il padrone l'aveva adocchiata subito e non ci era voluto molto per convincerla. Dapprima la Romilda si era divertita a tenerlo sulla corda, poi l'aveva accontentato. Diventando l'amante fissa del Cavaliere, come lo chiamavano i sottoposti. Era un cinquantenne, afflitto da una consorte brutta e lagnosa. Si prese la Romilda alla vigilia di un Natale, mentre la mogliera se ne stava in cucina con le altre donne di casa, a preparare la grande mangiata dell'indomani.

Il Cavaliere si portò la ragazza nella soffitta e le rubò la verginità sopra un materasso di crine. Prima di prenderla le disse: «Non avere paura, farò adagio e non sentirai nessun dolore». Lei scoppiò a ridere e gli replicò: «Io di paura non ne ho, Cavajer. Adesso che mi avete brancata, usatemi a vostro piacere. Basta che risparmiate il mio didietro».

Quando vennero a saperlo, lì per lì i genitori della ragazza impazzirono di rabbia e furono tentati di scacciarla di casa. Poi si resero conto di non possedere nessuna casa, ma di abitare nel tugurio di una cascina che non era la loro. E da dove potevano essere mandati via da un momento all'altro.

Per questo buon motivo, cominciarono a ripensarci. La madre disse: «Meglio coricarsi con un padrone invece che con un meschino come noi». In fondo, la mamma di Romilda aveva ragione da vendere. La disinvoltura della figlia si rivelò di grande giovamento a quella famiglia tanto pesante da tirar su.

Il Cavaliere si dimostrò riconoscente. Regalò a Romilda viveri e vestiario in quantità. La ragazza venne esonerata dai lavori più faticosi. E iniziò a indossare abiti che nessuna contadina poteva permettersi. Adesso era sempre rangiata da signora. Nella corte della cascina faceva la smorfiosa. Tanto da mettere su un'arietta da padrona.

Ma fu l'arrivo degli austroungarici il 6 maggio 1859 a cambiare davvero la vita di Romilda. Un giovane ufficiale di origine trentina la notò fra le tante ragazze di Caresana. Era un militare sui 25 anni, bello e cortese, che parlava bene l'italiano. S'invaghì della fanciulla, la circuì e venne corrisposto all'istante.

Al terzo giorno dell'occupazione, i due si amarono su un prato non lontano dal paese. Lo stesso fecero il giorno dopo e poi ancora la sera successiva. La Romilda si era presa una scüfia tremenda per il giovanotto. Tanto che solo a pensarci le venivano le caldane.

Quando i reparti lasciarono Caresana, l'ufficiale convinse la Romilda a partire con lui. L'affidò al suo attendente e le disse: «Abbiamo già occupato Vercelli. Tra qualche giorno invaderemo tutto il Piemonte e avremo vinto la guerra contro i savoiardi e i francesi. Ti porterò a Milano, una città piena di meraviglie. Lì vivremo insieme e tu diventerai mia moglie».

In realtà andò all'incontrario. I francesi di Napoleone III e i sardopiemontesi di Vittorio Emanuele II ebbero la meglio. Gli austriaci vennero sconfitti a Montebello, a Palestro e poi in due battaglie rimaste famose, quelle di Solferino e di San Martino, nel giugno 1859. L'ufficiale trentino sparì durante la ritirata e la ragazza rimase a Caresana, con la nomea della bagascia e alle prese con un Cavaliere fuori di sé per la gelosia.

La Romilda capì al volo che per lei tirava una brutta ariaccia. Si era concessa al nemico, tutti la chiamavano l'Austriaca e, quando fosse ritornato nel Vercellese l'esercito di re Vittorio, poteva accaderle qualunque cosa. Fu così che decise di scappare a Milano, la città dove avrebbe dovuto condurla il tenente.

Per arrivare fin là, si fece aiutare da un commerciante di Mortara che trafficava con l'esercito dell'Imperatore. La ragazza lo convinse a portarla nella capitale lombarda. E pagò il viaggio come è facile da immaginare: offrendo le proprie grazie al terzo uomo della sua vita.

Prima di lasciare il negoziante, l'Austriaca lo derubò di tutto quello che conservava nel borsello. E quando approdò a Milano, alla fine del giugno 1859, fu in grado di pagarsi una sosta in una locanda di Porta Ticinese.

Si chiamava Il posto dell'Oca Grassa. Lo gestiva una furbona anziana che ne sapeva più del diavolo: un donnone di nome Ambrogina, che tutti chiamavano, chissà perché, Bernarda.

La Bernarda domandò alla Romilda in che modo pensasse di campare da sola in una città sconosciuta come Milano, ormai passata sotto i Savoia. La ragazza le rispose, spavalda: «Perché da sola? Potrei trovare della compagnia». La donna nasò subito quello che intendeva fare e le chiese: «Che compagnia ti piacerebbe?».

L'Austriaca non ebbe esitazioni: «Di signori non di primo pelo, ma provvisti di qualche sostanza. Sono i più facili da coglionare. I giovanotti non fanno per me: s'innamorano sempre, poi ti lasciano sulla strada senza il becco di un quattrino e con le mutande calate giù».

La locandiera le replicò: «Sei davvero bella, ma anche molto giovane. Hai qualche esperienza di maschi?». La Romilda rispose: «Certo che ce l'ho. E da un pezzo. Mi potete aiutare voi?». L'ostessa la tranquillizzò: «Non preoccuparti, figlia mia. Ci penserò io. Ma ti avverto che sarà una faccenda rognosa».

«Perché?» domandò la Romilda. La Bernarda sospirò: «Non sai proprio niente di Milano! Questa città sta diventando peggio di com'era sotto gli austriaci. È un lupanare aperto giorno e notte. Ci sono centinaia di donne che si danno via per soldi. Tutte sono povere come te e non hanno la vita facile. Tante sono sfruttate dai ruffiani. E qualcuna muore accoltellata. Ma il rischio più grande è di prendersi certe brutte malattie che non guariscono più. Comunque vedrò di darti una mano».

La Romilda cominciò così un proficuo lavoro da prostituta professionale. Il patto con la locandiera prevedeva che avrebbero fatto a metà dei suoi guadagni. Fu questo il motivo che spinse l'ostessa a trovarle clienti danarosi, uomini che non stavano a discutere su un soldo in più o in meno.

A poco a poco, la Romilda diventò famosa e molto ricercata per diversi motivi. Il primo era la giovanissima età e la vistosa bellezza. Il secondo che non si trovava al servizio di nessun sfruttatore, ma aveva soltanto una socia interessata a farla lavorare nelle condizioni migliori: la stanza meno lurida della locanda, tenuta in ordine e provvista di un corredo di biancheria sempre di bucato.

Il terzo motivo, il più importante, era che a letto l'Austriaca era una sfrenata. E dava al cliente l'illusione di essere l'uomo più importante della sua vita. Anche quando si trovava ad accontentare delle mezze cartucce, maschi anziani che non valevano una cicca quanto a capacità amatorie, lei fingeva di andare in paradiso.

Lanciava urla incomprensibili, in dialetto vercellese. E se il signore di turno le domandava che cosa mai avesse detto, replicava sbanfando: «Mi avete fatto provare 'na guduria che quasi mi prendeva un accidenti. Non mi ricordavo una bujenta così!».

Dopo qualche anno di lavoro tra le lenzuola della locanda, l'Austriaca ebbe un colpo di fortuna. Uno dei clienti s'innamorò di lei. Era un nobiluomo liberale, però di quelli prudenti. Tanto da essersi tenuto alla larga dal putiferio delle Cinque giornate di Milano, nel marzo 1848. Per questo era rimasto in buoni rapporti con l'alto comando austriaco. E adesso contava molti amici tra i liberatori.

Il signore era il marchese Rolando F. Aveva una sessantina d'anni e viveva in un palazzo del centro, in via Meravigli. Da solo poiché la moglie era morta, senza avergli dato figli. Dopo qualche seduta rovente nella locanda di madama Bernarda, il marchese propose alla Romilda di trasferirsi nella sua magione. La pregò soltanto di non farsi più chiamare l'Austriaca, un soprannome pericoloso e ormai fuori moda.

La Romilda si trovò sbalzata di colpo ai piani alti della buona società meneghina. Il marchese la presentava come una nipote orfana, arrivata a Milano da Vercelli. Nessuno ci credeva. Ma tutti ammiravano la bellezza provocante della ragazza. E invidiavano il nobiluomo per la grande occasione che la vita gli aveva offerto: avere in casa una giovane donna di piacere, tanto ardente ed esperta.

Era il 1862 e Romilda aveva appena 21 anni. Il marchese le insegnò tutto. Come vestirsi, in che modo muoversi, quali parole usare, a chi sorridere. Fu tanto sollecito da affidarla a due maestri privati che non ci misero molto per insegnarle a leggere e a scrivere. In seguito dissero al nobiluomo di non aver mai incontrato un'allieva migliore.

Lei ricambiò l'amante allietando le sue notti e prendendosi cura della sua salute. La Romilda non era per niente una sciocca. E si accorse presto che la vecchiaia si stava mangiando le forze del marchese. Sempre più spesso, don Rolando a letto faceva cilecca. Si limitava ad ammirarla bella biotta, tutta nuda, e a sospirare.

Qualche volta la memoria gli andava in oca. Le domandava: «È vero che sei la figlia di un riccone di Alessandria?». Per accontentarlo, la ragazza annuiva: «Sì, ma una figlia bastarda. Non mi ha mai voluto riconoscere, perché mia madre lavorava da governante nel suo palazzo».

Fu allora che la Romilda lo convinse a concederle dei prestiti sempre più robusti, subito depositati presso un banchiere di fiducia, conosciuto grazie al nobiluomo. In questo modo mise da parte un capitale mica da poco. Dicendo a se stessa: "Quando il mio caro Rolando sarà andato al Creatore, non mi troverò in mezzo a una strada, senza nemmeno il pitale in cui pisciare".

Nel 1870 il marchese spirò all'improvviso. Come Romilda aveva previsto, subito dopo il funerale in Duomo, si fecero vivi gli eredi, due nipoti altezzosi e sbrigativi. Però lei li prevenne: «Vi aspettavo. Oggi stesso me ne andrò via. Ma se non volete che racconti ai vostri amici dove mi aveva raccattato lo zio e che maiale fosse, dovrete pagarmi il prezzo del congedo e del silenzio. Questo è l'indirizzo del mio banchiere».

I due eredi eseguirono, senza batter ciglio. A quel punto, Romilda si trovò davvero sulla strada, ma con un sacco di soldi tutti per lei. Aveva 29 anni ed era ancora più bella di quando si era lasciata alle spalle Caresana. Che cosa poteva fare? Decise di rivolgersi alla padrona della locanda che l'aveva ospitata dopo il suo arrivo a Milano, per avere un consiglio.

La signora Bernarda le disse: «Con i tanti denari che hai potresti metter su una casa di piacere. Hanno un rendimento sicuro. E il lavoro della maîtresse sarebbe quello giusto per te. Hai cominciato facendo la vita, adesso sfrutterai le ragazze che ti assomigliano».

Ma la Romilda storse il muso: «Diventare una comandante delle bagasse? È un mestiere che non mi va. Fino a quando resterò una donna piacente, voglio lavorare da sola. Mi comprerò un alloggio in una bella via di Milano, accanto al Duomo. E sfrutterò le conoscenze che ho fatto vivendo con il marchese Rolando, che il Padreterno se lo tenga vicino a sé. Un'anima buona come la sua merita un posto di prima fila in paradiso. Lì non potrà più ciulare, ma sarà sempre meglio che stare all'inferno».

La Romilda trovò la casa giusta vicino a piazza della Scala, a un passo dal teatro. E lì riprese il suo vecchio mestiere, ma questa volta con una clientela molto setacciata. Sempre sulla base dei soliti due criteri: signori anziani e provvisti di soldi. Soltanto in un caso si permise un'eccezione. E fu quella che le cambiò la vita.

Un cliente della buona borghesia lombarda, un riccone vicino ai 70 anni, pregò Romilda di ricevere un suo nipote. Era un giovane che aveva scelto la via del sacerdozio, ma che viveva fra mille tormenti a causa di desideri sessuali difficili da reprimere.

Il ragazzo, un ventenne ancora vergine, stava nel seminario di Venegono, nel Varesotto. E lo zio temeva che la sua vitalità lo spingesse a rapporti contro natura con qualche altro seminarista. Il riccone convinse Romilda a riceverlo e a giacere con lui. Alle prese con una donna tanto bollente, il nipote forse avrebbe rinunciato alla castità. E in seguito, chissà, si sarebbe deciso a lasciar perdere il sacerdozio.

Sulle prime, la Romilda si rifiutò di accogliere il ragazzo nel proprio letto. Fare l'amore con un mezzo prete non le sembrava una bella cosa, anzi lo riteneva un peccato grave che il Padreterno le avrebbe fatto scontare. Ma l'insistenza dello zio la mise alle strette. Alla fine si decise a dire sì, anche in virtù di un compenso fuori dall'ordinario che il riccone le versò in anticipo.

Era il 1875 e la Romilda stava per compiere 34 anni. Una sera aprì la porta al giovane seminarista e non ci mise nulla a fargli scoprire il piacere del sesso. Il bello, o il brutto, venne dopo l'amplesso. Il ragazzo, un pinulone magro e alto come una pertica, scoppiò a piangere e a disperarsi. Aveva infranto il patto con il Signore Iddio e riteneva di essersi meritato l'inferno.

Lei cercò di consolarlo. E iniziò a parlare con lui. Il seminarista le raccontò perché aveva deciso di farsi prete e le illustrò la bellezza della fede in Dio. La Romilda rimase colpita dal suo fervore. E si sentì tremare quando il ragazzo le disse: «Anche voi, signora Romilda, dovreste onorare Iddio onnipotente e rinunciare alla vita dissoluta che imprigiona la vostra anima».

Invece di infuriarsi, lei lo incitò a parlarle ancora. E rimase ad ascoltarlo in silenzio, con la mente in tumulto. Dopo due ore di quel colloquio intenso, Romilda lo congedò, con una preghiera che non aveva mai rivolto a nessuno: «Vi chiedo il favore di ritornare a trovarmi. Vorrei parlare di nuovo con voi».

Il seminarista tornò da lei tre sere dopo. Portava una copia del Vangelo, un libro di preghiere e un volume sulla vita dei santi. La Romilda lo invitò nel proprio letto, ma il ragazzo rifiutò. Restarono insieme sino a notte fonda. Il ragazzo le parlava e parlava con fervore. Lei ascoltava rapita, alle prese con mille interrogativi su se stessa, domande che non era mai stata capace di farsi.

La prima domanda, un vero ferro rovente, riguardava la sua vita da donna di piacere. La Romilda si scoprì disgustata di aver gettato la propria giovinezza in centinaia di amplessi con maschi che non l'avevano mai considerata una persona, ma soltanto un corpo sul quale sfogare la propria libidine. Provò vergogna per le migliaia di ore passate fra le lenzuola, al servizio di sconosciuti pronti a usarla in cambio di un po' di soldi. E si sorprese nel constatare con amarezza di non aver mai vissuto una vera storia d'amore.

Incontro dopo incontro, andò a finire che la Romilda chiese al seminarista di farle conoscere la madre superiora di un convento. Lui la condusse dalle Clarisse, le religiose del secondo ordine francescano, fondato da santa Chiara e da san Francesco. La superiora l'accolse con affetto e ascoltò in silenzio il racconto della sua vita, tutta immersa nel peccato. Poi la congedò, dicendole di ritornare.

La Romilda bussò alla porta del convento più volte. E alla fine implorò di poter diventare una clarissa. Si spogliò dei beni terreni che possedeva, in pratica una montagna di soldi e quanto aveva ricavato dalla vendita dei suoi gioielli e dell'alloggio dove aveva peccato un'infinità di volte.

A chi poteva cederli? Non pensò alla sua vecchia famiglia, bensì a quella nuova che forse avrebbe incontrato. Donò tutto al convento, il lascito sarebbe servito a compiere opere di carità.

Era il 1877 e la Romilda stava per compiere 36 anni. Le Clarisse l'accettarono come novizia. E di lei non si sentì più parlare, se non nelle chiacchiere di Caresana. In quel tempo Caterina era una bambina di 8 anni. Un decennio dopo avrebbe incontrato l'uomo della sua vita.

4
Giovanni

Giovanni Eusebio Pansa, futuro marito di Caterina Zaffiro, era nato sei anni prima di lei: il 16 ottobre 1863, a Pezzana, un paese della pianura vercellese, sempre sulla destra del Sesia. Pezzana distava un tiro di schioppo da Caresana. E non appariva un posto molto diverso. Contava meno abitanti, circa 2 mila, ed era un luogo ancora più povero, destinato a spopolarsi.

Ecco un altro territorio fatto di risaie, di nebbia spessa, gelido d'inverno e rovente d'estate. Mi dirà in seguito Caterina, esagerando: «L'unico patrimonio di Pezzana erano i salici, piante magnifiche schierate lungo i canali e le rogge. Di abbondante non trovavi nient'altro. A parte i poveri, naturalmente. Destinati a morire cum la pel tacà ai lanseu, con la pelle attaccatta alle lenzuola, senza neppure le mutande addosso».

Anche qui trovavi cascinali isolati, piccole fortezze che al viaggiatore apparivano di colpo tra la foschia autunnale o tra i vapori malsani delle stagioni estive. Al momento giusto, contro i fortini e chi ci viveva si scatenava l'assalto di miliardi di zanzare. Non so dire se oggi succeda ancora così. Ma allora erano insetti malvagi che portavano dentro di sé un carico velenoso: la malaria.

In questo racconto parlerò spesso della malaria, un flagello ai tempi nostri quasi inesistente e dimenticato. Ma nella seconda metà dell'Ottocento la malaria imperversava tutto l'anno. L'unico antidoto possibile era il chinino. In quell'epoca non era ancora gratuito e, per quanti vivevano con poco o niente, costava un occhio della testa.

Chi si ammalava rischiava di morire, anche in giovane età. Non esistevano differenze tra maschi e femmine. Accadeva soprattutto a chi aveva un fisico debole perché denutrito. Si andava all'altro mondo per deperimento organico, che rendeva frequenti le tumefazioni della milza e le cirrosi epatiche.

Al momento della nascita di Giovanni, l'unità d'Italia si era compiuta da due anni, nel 1861. Nell'ipotesi surreale che il mio nonno paterno fosse stato ancora in vita nel 2011, si sarebbe stupito delle tante celebrazioni di quell'evento.

L'Italia unita? Nessuno si era premurato di informarlo e lui non ne aveva mai sentito parlare. Forse non sapeva neppure di essere italiano. A una domanda in proposito, avrebbe risposto di essere uno di Pezzana o, al massimo, un vercellese. Anche l'idea di essere piemontese poteva suonargli estranea. E a somiglianza di Caterina si esprimeva soltanto in dialetto.

Di se stesso, Giovanni conosceva con certezza una cosa sola: lui era un contadino strapelato, senza un soldo, alla ricerca continua di un lavoro che gli permettesse di campare e in grado di non farlo morire di fame. Dei suoi genitori non sono riuscito a scoprire nulla. So appena che si chiamavano Francesco Pansa e Maria Barbero. Ma non credo di sbagliare se immagino che si trovassero nella sua stessa condizione.

Per secoli, la povertà ha sempre avuto una caratteristica immutabile: durava nel tempo, era un'eredità che si trasmetteva di padre in figlio. Vogliamo dirla tutta, senza ipocrisie e senza chiudere gli occhi davanti alla realtà? La miseria era una casta ferrea, la più numerosa. Una gabbia infrangibile da cui allora era difficile uscire come sarebbe stato possibile nei decenni successivi, sia pure soltanto in parte e non per tutti.

Il padre di Giovanni alla nascita di questo figlio doveva avere almeno 25 anni. Nato all'incirca fra il 1838 e il 1840, forse a Pezzana. Il Vercellese apparteneva al regno sardopiemontese e il sovrano era un Savoia, Carlo Alberto. Ma Torino, capitale del piccolo stato sabaudo, vista dalla pianura che circonda Vercelli, doveva apparire come la Luna o Marte, un pianeta lontanissimo, abitato da alieni sconosciuti. Di solito gente ricca, superba e autoritaria, che considerava animali i poveracci.

Dunque è da escludere che il padre di Giovanni fosse al corrente delle vicende che riguardavano il re e i suoi dignitari. È più facile pensare che si sia preoccupato dei guai che la natura, o il Padreterno, gli scaricavano addosso. Come la grande epidemia di colera che da Napoli era risalita verso il Nord facendo migliaia di morti. O le grandi piogge che, nel dicembre del 1839, devastarono molte città e campagne. Tanto che il Po straripò nel Mantovano, portandosi via una quantità impressionante di case, mettendo sul lastrico e senza un tetto 10 mila persone.

Un altro nemico dei poveri era il governo. Qualunque decisione prendesse, cadeva con la forza di una bastonata sulle schiene di chi possedeva poco o niente. Avvenne così per la tassa sul macinato, decisa nel maggio 1868 quando Giovanni aveva 5 anni. Il disavanzo dello Stato era salito alle stelle dopo la terza guerra d'indipendenza. E per rimediare in parte a quel buco venne decisa una nuova imposta.

A partire dal 1° gennaio 1869, chi si presentava a un mulino doveva pagare al mugnaio una tassa impossibile da evitare. Era di due lire per ogni quintale di grano trasformato in farina, di una lira e 20 centesimi per l'avena, di 80 centesimi per il granoturco e la segale, di 50 centesimi per gli altri cereali.

Quando la tassa sul macinato, subito definita la tassa sulla fame, entrò in vigore, i poveri si ribellarono. Dappertutto ci furono violente dimostrazioni di protesta. Caterina aveva sentito raccontare di quanto era accaduto a Trino Vercellese il 31 gennaio 1869, l'anno della sua nascita. Una folla infuriata per le strade, molti arresti, l'assalto alla prigione. L'Italia era percorsa da una rabbia mai vista. Alla fine risultò che i morti negli scontri con i carabinieri e l'esercito erano stati almeno 250, più un migliaio di feriti.

L'ordine venne ripristinato a fatica. Grazie al pugno di ferro messo in mostra dal generale Raffaele Cadorna, incaricato di reprimere i disordini. L'imposta sul macinato dei cereali inferiori rimase sino al 1879. Mentre quella per il grano durò sino al 1884. Rendendo possibile il risanamento finanziario dello Stato, ma provocando la sconfitta politica della destra storica.

Ritornando al nostro Giovanni, anche lui da piccolo frequentò le scuole elementari di Pezzana. Ma non conosco se riuscì ad arrivare alla quarta e ultima classe. Penso di no, dal momento che, ancora alla fine dell'Ottocento, nel suo paese natale esistevano soltanto la prima e la seconda, distinte in maschile e femminile.

Nell'anno scolastico 1866-1867, quando Giovanni era ancora un bambino fra i 3 e i 4 anni, a Pezzana vennero istituite anche delle scuole serali per adulti. A riprova che l'analfabetismo era molto diffuso. Le sezioni erano cinque, affidate tutte a maestri maschi. E gli iscritti risultavano molto numerosi, per un totale di ben 254 allievi. Ma oggi è impossibile sapere quanti le frequentassero per davvero.

Forse Giovanni non era un analfabeta totale come Caterina, un "illitterato" e nient'altro, come si diceva allora. Ed è probabile che abbia imparato del tutto a leggere e a scrivere durante il servizio militare. Ne parlerò fra un istante perché, prima di vestire la divisa dell'esercito, Giovanni venne subito avviato al lavoro sui campi.

I poveri come lui iniziavano a faticare in un'età che oggi sembra assurda: fra i 10 e gli 11 anni. Non pochi di loro venivano portati dal padre alla grande fiera di Vercelli che si teneva due volte nell'arco dell'anno: il 2 di febbraio, nella ricorrenza della Madonna Siriola, e alla metà del mese di agosto. E qui erano offerti come servitori ai padroni delle terre. Che li affittavano di sei mesi in sei mesi. O per un intero anno.

I primi a essere scelti erano i cosiddetti "fioroni", i ragazzini più alti di statura, quelli che bisognava pagare una somma superiore. Poi venivano presi i più piccoli. I padroni andavano a occhio, osservando con attenzione la merce. Ma in molti casi si rendevano conto in modo diretto se il servitorello da ingaggiare era robusto quanto bastava anche per lavori pesanti. Ad esempio, per fare "al vaché", il ragazzo di stalla incaricato di sorvegliare le mucche dall'alba al tramonto.

Per capirlo, il padrone toccava il bambino. Con una bella stretta alle spalle, alle gambe e alla schiena, giudicava se avesse ossa e muscoli adatti alla bisogna. Oggi sarebbe considerato un comportamento indecente. Ma al mercato dei servi era accettato da tutti i padri, ansiosi soltanto di poter affittare il figlio e ricavarne un piccolo guadagno.

Cercherò dopo di capire se anche Giovanni sia passato per la fiera di Vercelli. Ma di certo cominciò a lavorare prestissimo. Prima come aiutante degli adulti sui campi, poi come bracciante a giornata. Vale a dire pagato di volta in volta, ogni sera. E senza nessuna garanzia di ritrovare il posto la mattina successiva.

A questo punto devo spendere qualche parola sulla controparte dei contadini come Giovanni. I padroni erano sempre esigenti e quasi mai di mano leggera. Anche perché alla fine dell'Ottocento non c'era nessuno in grado di contrastarli con energia: niente leghe rosse o bianche, niente sindacati, niente partiti.

Ma ben più duri dei proprietari di terre erano gli imprenditori agricoli che prendevano in affitto tenute molto vaste. Erano dei padroni, pur non avendo il possesso delle aziende. Formavano una classe a sé stante nella borghesia fondiaria. Gente che cercava a tutti i costi di ricavare dai fondi presi in affitto il reddito più alto possibile.

Secondo Arrigo Serpieri, un grande economista agrario che più avanti citerò di nuovo, tra la fine dell'Ottocento e l'inizio del Novecento, in Italia gli affittuari, chiamati anche fittabili o fittavoli, erano 100 mila. E risultavano suddivisi in due categorie ben distinte. La prima erano gli affittuari che operavano nella pianura padana, soprattutto in quella irrigua. La seconda erano gli affittuari dei latifondi e delle masserie del Mezzogiorno.

Gli affittuari padani costituivano l'élite della borghesia agraria. Per poter condurre un'azienda di medie dimensioni, avevano dovuto versare ai padroni una cifra iniziale molto alta, dalle 80 alle 100 mila lire. Si trattava di un investimento importante che bisognava ricuperare in tutti i modi possibili. Ma nella sostanza, questi modi erano due. Introdurre nelle coltivazioni dell'azienda tutte le tecniche più nuove, per accrescere la quantità del prodotto. E spremere al massimo chi lavorava per loro.

Non avevano riguardi neppure per se stessi. Vivevano in cascina. Faticavano quanto i contadini. Frequentavano i grandi mercati, rivelandosi competitori abilissimi. Erano agricoltori appassionati, ben più dei proprietari, spesso assenteisti e vogliosi soltanto di vivere di rendita. Tanto da meritare il giudizio positivo di quanti si occupano di economia agraria. Se l'agricoltura padana si ammodernò e si sviluppò, fino a diventare una delle più intensive del mondo, il merito fu soprattutto di questi capitalisti senza terra.

Poi esisteva il rovescio della medaglia. L'interesse economico degli affittuari veniva prima di tutto. Per difenderlo e incrementare al massimo il reddito che si poteva ricavarne, non bisognava guardare in faccia a nessuno. Occorreva stroncare senza rimorsi chiunque si mettesse di traverso. Utilizzando anche un'arma che diventò micidiale dopo la conclusione della prima guerra mondiale: la violenza politica contro i rossi del Partito socialista.

Ho un esempio sott'occhio, per averlo studiato in passato: quello della Lomellina, il territorio pavese confinante con la provincia di Vercelli. Nel 1918, gli affittuari lomellini, tra grandi e piccoli, erano più di 8 mila. A fronteggiarli stavano 3 mila salariati fissi che vivevano in cascina. E soprattutto 38 mila braccianti.

Ogni venerdì, giorno di mercato a Mortara, non pochi fittabili si ritrovavano per il pranzo all'Albergo Bottala, accanto alla stazione ferroviaria. E qui tra piatti di risotto con la salsiccia, di bollito misto, di merluzzo con la cipolla e di salame d'oca, il tutto innaffiato con vini del Monferrato o dell'Oltrepò pavese, se la contavano con rabbia. Imprecando contro la china disastrosa che l'Italia stava prendendo.

Si dicevano l'un l'altro: «Oggi è meglio fare il salariato che il fittavolo! I nostri contadini hanno garantiti la casa, il grano, il riso, il latte, la legna per la stufa, tutto pagato da noi. E lavorano soltanto otto ore al giorno. A noi tocca la parte della pecora da tosare. Il mondo ormai gira alla rovescia, la guerra mondiale ha distrutto ogni regola, ha mandato a ramengo l'ordine costituito. Non siamo più padroni in casa nostra, a comandare sono i capilega e i braccianti che li seguono. Lo Stato che dovrebbe proteggerci non esiste più, l'autorità è scomparsa. Siamo di fronte a una questione di vita o di morte. Se non ci difendiamo da soli, siamo perduti!».

Ho precorso un po' i tempi. E ho descritto una delle

circostanze, e gli stati d'animo, che avrebbero generato lo squadrismo fascista. Del resto, Cesare Forni, nato nel 1890, il leader del fascismo lomellino e uno dei capi delle squadre d'azione nell'Italia nordoccidentale, emergerà da una dinastia di grandi affittuari.

Ma adesso sarà bene ritornare al nostro Giovanni, solitario protagonista di un'epoca nella quale i poveri come lui perdevano sempre.

Chi non diventava un bracciante cercava lavoro come fornaciaio, addetto a cuocere mattoni su mattoni. Oppure faceva il segantino, l'operaio agricolo che ricavava le assi di legno dai tronchi degli alberi tagliati dagli abbattitori. Questi ultimi erano gli s-ciapabosch, i boscaioli. I moderni uomini della foresta, spesso di forza erculea e dall'aspetto selvaggio.

Anche il segantino era un mestiere faticoso, da fare in due con l'arsiun, il segone a doppio manico. Il lavoro bisognava andarselo a trovare pure in paesi lontani da Pezzana. Per esempio a Robbio Lomellina, a Rosasco e a Rivoltella, nel Pavese, oppure a Valmacca, un paese sul Po di fronte alla Lomellina.

Il segantino aveva un ultimo traguardo: diventare manovale nella povera edilizia del tempo. Un lavoro che era inevitabile raccattare un po' dappertutto, nel Vercellese e nel Pavese. Andando sempre a piedi, per chilometri e chilometri. Con i pochi attrezzi trasportati sulla carriola. Giorno dopo giorno, alzandosi all'alba e rincasando la notte.

Quando la casa era troppo lontana, non restava che dormire in qualche pagliaio: un alloggio di fortuna richiesto, come un'opera di carità, a un particolare. Veniva chiamato così il proprietario di un pezzo di terreno che lui si lavorava da solo, un coltivatore diretto si direbbe oggi. Quasi sempre cavandoci appena quanto bastava per non essere povero come un bracciante a giornata o un salariato fisso.

Mio nonno Giovanni fece un po' tutti questi mestieri, sino all'età di 19 anni. Quando venne chiamato a onorare il servizio di leva nell'esercito, non più sabaudo bensì italiano. Indossò la divisa nel 1882 e divenne un soldato semplice della fanteria.

Quello si rivelò un anno da ricordare nella storia della giovane nazione italiana. Per due avvenimenti. Il primo, in maggio, fu la firma a Vienna del trattato per la Triplice alleanza, fra Italia, Germania e Austria. Il secondo, in giugno, fu la morte di Giuseppe Garibaldi a Caprera.

Al contrario di quanto si sostiene, dell'Eroe dei due mondi ai poveri non importava niente. Nel caso migliore, veniva ritenuto un tipo capace soltanto di combinare guai. La sua spedizione in Sicilia non era servita a nulla se non a portare al regno d'Italia un'altra moltitudine di bocche da sfamare. Da ragazzino, quando le parlavo di Garibaldi, la nonna Caterina ringhiava: «In casa nostra di poveri ce n'era già quanto bastava, non valeva la pena di tirare su da noi quelli della Sicilia e di Napoli».

La sua insofferenza per Garibaldi traspariva anche da una poesiola beffarda che lei recitava. Faceva così: «Garibaldi ferito a Marsalà? O che bala, che bala, che bala!». Voleva dire che era soltanto una balla, un bugia inventata da chi aveva interesse a farlo. Per trasformare in un eroe un avventuriero con la camicia rossa.

Tuttavia, a dispetto di Caterina, la monarchia stava inaugurando una politica da grande potenza. E la Camera dei deputati aveva votato delle spese militari straordinarie. Ma poiché non c'erano guerre in vista, la ferma per la fanteria venne ridotta da tre a due anni.

L'ordinamento dell'esercito di quel tempo suddivideva i soldati in tre categorie. Per la prima, l'Esercito permanente, stabiliva un servizio della durata di ventiquattro mesi e il richiamo immediato in caso di conflitto. Per la seconda, la Milizia mobile, prevedeva la possibilità di un addestramento in tempo di pace per la durata massima di cinque mesi e il richiamo in caso di guerra. La terza categoria, la Milizia territoriale, veniva esonerata da ogni obbligo in tempo di pace. E se scoppiava una guerra c'era un richiamo eventuale.

Non sono riuscito a sapere in quale delle tre classi fosse collocato Giovanni. Penso nella prima, vista la giovane età e la durata della sua ferma. Anche lui ricevette il libretto del soldato, un opuscolo dalla copertina di cartoncino rosso. Conteneva dei consigli pratici, spesso molto elementari.

Il militare doveva lavarsi i piedi con frequenza. Aveva l'obbligo di curarsi delle proprie fasce mollettiere. Se gli scarponi si bagnavano, bisognava riempirli di paglia perché asciugassero senza rovinarsi. E attenzione soprattutto alle bagasce che potevano far ammalare e morire anche il fante più robusto. Ultimo consiglio: bere poco vino, perché l'alcolismo sconvolgeva la mente e faceva diventare pazzi.

Ma per Giovanni i due anni trascorsi da soldato furono importanti soprattutto per l'incontro con i maestri elementari dell'esercito. Avevano il compito di insegnare la lettura e la scrittura alle reclute analfabete. Non so in quale caserma sia vissuto mio nonno, se in Piemonte o in un'altra regione. Ma di certo fu costretto ad andare anche lui a lezione dai maestri in divisa.

Da loro tentò d'imparare a leggere e a scrivere. Ma soprattutto sentì parlare molto della patria, del re, della nazione italiana, del dovere di essere sudditi fedeli della monarchia sabauda. Alle reclute come Giovanni forse sembravano discorsi astratti, che mal si conciliavano con il mondo di miseria nel quale era cresciuto.

A sentire Caterina, una delle scoperte che ricordava aveva un suono beffardo per gli eroi del Risorgimento.

Quando i soldati più scaltri scovavano in caserma una colonia di pidocchi, li chiamavano "i fratelli d'Italia".

Alla conclusione della ferma, i militari arruolati quando erano analfabeti dovevano sostenere un esame per dimostrare di aver imparato a leggere e a scrivere. Se non lo superavano, erano costretti a fare altri sei mesi in divisa. A quel punto veniva previsto un secondo esame. Se il soldato lo falliva, era obbligato a sciropparsi di nuovo sei mesi di servizio. Poi l'esercito lo mandava a casa comunque, con un calcio nel sedere e ignorante come prima.

Dopo due o tre anni di ferma, Giovanni ritornò a Pezzana. Poteva essere il 1884 o il 1885. Ricominciò a lavorare da bracciante. E soprattutto incontrò Caterina, la ragazza che sarebbe diventata sua moglie.

5
I servi bambini

A Carolina e a Maria, le due figlie più grandi, anche Giovanni non parlava quasi mai della propria infanzia a Pezzana. Forse non lo faceva per una forma di riserbo naturale che separava i padri dai figli, soprattutto dalle femmine.

Ma può anche essere possibile che gli costasse molto il rammentare un periodo della propria vita che per tutti i bambini, compresi quelli poveri, è quasi sempre un'età felice. Mentre l'infanzia di Giovanni non lo era stata per niente.

È a causa di questo silenzio che non si è mai compreso con certezza se pure lui fosse stato un servo bambino, uno dei ragazzini affittati al mercato di Vercelli. Sono propenso a pensare di sì, per qualcosa che la nonna Caterina mi aveva narrato a proposito dei "fioroni", i figlioletti più robusti che i padroni delle cascine arruolavano per primi.

Tanti anni dopo, ho scoperto un libro insolito su Pezzana, il paese natale di Giovanni. È *Pezzana: la mia terra*, scritto da uno studioso locale, Luciano Bianco, e stampato nel 1984 a Vercelli dalla Tipografia Gallo. Contiene la testimonianza preziosa di un signore di certo molto anziano. Che, all'età di 11 anni, era stato affittato come servitore durante una delle due fiere di Vercelli, quella della Madonna Siriola, in febbraio.

I ragazzini partivano da casa prima dell'alba, a piedi o sopra un carro trainato da un asino e condotto dal padre. Arrivati sulla piazza del municipio quando iniziava a fare chiaro, i bambini venivano schierati l'uno accanto all'altro. Quel testimone ricorda: eravamo una sessantina e tutti sapevamo bene che cosa sarebbe accaduto di lì a poco.

Il rito era sempre lo stesso. L'esame fisico e i toccamenti dei padroni delle cascine. La scelta del ragazzo da affittare. Il contratto per sei mesi tra il genitore e chi lo prendeva in affitto. Infine il passaggio del denaro.

Su quel mercato si trovano altri dettagli in un libro dedicato ad Asigliano Vercellese, scritto da Antonio Dattrino: *Voci della mia Asigliano*, pubblicato a Casale Monferrato nel 1991. Ogni genitore istruiva il figlio su come doveva comportarsi nei confronti del possibile affittuario. Il primo consiglio era di tener duro quando il padrone gli premeva con forza la mano sulla spalla, per provare se era robusto o no.

Al ragazzino era stato insegnato come rispondere con furbizia alle domande che gli venivano fatte: hai già governato del bestiame, quanti anni hai, quanti chili sei capace di alzare con una mano e quanti con entrambe le mani. Nel frattempo, il padre vantava le qualità del figlio: sa fare di tutto, non conosce la fatica, è di bocca buona, mangia poco, può lavorare dall'alba al tramonto senza stancarsi né protestare.

Il testimone scovato da Bianco raccontò che cosa gli era accaduto dopo la firma del contratto d'affitto. Accompagnato da un saluto sbrigativo del padre, seguì subito il nuovo padrone nella cascina dove sarebbe rimasto a lavorare sino a tutto agosto. Arrivato qui, l'agricoltore gli indicò dove mettere le sue robe, ossia quel poco di vestiario che si era portato da casa. Indumenti da veri poveri. Cose rimediate e rattoppate dieci volte. La merce giusta per il luogo assegnato al servo: la stalla.

Il testimone raccontò a Luciano Bianco: «Avevo pensato che il contratto steso da mio padre prevedeva che dormissi in casa, dentro una culla grande, come si usava allora. Invece il padrone mi mandò subito dove stavano le mucche. Dicendomi che da adesso in poi sarei vissuto lì. Rassegnato, aggiustai sopra una brandina le poche cose che mia madre mi aveva consegnato prima di partire».

E quella non fu l'unica sorpresa. Quando arrivò il momento di sedersi a tavola, il servo bambino scoprì di non essere ammesso in casa neppure per il tempo di pranzare: «Il mangiare me lo posavano sul davanzale della finestra della stalla: un po' di brodaglia o di minestra, qualche volta con un pezzettino di salame e una pagnotta, due volte al giorno».

Il lavoro del servo bambino iniziava la mattina molto presto, quando faceva ancora buio. Alle cinque, bisognava pulire la stalla e le mucche, affinché fossero pronte per la mungitura. Una volta munte dal padrone, il servo doveva portarle a pascolare nei prati circostanti, stando bene attento che nessuna di loro se ne andasse per conto suo.

Al rientro, nel tardo pomeriggio, ricondotte le mucche nella stalla, il ragazzino servitore aveva l'obbligo di dedicarsi ad altri lavori. Spaccare la legna per la stufa del padrone. Portare i bidoni del latte dal casaro per ricavarne il formaggio. Rigovernare le vacche e assistere alla seconda mungitura della giornata. Quando era già sceso il buio, si sedeva vicino al davanzale della finestra e aspettava che la moglie del padrone portasse quel poco di cena che gli spettava.

In un amen il ragazzino lo divorava. Poi si gettava sulla brandina e cercava di prender sonno. Malgrado la stanchezza, non si addormentava subito. Aveva paura del buio. Nell'oscurità della stalla, le mucche diventavano mostri pronti a divorarlo, il loro muggito gli sembrava il ringhio di una bestia selvaggia. Allora si copriva la testa con la giacchetta. Piangendo cercava di dimenticare dove stava. E alla fine, esaurite le lacrime, prendeva sonno.

Durante i sei mesi di servitù, la madre andò a trovarlo una volta sola. Il ragazzino le chiese se il Carnevale fosse già passato o no, perché non aveva mai visto una goccia di vino. La mamma gli spiegò che il Carnevale era passato da un pezzo. E se non aveva ricevuto un po' di vino il motivo non poteva essere che uno solo: il padrone non voleva sciuparne neppure un dito per il servo.

Quando si rese conto in quali condizioni venisse tenuto il figlio, la madre si mise a piangere e gli disse: «Non puoi vivere come una bestia. Prendi la tua roba e torniamo a casa. È vero che siamo poveri, ma un pezzo di pane per te ce l'abbiamo ancora».

La donna avvisò il padrone. Lui le domandò: «Ma siete sicura che vostro figlio voglia tornare a casa con voi?». Infatti, con meraviglia della mamma, il servo bambino decise di restare a servizio. Sapeva bene che i suoi non avevano una lira in tasca. Altrimenti non lo avrebbero dato in affitto a un estraneo. La madre se ne andò via da sola, sempre piangendo. E nel piangere malediva la cattiva sorte riservata a chi soffriva della sua stessa malattia incurabile: la miseria.

Per i sei mesi di lavoro, il servitore bambino guadagnò ottanta lire, che erano davvero molto poche. Ma così andava nel mondo dei poveri, e dunque anche nelle campagne di Vercelli. Luciano Bianco narra il caso di un altro ragazzino, affittato come servo dal padrone di una cascina vicina a Pezzana. Anche lui non era ammesso all'interno della casa: doveva lavorare, mangiare e dormire in compagnia delle mucche.

Il padrone e la moglie erano dei taccagni. Lo trattavano come se fosse un cane o un gatto. La cena gliela posavano sul gradino d'ingresso della stalla: un piatto di minestra e una pagnotta di pane. Una sera, quando era già buio, nel divorare la minestra, il servo sentì sotto i denti qualcosa di strano. Gli era già accaduto altre volte, mentre mangiava. Ma quella sera volle vederci chiaro.

Nel buio pesto, accese uno zolfanello e si rese conto di che cosa stava ingoiando. Nella minestra c'era un mucchio di mosche. La padrona aveva messo il piatto fuori dalla stalla parecchio tempo prima. E gli insetti c'erano cascati dentro, a far da condimento nauseante.

In compenso, se di compenso si può parlare, i ragazzini servitori imparavano presto a fare un mestiere allora molto diffuso: il bergamino, ossia il vaccaro addetto alle mucche pregiate, quelle da latte. Erano le bestie che rendevano di più ai padroni che volevano guadagnare anche dalla produzione dei formaggi.

Nel loro apprendistato, i piccoli servi diventavano esperti nell'utilizzare attrezzi che non avevano mai visto. Per esempio, il tamagnone, l'arnese che si metteva al collo delle mucche quando dovevano tirare il carro. Lo stumbul, un bastone con la punta per cincionare le vacche e obbligarle a muoversi. Se bisognava occuparsi anche dei maiali da condurre all'ammazzatoio, occorreva stringergli il muso con una corda fissata in cima a un legno robusto: il torcinaso.

Un'altra grande scuola di vita riguardava l'insieme delle superstizioni diffuse nelle campagne di Pezzana, quasi un complesso di norme da osservare sempre. Bianco ne descrive alcune, tutte dirette a scongiurare eventi dannosi al lavoro sui campi.

Quando si scatenava un temporale, i contadini alzavano un forcone con le punte rivolte al cielo per allontanare i fulmini. Lanciare in aria granelli di sale scacciava la grandine. All'apparire della prima rondine, bisognava portare qualche filo di paglia nel nido delle galline.

Così anche le rondini sarebbero andate a covare le uova, per far nascere i pulcini.

Altri riti magici me li raccontò mia nonna Caterina quando ero bambino. Non so dire se venissero da Pezzana oppure da Caresana. O ancora dalla pianura casalese, dove lei aveva vissuto gran parte dell'esistenza.

Nei bruchi si nascondevano le anime dei malvagi morti da tempo. Se incontravi un bruco non dovevi schiacciarlo sotto le scarpe, bensì sputargli addosso tre volte, per annullare il cattivo augurio che portava. Lo stesso bisognava fare con i rospi. Loro ritornavano sempre nello stesso posto. Li guidava l'assassino che nascondevano sotto la pelle, un uomo malnato che aveva commesso un delitto in quel luogo. E al momento di morire si era trasformato in un rospo.

I nidi delle rondini non andavano toccati. Chi li distruggeva avrebbe patito più di una disgrazia nel corso dell'anno. I topi, invece, era meglio ammazzarli. Oppure dargli da mangiare un tantino di zucchero. In questo modo diventavano ciechi e finivano diritti dentro la bocca dei gatti.

Ma anche i gatti potevano celare un mistero. In un gatto nero con gli occhi verdi di solito viveva una strega. Quasi sempre si trattava di una donna malvissuta che aveva voluto trasformarsi in una gatta. E c'era riuscita mangiando un cervello di gatto cotto nell'olio di una lampada di chiesa.

Le campagne della Bassa vercellese e del Monferrato abbondavano di streghe. Ce n'erano così tante che i contadini usavano tagliare le cime degli alberi più alti, per evitare che ci facessero il nido. A volte quelle cercavano di penetrare nelle stalle. Allora il servitore addetto alle mucche doveva mettere dei fiocchi rossi al collo delle vacche. Il rosso non piaceva alle streghe che fuggivano urlando maledizioni orrende.

Infine circolavano storie che venivano raccontate a

mezza bocca, sottovoce e mai in presenza dei bambini. Erano vicende di amori proibiti, di solito fra il servitore e la padrona della cascina. A volte il servo non era più un bambino e neppure un ragazzino. Poteva arrivare ai 14 o ai 15 anni.

La padrona cominciava a osservarlo con un occhio diverso. Lo stesso faceva il servitore. In quel caso, il ragazzo affittato passava dalla stalla al letto. E in assenza del marito, la padrona lo usava per il proprio piacere. Quando il servo era vergine, ci pensava lei a svezzarlo. E dopo il goga e migoga, gli intimava: «Se dici qualcosa al padrone, prenderò una forbice e ti taglierò gli zebedei». Allora il servo le domandava che cosa fossero questi zebedei. Ridendo, lei gli spiegava: «Sono i due sacchetti che stanno sotto il tuo affare!».

Un giorno Caterina si lasciò scappare poche parole che dicevano molto: «In certe cascine, ne succedevano di tutti i colori». Penso che volesse dire: la povertà non era un freno alla lussuria. Certe padrone sui 40 anni, in apparenza arcigne, avare come cento pidocchi, malvestite e con addosso l'odore della stalla, si rivelavano delle amanti voraci e, al tempo stesso, molto astute. Pronte a qualunque sotterfugio pur di godersi quel moroso affittato sul mercato di Vercelli.

Qualche volta il marito si accorgeva della tresca da un sintomo infallibile. Era il trattamento più decente che il servo cominciava a ricevere d'improvviso. Una minestra migliore, un pezzo di carne, una pagnotta più robusta, un bicchiere di vino. Ma ormai la frittata era fatta. Al padrone non restava che licenziare il servitore. E subito dopo, iniziava a bastonare la moglie in gramaglie per la scomparsa del giovanissimo amante.

Ma esistevano anche dei casi all'incontrario. A scegliere il "fiorone", il ragazzino più robusto, poteva essere un padrone dai gusti speciali. Una volta arrivato alla cascina, il servitore si rendeva conto di che cosa pretendesse da lui l'uomo che lo aveva preso in affitto. Se ci stava, bene: il suo salario diventava meno avaro. Quando si rifiutava, veniva picchiato e poi violentato. Però storie come queste erano quasi sempre sepolte in un silenzio di tomba.

Tanti anni dopo, racconto dopo racconto, lettura dopo lettura, mi sono accorto che la società fra l'Ottocento e il Novecento era viziosa quanto quella di oggi, e forse di più. Le prepotenze sessuali erano dilaganti, ma non venivano mai considerate una piaga sociale.

I motivi erano molti. Uno era di certo l'ignoranza, unita alla convinzione che le femmine fossero una razza inferiore rispetto ai maschi. Ma il vero motivo stava nella disparità di forze tra i ricchi e i poveri. Chi possedeva il denaro poteva permettersi qualunque sopruso nei confronti di quanti non avevano in tasca che poco o niente.

Era la ricchezza lo stimolante sessuale dei maschi, quello che rendeva un inferno l'esistenza di molte donne. Con la conseguenza fatale che la corruzione dei costumi si estendeva anche alle classi più umili. E spesso guastava pure gli ambienti famigliari.

Se erano molte le ragazze violentate da un estraneo, non di rado lo stupro veniva praticato anche dai padri sulle figlie. Nascevano così legami incestuosi dagli esiti drammatici. Le mogli erano costrette a tacere. Quando osavano prendere le difese della figlia, venivano pestate senza pietà dal marito.

Contro questi orrori non esisteva tutela. A volte la donna ricorreva al prete della propria parrocchia per avere un consiglio o ricevere un aiuto. Ma quasi sempre si sentiva esortata a pregare e a non rivelare nulla. Per non esporre la famiglia al disonore.

Rivolgersi alla forza pubblica, ossia al delegato di

polizia o al maresciallo dei carabinieri reali, significava fare un buco nell'acqua o addirittura peggiorare le cose. Se poi il violento era un ricco, a finire nei guai era chi aveva sofferto la violenza.

Nel Piemonte sabaudo dell'Ottocento le leggi a tutela delle persone esistevano, ma non sempre venivano applicate. L'apparato repressivo dei reati era molto classista, diremmo oggi. Erano una rarità i delegati di polizia o i magistrati disposti a dar ragione a un povero contro un ricco.

I poliziotti si sentivano parte di una struttura statuale fondata sul censo. Con un vertice, quello della monarchia e della nobiltà sabauda che, nonostante le innovazioni introdotte da un'infinità di statuti e di leggi, considerava l'uguaglianza tra i ceti un'utopia pericolosa. In grado di sovvertire l'ordine costituito.

I giudici appartenevano tutti alla borghesia e si comportavano quasi sempre come membri di una classe boriosa, arrogante e ben poco disposta ad ascoltare le ragioni di chi stava in basso rispetto a loro. Il risultato era una nazione appena nata, che nei confronti dei poveri era sempre e soltanto una matrigna arcigna e ingiusta.

Se non fosse stato così, come sarebbe stato possibile esporre dei bambini su di un mercato, affinché qualcuno, pagando i genitori, li condannasse a fare i servi?

6
Nozze povere

Al ritorno dal servizio militare, Giovanni aveva poco più di 20 anni, forse 21 o 22. L'incertezza sull'età dipende dal momento nel quale venne congedato, a sua volta connesso all'esito degli esami di lettura e di scrittura. Destinati ad accertare che quel contadino in divisa non fosse più un analfabeta, neppure parziale.

Concluso il periodo di ferma, Giovanni riprese a vivere a Pezzana, nella casa dei genitori. E ricominciò a lavorare in campagna, immagino da semplice bracciante. Ma nello stesso tempo iniziò a guardarsi intorno. Alla ricerca di una ragazza da sposare.

Raccontata così, sembra una decisione priva di senso. Sappiamo già che il nostro Giovanni era un povero tra i poveri. Il fatto che i meschini come lui fossero davvero tanti non cambia i dati del problema. Che moglie poteva trovare Giovanni? Soltanto una donna altrettanto povera. Sposandosi, avrebbero messo insieme due miserie. Con quale risultato è facile immaginare.

Ma nell'Italia che si avviava alla fine dell'Ottocento questo era un argomento che quasi nessuno teneva in conto. Se i poveri non si fossero sposati tra loro, i bambini sarebbero venuti al mondo soltanto nelle case dei ricchi. E la nazione da poco riunita sotto i Savoia avrebbe avuto un unico destino: quello di rimpicciolirsi sempre di più, sino a diventare un'Italietta qualunque.

Non credo di sbagliare se dico che, di questa Italia, il nostro Giovanni non sapeva quasi nulla. Conosceva a malapena quanto accadeva a Pezzana e nei paesi vicini. Tutto il resto della nazione era per lui un territorio sconosciuto. Non leggeva neppure uno dei pochi giornali pubblicati in Piemonte. Non era interessato ai mutamenti dei governi. Forse sapeva a malapena che il capo della baracca, insieme al re Umberto I, era un signore di una località non lontanissima, Stradella, in provincia di Pavia. Un tizio dal cognome curioso che faceva pensare a un sacerdote: Depretis.

Giovanni avrà certo saputo di più a proposito di una brutta malattia, che di solito si portava via i poveri: il colera. Il 1884, l'anno del suo congedo dopo la ferma militare, fu terribile per l'infuriare di questa epidemia.

A trasferire il contagio dalla Francia meridionale all'Italia erano stati dei nostri emigrati, soprattutto braccianti e lavoratori stagionali, rientrati in patria nella speranza di sfuggire a quel nemico mortale. Fu così che il colera si sviluppò in molte regioni, a cominciare dalla Toscana e dall'Emilia.

La città più colpita fu Napoli, dove la gente viveva in condizioni igieniche orrende. Qui i casi di colera furono 16 mila. E la conta finale dei morti risultò terribile: quasi 8 mila. A differenza delle epidemie precedenti, questa volta il colera prese di mira le campagne e i piccoli centri. Ma non ho trovato notizie che riguardino il Vercellese e i paesi di Caterina e di Giovanni.

In Piemonte la provincia che soffrì di più fu quella di Cuneo, confinante con la Francia. Nel solo 1884, qui i casi di colera furono 3500 e i morti 1700. Anche nel territorio di Genova i colerosi risultarono tanti: 2700. E di loro ne morirono 1500.

Nel complesso, in Italia si contarono 27 mila casi, con 14 mila decessi. Il colera non si attenuò nei tre anni successivi. Nel 1885 soltanto a Palermo fece 3 mila morti. E fra il 1886 e il 1887 i decessi in Italia furono 16 mila.

Tuttavia, neppure la paura per il colera poteva fermare lo slancio vitale del giovane Pansa. Lui continuò a inseguire il sogno di trovarsi una sposa. Dove poteva cercarla? Il suo mondo aveva confini ridotti. E la ricerca era ristretta a Pezzana. Oppure a qualche paese vicino.

Per esempio Prarolo, appena più a nord. O Rosasco e Palestro, già al di là del Sesia, in Lomellina. Oppure ancora a Caresana, a sud di Pezzana. Il caso o una scelta deliberata indirizzò Giovanni proprio a quest'ultima località: quella dove era nata e viveva Caterina.

So che, tanti anni dopo, mia madre Giovanna chiese alla suocera come avesse incontrato il futuro marito. Ma ricevette risposte vaghe e svogliate. Di solito la nonna Caterina non si comportava così. Era sempre disposta a parlare di tutto e su tutti. Aveva un gusto speciale per la chiacchiera sostanziosa.

E soprattutto disponeva di una memoria a prova di bomba, nel senso che resisteva intatta al passare degli anni. Però del suo incontro con Giovanni non le piaceva discorrere con nessuno. Neppure con la nuora che l'aveva accettata in casa e si mostrava sempre premurosa verso di lei.

Il motivo del fastidio a ricordare lo capiremo meglio nel seguito di questo racconto. Stava nascosto in una tragedia famigliare, destinata a cambiare in peggio l'esistenza già difficile di Caterina e dei figli nati dal matrimonio con Giovanni.

Lei non lo confessò mai a nessuno della famiglia. Però non è azzardato supporre che Caterina, qualche volta, si sarà sentita alle prese con un pensiero tetro che provo a riassumere così: "Se invece di Giovanni Eusebio Pansa avessi incontrato un altro uomo, forse la mia vita non sarebbe stata un succedersi di disgrazie".

Ma nessuno può prevedere il proprio futuro. E dunque l'incontro tra Giovanni e Caterina avvenne verso il 1886 o il 1887. Lui aveva 23 o 24 anni, lei era più giovane, un ragazzetta di 17 o 18.

Dove si conobbero? Forse a Caresana, durante la festa patronale del paese, dedicata a San Matteo, che si teneva la terza domenica d'ottobre. Oppure alla fiera di Pezzana, che si svolgeva due volte l'anno. Quella primaverile il 10 maggio, quella invernale il primo lunedì di dicembre.

Può darsi che a farli incontrare sia stata qualche amica di lei. Molte volte, a combinare i matrimoni era un prete, il parroco della ragazza o del ragazzo. Ma nel nostro caso non c'è traccia dell'intervento di un sacerdote. Per farla corta, in qualche modo si conobbero. E scoprirono subito di piacersi.

Arrivati a questo punto, diventa inevitabile una domanda. Non è quella che di solito ci poniamo osservando una storia d'amore. Ossia in quali circostanze Giovanni e Caterina abbiano scoperto di essere innamorati. La domanda è un'altra: perché Giovanni abbia deciso di sposare la ragazzetta di Caresana e mettere su famiglia con lei. Niente e nessuno lo obbligava a farlo.

Escludiamo il motivo più banale: l'interesse. Caterina era povera quanto Giovanni. Non portava nulla in dote. Non doveva essere neppure di una bellezza travolgente. Di certo era una ragazza carina, in virtù dell'età. E benché mingherlina, aveva l'aspetto della figliola in buona salute e capace di resistere alla fatica. Tuttavia non faceva nessun lavoro in grado di procurare un reddito, sia pure modesto. Per esempio, la camisoira, ossia la camiciaia, la sartura, la stiroira, la bustaia.

Il suo unico, grande vantaggio era di essere molto giovane. E dunque di poter procreare presto e a lungo. Mettendo al mondo più di un figlio, tanto da costruire con Giovanni una famiglia numerosa. Con una prole che sarebbe spettato a lei allevare, ben più che al marito.

Secondo i costumi odierni, può sembrare un controsenso. Due poveri che sperano di avere una famiglia larga, con tante bocche da sfamare? Ma alla fine dell'Ottocento non si ragionava così. E nel continuare questo racconto spiegherò il perché.

Il loro fidanzamento ebbe i ritmi di quel tempo. Una prima simpatia reciproca. Poi la decisione presa da Giovanni di dichiararsi, come si diceva allora per rendere esplicita una promessa di matrimonio. Le visite di lui a casa di lei, sempre controllate a vista dalla madre della ragazza, la Clara Falsone.

Un fatto è certo: tra i nostri morosi le effusioni furono assai limitate. Qualche bacio, qualche carezza, però niente di più. Caterina arrivò al matrimonio vergine. Giovanni, invece, non lo era di sicuro. Durante il servizio militare aveva frequentato i bordelli riservati ai soldati. Lì scoprì come erano fatte le donne e come doveva comportarsi con loro un giovanotto.

Giovanni e Caterina si sposarono il 18 agosto 1888. Quando lui doveva compiere 25 anni e lei ne avrebbe fatti 19 in settembre. L'anno del loro matrimonio non era tra i più tranquilli. E non tutto si svolgeva nel clima descritto in un libro diventato subito famoso: *Cuore* di Edmondo De Amicis. Un romanzo dato alle stampe nel 1886 che ebbe subito un successo travolgente, con ben quaranta edizioni nello stesso anno. Un bestseller, diremmo oggi, che comunque i due sposi non lessero.

Nel 1888 l'Italia era molto diversa da quella ritratta in *Cuore*. Il regno si era gettato in un'avventura africana che gli sarebbe costata molti soldi e, soprattutto, molti morti. A cominciare dai cinquecento militari massacrati a Dogali, in Eritrea, il 26 gennaio 1887.

Anche il clima sociale si era fatto rovente. In marzo era esplosa la bolla edilizia, come si usa dire ai giorni nostri. Troppe costruzioni e molti alloggi invenduti. Chiusura di tanti cantieri e scioperi a catena degli operai edili. A Roma ci furono manifestazioni violente, con tanto di assalto ai forni del pane.

Ma Giovanni faticava sui campi e non a tirare su muri. E quella crisi lo risparmiò. Le nozze con Caterina vennero celebrate in tranquillità, nella chiesa parrocchiale di Caresana, detta di San Matteo, tre giorni dopo il Ferragosto. Forse di mattina presto, senza alcun lusso.

Pochi invitati, niente rinfresco e soprattutto niente viaggio di nozze. Era una giornata di gran caldo e il lavoro nelle campagne stava al massimo. E non escludo che, nello stesso giorno, Giovanni abbia ripreso subito a darsi da fare come bracciante.

Lo sposo era vestito alla bell'e meglio. Una giacca un po' sformata, camicia bianca senza colletto, pantalonacci stirati con moderazione. La sposa indossava il solito abito nero, lungo sino alle caviglie, con un colletto bianco.

E sotto il vestito che cosa portava Caterina? Una maglietta, mutande di cotone, calze nere o grigie tenute su con gli elastici. Inutile immaginare un reggipetto: per le donne povere era un indumento intimo sconosciuto. Le scarpe erano quelle chiuse dalle stringhe, con due dita di tacco largo.

Tra i lussi che mancavano c'è anche quello che sarebbe stato molto utile al nostro racconto: la fotografia degli sposi. Nella seconda metà dell'Ottocento, ma anche in seguito, una volta celebrato il matrimonio i coniugi si recavano dal fotografo del paese o della città più vicina. E si facevano ritrarre su uno sfondo neutro. Oppure avendo alle spalle qualche dipinto alla buona, che alludeva all'interno di una casa ben più lussuosa di quella vera che la coppia poteva permettersi.

Può anche darsi che Giovanni e Caterina siano ricorsi allo stesso rito. Ma della fotografia, ammesso che sia stata scattata, si è persa ogni traccia. Di Giovanni, invece, è rimasta un'immagine a mezzo busto che lo ritrae quando aveva una trentina di anni. Dunque in un'età ancora vicina al momento delle nozze. C'è l'ho davanti a me. E adesso proverò a descrivere il mio nonno paterno.

Era un uomo squadrato, di corporatura robusta, ma asciutta. I capelli neri, tagliati molto corti. La fronte alta. Il naso lungo e diritto. Il volto è senza barba, ma presenta un paio di baffi davvero imponenti. Veri e propri mustacchi, o barbis, come si diceva in dialetto.

L'immagine non ci rivela quale fosse la sua statura. Ma si può supporre che, rispetto ai maschi di oggi, fosse un giovane di altezza media: un metro e sessanta, non di più. Del resto, il figlio Ernesto, mio padre, alla visita militare nel 1917 risulterà di un metro e sessantacinque centimetri.

L'abbigliamento non era certo quello delle giornate di lavoro sui campi. Dal fotografo allora si andava con i vestiti della festa, per non sfigurare e sembrare dei poveracci anche davanti all'obiettivo. Giovanni indossa una giacca grigiastra. Sotto la giacca si intravede un gilet nero. La camicia è bianca. E compare persino una cravatta a righe sottili, annodata alla meglio.

Infine ecco il particolare che colpisce di più: lo sguardo. Quello di Giovanni è tra il severo e il bonario. A volte ho pensato che il nonno avesse occhi da uomo buono, un bravo giovane abituato a lavori faticosi, però onesti. E soprattutto ignaro della sfortuna in agguato. Pronta ad assalirlo qualche anno dopo.

Un ultimo dettaglio aiuta a datare la fotografia. Sul lato inferiore del cartoncino, esiste un timbro a secco: "T. Torielli. Via Lanza 14. Casale M.to". Il timbro indicava uno studio fotografico molto attivo a Casale Monferrato. Come racconterò, la famiglia di Giovanni si era trasferita lentamente dal Vercellese in quel territorio.

Nel 1891 stava già lì, perché il loro secondo figlio, Paolo, nacque in una frazione di Casale. La foto scattata nello studio Torielli risale a quell'epoca o a un anno successivo. Peccato non vedere Caterina al fianco del suo Giovanni. Ci sarebbe bastato questo per comprendere qualcosa di più sul conto della loro vita matrimoniale.

Ecco un tassello importante che manca a questa storia. E mi obbliga a una domanda e a una considerazione. L'interrogativo riguarda il perché Giovanni si sia fatto fotografare. Non credo che servisse a un documento d'identità che allora non era obbligatorio. E comunque non veniva accompagnato dall'immagine dell'interessato. Dunque, alla domanda non ho trovato una risposta.

La considerazione, invece, è riferita a Caterina. Verso la fine dell'Ottocento, nella società del tempo le donne contavano poco o niente. Il loro mondo era ristretto alla famiglia, ai figli, al lavoro sfiancante che dovevano affrontare anche fuori dalle mura di casa. Ma per il resto erano soggetti inferiori, per non dire inesistenti. Quindi perché buttare via dei soldi per fotografarle?

Mi accorgo di stare strologando troppo. È meglio che passi a raccontare come si avviò l'esistenza dei nostri sposi. E soprattutto quanto accadeva nell'Italia attorno a loro.

7
Schiavi in cascina

Giovanni e Caterina non potevano scegliere un momento peggiore per sposarsi. A partire dall'inizio del 1880, l'Europa era stata investita da una grande crisi agraria che infuriò presto anche nell'Italia del Nord. Cominciando dalle aree che producevano riso, grano, foraggio, bestiame.

I prezzi agricoli crollarono, a causa dell'afflusso di merci da paesi molto lontani. Dagli Stati Uniti e dalla Russia meridionale arrivarono tonnellate di grano. Dall'Argentina le carni. Dall'Estremo oriente olio e riso. La crisi più grave fu quella risicola. Dal momento che i prezzi cadevano, la produzione di riso diminuì rapidamente. Molte risaie scomparvero. E quanti ci lavoravano videro sfumare quel poco salario che riuscivano a ottenere.

Nel 1890 il Piemonte perse il primato nazionale nella presenza delle risaie. Anche per effetto del succedersi di cattivi raccolti e per la chiusura di alcuni mercati esteri, a cominciare da quello francese. Deciso proprio nel 1888, l'anno delle nozze dei nostri due sposi. Quello che Caterina poi ricorderà come l'anno "delle trentatré disgrazie".

La crisi agraria peggiorò subito le condizioni dei braccianti avventizi e dei salariati fissi. Infatti i padroni delle terre cercarono di scaricare le loro perdite sulle paghe dei dipendenti, tagliandole senza pietà. Era una regola ferrea, da sempre applicata nella storia del lavoro umano.

Nel 1888 i braccianti nullatenenti delle province di Novara e Vercelli portavano a casa non più di 300 lire l'anno. Un'intera giornata trascorsa a faticare alla monda del riso veniva compensata con una lira e quaranta centesimi. Era una paga peggio che misera e consentiva di acquistare poco più che tre chili di pane fatto di solo frumento.

Spesso i contadini poveri non potevano permettersi neppure quello. Il loro pane era fatto di farina di meliga, impastata con altra roba di ben poca sostanza. Di solito il vitto era da cinghia tirata fino all'ultimo buco. Acqua, polenta, pane e riso di scarto, legumi, qualche ortaggio e ogni tanto un pezzettino di carne di maiale. Il vino compariva di rado a tavola e in dosi minime, perché costava troppo. Per dirla in modo chiaro, vivevano davvero di poco o niente.

Caterina poi ricorderà che il pranzo più comune vedeva in tavola due soli piatti: il pane e l'appetito. Oppure polenta e coltello. La polenta dava l'illusione di attenuare la fame e nient'altro. Un detto monferrino recitava: "Pulenta, pulentà, pansa piña e mal disnà". Hai la pancia piena, ma poi ti accorgi di aver mangiato male.

Ma neppure la polenta c'era sempre. E a quel punto insorgeva il desiderio di sottrarla a chi ce l'aveva. Un altro detto spiegava: "Polenta, polentata, è più buona se l'hai rubata". Caterina borbottava una filastrocca che suonava così: «Facciamo la polenta? Non si può perché manca la farina. Allora andiamo a rubarla! Non si può rubarla perché si fa peccato. Allora non la ruberò. Ma quando sarò grande sì che vado di corsa a rubare la farina a chi ce l'ha!».

Fra il 1885 e il 1888, quando la crisi agraria diventò feroce, nel Vercellese e nel Monferrato casalese i furti si moltiplicarono nelle case dei ricchi e nei campi. Anche le rapine e le aggressioni personali divennero più numerose e cattive. Molti padri di famiglia, spinti dalla miseria, si diedero alla delinquenza o alle devastazioni e ai vandalismi, come il taglio delle viti.

Caterina, che allora era una ragazza appena uscita dall'adolescenza, conservava un ricordo netto di quei disordini. Uomini tranquilli si erano tramutati in banditi "e ne facevano più di Carlo in Francia". La vita nei campi era diventata "una Balcania", dove tutti si combattevano e spesso ci rimettevano la pelle.

Era un ribellismo fine a se stesso, senza avvenire, dettato dalla rabbia e dalla fame. In Piemonte venne tentato pure qualche sciopero. Ma fu roba da poco, non paragonabile a quanto avveniva nel Milanese, in Polesine, nel Mantovano e nel territorio tra Reggio Emilia e Parma.

Nel marzo 1885, il governo di Agostino Depretis, leader della sinistra, stroncò nel Mantovano il movimento di protesta chiamato La Boje, per indicare la rabbia che bolliva in tanti poveracci. Vennero arrestati tutti i dirigenti e centocinquanta scioperanti, accusati di aver attentato alla sicurezza dello Stato. In diverse città, a cominciare da Roma, ci furono tumulti contro il carovita e la disoccupazione.

Giovanni Pansa non era un tipo scaldato, disposto alla rivolta. Del resto, si trattava di un lusso che non poteva permettersi. Come vedremo, Caterina metteva al mondo un figlio dopo l'altro. E lui aveva il dovere di preoccuparsi di loro. Insomma, gli mancava il tempo, e forse pure la voglia, di ribellarsi.

Ma la condizione della loro famiglia restava sempre sul confine tra la povertà e la miseria. Tanto più che Giovanni lavorava da bracciante avventizio, il mestiere più sfortunato di quel tempo. E non mi risulta che abbia mai trovato un posto da salariato fisso in qualche tenuta agricola. Ammesso che l'abbia cercato.

Nell'Italia di fine Ottocento, i braccianti avventizi erano gli ultimi degli ultimi nella società agricola.

Con la fame in corpo e con pochissimi soldi in tasca. Dovevano acquistare tutto ciò che serviva alla sopravvivenza della moglie e dei figli. E quel poco che un bracciante portava a casa veniva straziato dal carovita e dall'inflazione.

I braccianti, chiamati anche giornalieri di campagna, non avevano mai la sicurezza di poter lavorare tutti i giorni dell'anno. Ogni mattina si presentavano sulla piazza del paese nella speranza che il conduttore di un fondo o un mediatore, il caporale, li ingaggiasse per la giornata.

Gli andava bene nelle stagioni dei grandi lavori: la mietitura del grano, la raccolta del granoturco, la fienagione, la vendemmia. Al momento della mietitura ricevevano una paga doppia e un litro di vino al giorno. Quando bisognava potare gli alberi, avevano il diritto di portarsi a casa una fascina di legna. Lo stesso accadeva durante la scalvatura, il taglio dei rami cresciuti sul tronco delle piante.

Conclusi quei periodi, le risorse degli avventizi si riducevano in modo drastico. La fase più dura era l'inverno. Allora la vita già difficile del bracciante peggiorava. Anche riscaldare il tugurio nel quale abitava con la famiglia diventava un problema difficile da risolvere. A volte le case erano così fredde che "vi cantavano soltanto gli angeli", diceva la gente.

Possedevano una sola certezza: di non avere futuro. Sia pure in modo confuso, i braccianti sapevano di essere condannati a una vita senza speranza, inchiodati alla miseria e all'ignoranza. Insieme alla moglie e ai figli che mettevano di continuo al mondo.

Arrigo Serpieri, il grande economista agrario, nel libro *La guerra e le classi rurali italiane*, pubblicato nel 1930 da Giuseppe Laterza & Figli, ne ha lasciato un ritratto che merita di essere citato.

"Era questo il vero proletariato agricolo" scrive, "il

più incerto della propria vita, il meno attaccato alla terra, il più soggetto a mutazioni di sede e di sorte economica. Esso trovava lavoro sia nelle aziende capitalistiche, a completamento di quello dei salariati fissi e obbligati, sia anche nei poderi colonici, a completamento di quello della famiglia del coltivatore. Era spesso costretto a integrare queste fonti di occupazioni agricole con altre extra agricole, o con periodiche migrazioni anche in luoghi lontani.

"In talune stagioni" scrive ancora Serpieri, "la disoccupazione era per il bracciante una malattia cronica. Tutti insieme formavano la categoria più misera dei lavoratori dei campi... Nel moto delle classi sociali per la conquista di un miglioramento economico, al contadino non si presentavano che tre vie: rassegnarsi alla sua miseria, ribellarsi o emigrare. Preferì emigrare."

Ma emigrare dove? Giovanni e Caterina scelsero una migrazione a raggio molto corto, passando di paese in paese sino ad arrivare da Pezzana alla pianura di Casale Monferrato. Invece tanti poveri uguali a loro decisero di andarsene assai più lontano. In altre nazioni europee, ma soprattutto al di là dell'Oceano. Nell'America del Sud, specialmente in Argentina, e anche negli Stati Uniti, approdando nell'area di New York.

In proposito è rivelatrice una tabella sugli espatri, pubblicata da Giorgio Candeloro nel sesto volume della *Storia dell'Italia moderna*, edita da Feltrinelli nel 1970. Ci consente di seguire l'andamento del fenomeno migratorio e il suo crescere nel tempo.

Nel 1869-70, gli emigrati erano stati 121 mila, di cui 99 mila verso l'Europa e i paesi del Mediterraneo e 22 mila per i paesi al di là dell'Oceano. Anno dopo anno, questa partizione si rovesciò. Fra il 1886 e il 1890 gli espatri erano quasi raddoppiati, diventando 221 mila, dei quali 90 mila in Europa e nei paesi mediterranei, e ben 131 mila nelle due Americhe. Nel periodo fra il

1896 e il 1900 gli espatri erano ancora saliti a 310 mila: 148 mila in Europa e 162 mila nelle due Americhe.

Se in una stessa località erano in tanti a partire insieme, lasciavano il paese incolonnati, preceduti dalla banda e dal gonfalone comunale, tra due ali di gente con il magone, mentre il parroco suonava le campane. I parenti e gli amici li accompagnavano alla stazione ferroviaria, in attesa del treno che li avrebbe condotti a Genova e all'imbarco per una delle due Americhe.

Meno sfortunati dei braccianti avventizi erano i salariati fissi, chiamati anche obbligati. Avevano firmato un contratto annuale che li vincolava a vivere nella cascina del padrone, da un San Martino all'altro. Il patto scadeva l'11 novembre e poteva essere rinnovato oppure no, a insindacabile giudizio del proprietario o dell'affittuario del fondo.

Nel caso di un mancato rinnovo, il salariato doveva "fare San Martino", ossia traslocare, lasciando la tenuta all'istante. Metteva sopra un carretto la moglie, i figli e i barlafüs, le sue quattro carabattole. Di solito erano il letto e il materasso: un saccone ripieno di foglie delle pannocchie di granoturco, lo sfujasson veniva chiamato nella Bassa vercellese. Infine un tavolo, una madia, qualche sedia e pochi arnesi da cucina. Poi se ne andava alla ricerca di un nuovo contratto, in una cascina che non fosse troppo lontana.

A volte le partenze non erano per niente tranquille. Accadeva quando i rapporti tra padrone e salariato avevano preso una piega cattiva per ragioni personali. Un fatto che accadeva di frequente. Dal momento che anche il proprietario dell'azienda, ma soprattutto il fittabile, viveva all'interno della cascina. E partecipava alla vita dei sottoposti.

In questo modo, si realizzava una promiscuità tra ricchi e poveri che, di solito, non conduceva a niente di buono. I rancori esplodevano, anche per motivi da poco. Ma la gerarchia molto rigida non escludeva l'emergere di convivenze equivoche fra maschi e femmine. In quel caso non si trattava di questioni da nulla.

Nel Vercellese, sulla fine dell'Ottocento, rimase famosa una vicenda che si era conclusa in modo tragico. L'affittuario di una grande tenuta aveva ordinato il San Martino a una famiglia di salariati. Ma al momento della partenza chiese al capofamiglia di lasciare nella cascina l'ultima delle sue figlie, una ragazzetta di 15 anni.

Il salariato si rifiutò, però il padrone insistette. E offrì una somma importante al capofamiglia come risarcimento per quel paio di braccia che non avrebbe portato con sé. Il contadino respinse il denaro, poi chiese: «Perché vi serve mia figlia?». Il padrone rispose: «Perché mia moglie è molto malata, non si alza più dal letto. Vostra figlia è l'unica che ha imparato ad assisterla nel modo giusto».

Ma il salariato scosse la testa e seguitò a dire no. Anche lui, come altri in cascina, sapeva che la storia della moglie da curare era falsa. Qualche giorno prima, la signora era stata vista dare l'acqua ai fiori sulla porta di casa. Era una donna non più giovane, però ancora in ottima salute.

La richiesta del padrone confermò al contadino le voci che giravano tra i salariati. Dicevano che la ragazzetta, molto carina e spigliata, piaceva tanto al padrone. Lui l'aveva già "adoperata" più volte. E tra i due era nata una tresca. Il salariato si rivolse alla figlia e le domandò, rabbioso: «Tu che cosa dici? Vuoi restare con il padrone o no?». Atterrita, la ragazzina scoppiò a piangere e non rispose nulla.

Allora il padre scese dal carro. Stringeva in pugno una roncola, si gettò sul padrone e lo sgozzò. Mentre l'uomo moriva in un lago di sangue, il salariato risalì sul carro e, senza aprir bocca, si diresse alla più vicina stazione dei carabinieri. Qui confessò il delitto e venne arrestato. Quando si tenne il processo, fu condannato a una pena severa.

La sua famiglia cadde nella miseria più nera. Dopo qualche anno, la figlia fuggì di casa, andò a Torino e, per campare, fece la serva. Poi trovò più facile prendere un'altra strada: quella del vizio, come si diceva allora.

Ma di solito i San Martino non erano tanto cruenti. Anche se accadeva spesso che il padrone mettesse l'occhio sulle figlie dei salariati, come abbiamo visto nella storia dell'Austriaca. I signori erano convinti che il proprio potere gli permettesse anche di portarsi a letto le donne che lavoravano e vivevano nelle loro cascine.

Tuttavia erano vicende coperte dal segreto. E non di rado i maschi, pur essendo al corrente della tresca con la propria moglie o una delle figlie, fingevano di non sapere niente. A volte per non inimicarsi il padrone, a volte per ricattarlo. In questo secondo caso si ripeteva, nel modo più rude, una storia vecchia quanto il mondo: sesso in cambio di soldi.

Di norma tutto si svolgeva in una tranquillità apparente. Fondata sulla necessità di non perdere il lavoro. I salariati fissi delle grandi aziende agrarie avevano incarichi diversi che diventavano vere e proprie specialità. C'erano i cavallanti, gli addetti ai cavalli. I bifolchi che si occupavano dei buoi. I mungitori, detti anche bergamini. I manzolai, per il bestiame da allevamento.

I campari governavano le acque d'irrigazione. I casari o lattai erano incaricati di produrre il formaggio. Ma il lavoro più ingrato era quello di guardiano dei maiali: lo chiamavano "il Gineral", il generale dei porci. Infine venivano i famigli o i fatutto, contadini senza una mansione precisa, ma in grado di svolgere molti lavori differenti.

Tutti erano dei mezzi schiavi. Forse derivava da questa condizione la parola che li definiva: s-ciavandé, schiavandaio. Vivevano con la famiglia all'interno della cascina che era una grande corte chiusa. E quando calava il buio, il portone veniva sbarrato.

Per uscire occorreva avere un motivo importante e ottenere il permesso del padrone. Disponevano di appena tre giorni di libertà all'anno, da godere soltanto nei periodi di poco lavoro. Vale a dire quando l'inverno era al culmine. E il freddo si mutava nel gelo che bloccava tutto.

Dovevano obbedire al proprietario o al fittavolo senza discutere. Rifiutarsi di eseguire anche un solo ordine poteva condurre al licenziamento in tronco. Prima ancora che il contratto annuale scadesse. In quel caso, il padrone o il conduttore del fondo aveva l'autorità di obbligare il salariato a lasciare la cascina all'istante, con uno sgombero forzato.

È quasi inutile aggiungere che il salariato mandato a spasso non aveva alcun diritto di chiedere soldi, a titolo di risarcimento. Insomma, non era prevista nessuna liquidazione, per minima che fosse. E nemmeno una cifra concordata alla buona.

Il salario veniva pattuito parte in denaro e parte in natura. Ossia in quantità ben definite, e per tutto l'anno, di frumento, granoturco, riso da dispensa, risone, segale, fagioli e legna verde. In più, gli obbligati avevano la possibilità di spigolare dopo la mietitura, il diritto di farsi un orto personale e, naturalmente, di abitare nelle stanze che il padrone gli assegnava all'interno della cascina. Alloggi che erano soltanto dei tuguri, posti per animali e non per esseri umani.

Alla fine dell'Ottocento, gli obbligati dovevano essere pronti al lavoro in qualunque ora del giorno e della notte. L'orario del loro impegno era illimitato e poteva andare dall'alba al tramonto. Questo peso scomparve soltanto con il contratto di lavoro del 1919, sottoscritto a denti stretti dai padroni nel clima acceso del dopoguerra. E anche i salariati fissi conquistarono l'orario di otto ore.

Una vita bestiale, tanto per i braccianti che per i salariati. Fu quella che affrontarono Giovanni e Caterina. Da quel che ho appreso, lui si trovò a lavorare sempre da bracciante. Lei seguì la sua sorte. Senza sapere che la propria esistenza sarebbe diventata presto un inferno.

Parte seconda

8
Sei figli

Sei figli in poco più di undici anni. Messi al mondo uno dopo l'altro, senza una pausa vera tra un parto e l'altro. Questo accadde a Caterina fra il 1889 e il 1901. Il primo bambino nacque quando lei stava per compiere 20 anni. Il sesto quando ne aveva quasi 32. E poteva non essere l'ultimo. Ne avrebbe di sicuro partoriti altri, se non fosse avvenuta la tragedia destinata a cambiare la sua vita e quella dei suoi figli, tutti ancora piccoli.

La prima a nascere fu una bambina: Carolina, partorita il 27 agosto 1889, un anno esatto dopo le nozze dei genitori. Se non stessi descrivendo l'inferno dei poveri, dovrei dire una cosaccia sul conto di mio nonno Giovanni. Provo a scriverla così: nei panni del marito non voleva perdere tempo, si era dato subito da fare e aveva messo incinta la giovanissima moglie senza pensarci due volte.

A sua difesa, bisogna ricordare che il nonno era un giovanotto vicino ai 26 anni, esuberante, in apparenza molto forte fisicamente. E come i maschi del tempo considerava la moglie una cosa di sua assoluta proprietà. Era un principio che valeva per tutti, tanto per chi possedeva un portafoglio ben fornito, quanto per chi viveva di poco o niente.

Per di più, in quell'epoca i poveri, e forse anche i ricchi, non avevano la minima conoscenza dei sistemi per evitare le gravidanze. Ma su questo problema, ritornerò in seguito. Anche perché serve a spiegare, sia pure non da solo, per quale motivo i poveri di solito mettessero al mondo un gran numero di figli.

Sempre in quella fase della vita, Giovanni prese un'altra decisione: lasciare Pezzana e il Vercellese e trasferirsi, tappa dopo tappa, verso il Monferrato casalese. Dove erano più rare le grandi aziende agricole. In questa zona la proprietà della terra iniziava a frazionarsi per due motivi.

Il primo era la decadenza delle famiglie di nobili con possedimenti vasti che non erano più in grado di mantenere. Non intendevano affittarli e preferivano venderli a pezzi, incassandone subito il ricavato. Della terra non gli importava più niente. Avevano soltanto bisogno di soldi, per mantenere il tenore di vita ritenuto acconcio al loro rango.

Il secondo motivo era la tenacia di molte famiglie rurali che, spaccandosi la schiena lavorando tutti i santi giorni, accumulavano quanto bastava per acquistare piccoli appezzamenti da condurre in proprio. Per questo insieme di fattori, nel territorio attorno alla città di Casale Monferrato la crisi agraria si era di certo avvertita. Però senza gli effetti disastrosi registrati in altre zone del Piemonte e in Lomellina.

Giovanni deve aver pensato che un contadino senza terra come lui, un bracciante a giornata, avrebbe trovato lavoro con più facilità nella pianura casalese. Fu un'intuizione giusta, almeno per una decina di anni. E così, lui e Caterina misero su un carro le loro poche cose e cominciarono una lenta marcia verso est, al di là del Sesia e in direzione del Po.

Il secondo figlio, Paolo, nacque il 15 luglio 1891, nel circondario casalese. Il terzo, una bambina, Maria, venne al mondo l'8 maggio 1893, a Occimiano, un paese già al di là del Po, non lontano da Casale. Il quarto, Erminia, vide la luce il 22 maggio 1896. Il quinto, mio padre Ernesto, il 6 ottobre 1898. Il sesto e ultimo figlio, Francesco, il 30 marzo 1901.

Tutti vennero battezzati subito, nel giro di due giorni. Perché tanta fretta? La spiegazione era una sola. E abbastanza brutale: perché si temeva che morissero appena nati o subito dopo. Nel passaggio fra l'Ottocento e il Novecento succedeva spesso nelle famiglie povere. Fra il 1891 e il 1900, il 17,6 per cento dei bambini nati in quel decennio non superava il primo anno di vita.

Quando venne al mondo Ernesto, la famiglia abitava a Santa Maria del Tempio, la minore delle frazioni di Casale Monferrato. Il loro alloggio si trovava in un piccolo agglomerato della frazione: le Cascine Pinte o Dipinte, collocato sullo stradone che conduce ad Alessandria.

In seguito i Pansa fecero un ennesimo trasferimento, sempre alla ricerca di una sistemazione meno miseranda. Andarono ad abitare non lontano: alle Cascine Picche, o dei Picchi, più vicine a un'altra frazione di Casale, San Germano. Ed è qui che nacque l'ultimo figliolo, Francesco.

Oggi quasi tutti i parti avvengono negli ospedali pubblici o in cliniche private. In condizioni sanitarie e igieniche che sono curate al massimo. Ma in quel tempo, le donne partorivano in casa. Anch'io nel 1935 sono nato nell'alloggio di mio padre Ernesto e di mia madre Giovanna Cominetti. E lo stesso è accaduto a mia sorella Marisa, nata nel 1937.

In quegli anni, la casa abitata dai nostri genitori stava nel centro di Casale, in piazza Coppa. A pochi passi dal cuore della città, piazza Carlo Alberto, chiamata piazza del Cavallo. Sotto le nostre finestre stava collocato il parcheggio delle automobili pubbliche. Mi raccontarono che, nel mettermi al mondo, mia madre urlò come una dannata per qualche ora. Quando smise di gridare, i tassisti compresero che ero nato, finalmente! E si misero ad applaudire, per il sollievo di non sentire più le urla della signora Cominetti in Pansa.

I posti dove Caterina partorì i sei figli non erano di

certo simili all'appartamento dei miei genitori. Forse lei non ebbe neppure l'assistenza di un'ostetrica comunale, la levatrice, ammesso che da quelle parti ne esistesse una.

Se ricevette un aiuto, le venne soltanto da qualche donna anziana del vicinato. Ed è meglio non immaginare quali fossero le condizioni igieniche di quelle nascite. Una catinella di acqua scaldata sulla stufa o nel camino, salviette rustiche più o meno pulite e nient'altro.

Mentre mi preparavo a scrivere questo libro, ho provato a immaginare Caterina alle prese con sei gravidanze e poi con sei parti. E confesso di aver provato per lei una pena profonda. Era un donna con una sola ricchezza: l'età giovane. Riguardo a tutto il resto, non possedeva nulla. Niente casa decente, niente risparmi, niente guardaroba fornito, niente assistenza di parenti.

Alla nascita della prima figlia, di lì a pochi giorni avrebbe compiuto 20 anni. Per una partoriente, è un'età che sembra assurda se riferita alle ragazze di oggi. Sono quasi tutte molto emancipate e tante di loro hanno già avuto rapporti sessuali. Ma non sono sposate, né pensano alle nozze. E meno che mai progettano di mettere al mondo un bambino. Se gli accade di restare incinte, lo considerano una sciagura. Da rimediare con un aborto.

Quando affrontò il secondo parto, Caterina stava per compiere 22 anni. Al terzo parto ne aveva 24. Dunque, vista con gli occhi del nostro tempo, era ancora una donna molto giovane. Per di più, la sua struttura fisica era quella che ho conosciuto anch'io, da bambino. Piccola, molto magra, forse denutrita, viste le condizioni economiche che affliggevano il suo matrimonio con Giovanni.

Dal momento che apparteneva al mondo dei poveri, penso che Caterina abbia continuato a lavorare pure durante le gravidanze. Anche lei da contadina, alle prese con le fatiche imposte dalla vita sui campi. Fatiche di mese in mese sempre più pesanti da sopportare. Con la pancia che le cresceva e diventava un pancione capace di piegarle in due la schiena.

"La terra è una padrona bassa" dice un proverbio, "e devi inchinarti di fronte a lei." Raccogliere l'erba, spigolare dopo una mietitura, aiutare chi sta vendemmiando, raccattare la legna per il camino o per la stufa: tutto diventa più complicato e penoso per una donna che aspetta un bambino.

E una volta ritornata a casa, tocca sempre a lei badare ai piccoli già nati, lavare i panni, affannarsi per mettere qualcosa in tavola: tante fatiche in più. Ma per essere schietti, dovremmo dire: un'altra tortura quotidiana per una donna incinta che può soltanto sperare nell'aiuto del marito. Che di solito non arriva mai.

Le crudeltà più pesanti sono quelle nascoste. Caterina ha dovuto affrontarle tutte. Parto dopo parto, figlio dopo figlio. E siamo ancora in un capitolo della sua vita che vedeva al suo fianco Giovanni. Il destino percorre sempre vie misteriose. Senza saperlo, né poterlo prevedere, lei si stava allenando ad affrontare un futuro che non le avrebbe lesinato nessuna prova. Neppure quella più dura.

Eppure tutti e sei i figli nacquero, robusti e belli, in gran parte destinati a sopravvivere per lungo tempo. Quello che non conosco è se, tra un parto e l'altro, Caterina abbia avuto degli aborti. O se qualche altro figlio sia venuto alla luce per poi morire subito, ancora prima del battesimo. Accadeva spesso, anche in epoche successive. Ma Caterina non ne parlò mai. E neppure mio padre. Dunque devo arrendermi a questo mistero.

Invece non erano per niente un mistero le case che videro nascere i sei bambini Pansa. Erano tutti posti orrendi che oggi verrebbero giudicati ricoveri per gli animali e non abitazioni per i cristiani. E spesso non esisteva differenza fra gli alloggi collocati all'interno dei paesi e quelli che sorgevano in piccole frazioni o in aperta campagna.

Ce lo confermano molte testimonianze, stampate e orali, a cavallo fra l'Ottocento e il Novecento. Insieme a quanto emerse in seguito a una epidemia di colera esplosa anche nel Monferrato. Meno violenta di quella che avrebbe infuriato nel 1884, la grande pestilenza che soltanto a Napoli uccise 8 mila persone. Ma sempre preoccupante.

Il quadro generale dell'epidemia ce lo offre uno studio molto accurato di Anna Lucia Forti Messina, *L'Italia dell'Ottocento di fronte al colera*, pubblicato nella *Storia d'Italia. Annali* 7, stampato da Einaudi nel 1984. Era il luglio 1865 quando il colera arrivò ad Ancona su una nave salpata dall'Egitto, mentre il Piemonte e la Liguria ricevettero il contagio da due città francesi: Marsiglia e Tolone.

L'epidemia infuriò per tre anni, sino al 1867. Nell'ultimo biennio, in Piemonte i casi furono 20 mila e i contagiati che morirono 11.600. Nell'Italia del Nord, la regione più colpita risultò la Lombardia: 40 mila colerosi e 22 mila deceduti. In quel biennio, se si considera l'intero regno d'Italia, l'epidemia uccise 148 mila persone.

Anche le autorità pubbliche del Monferrato si misero in allarme. E il giorno che la fase acuta del colera cessò, chiesero a un medico di indagare sul rapporto fra le condizioni igieniche della popolazione monferrina e la diffusione del morbo.

Il sanitario incaricato dell'inchiesta era il dottor Flavio Valerani, membro della Società italiana di medicina. Lui esaminò a fondo il caso di un paese, Pomaro Monferrato, che allora contava 1100 abitanti, una località collocata proprio di fronte al Po, sulla riva destra. Sentite che cosa scrisse nel rapporto sull'ispezione.

"In Pomaro le case e i tuguri vi stanno agglomerati

in uno spazio ristretto. I cortili sono piccoli e ripieni di letamai e di altro sudiciume. L'interno degli abituri è quasi dovunque ingombro, malsano e insufficiente al numero delle persone che vi hanno dimora. Si aggiunga che nella vicinanza del villaggio scorre la roggia Grana, nella quale gli abitanti di questo e dei comuni vicini hanno la pessima abitudine di porre a macerazione la canapa. L'acqua vi si corrompe e ne vengono le più fetide emanazioni e i miasmi più pestilenziali."

E ancora: "L'acqua potabile scarseggia. Il vitto è poco riparatore. Le regole igieniche sono trascurate quasi tutte. Quest'anno, infine, la scarsità del raccolto dei cereali aggravò le misere condizioni della popolazione. Preparando il terreno all'invasione del terribile morbo".

Ecco un'altra descrizione che ha per ambiente le campagne della pianura del Tortonese, sempre in provincia di Alessandria e non lontana da quella di Casale, ripresa da un'inchiesta agraria: "Case cadenti, scrostate, senza aria né luce. Tetto, porte e finestre non riparano dalle intemperie. Cosa comune è l'umidità dei pavimenti e dei muri, mantenuta dal suolo e dalle malsane abitudini: concimaie addossate alle case, pantani putrescenti nei cortili, stalle comunicanti direttamente alle stanze di abitazione.

"Talora in camere bastanti per una persona, dormono in quattro o cinque. Mancanza di camini con tiraggio e anche qui aria viziata e ammorbata. Mezzi di illuminazione scarsi, fumōsi e puzzolenti. Mucchi di immondizie anche all'interno delle case, il cui terreno circostante è insozzato di escrementi umani e animali. Promiscuità di sani con malati. Mancanza di latrine."

E infine ecco la descrizione della casa dei Pansa quando stavano ancora a Pezzana, non molto diversa da quelle dove la famiglia abitò nella pianura casalese. I muri erano tirati su con blocchi di tufo, canne e fango.

Il pavimento era in terra battuta e a forza di spazzarlo diventava concavo. Due stanze, non di più.

Una serviva per cucinare e mangiare, riscaldata dal camino o dal cosiddetto "bulon", la stufa che andava a pula di riso, meno costosa della legna. La si comprava a poco prezzo dai mulini e bruciava lenta, spargendo molto fumo. La stanza per dormire non aveva nessun mezzo di riscaldamento. Per questo motivo era sempre fredda.

La dominava un letto matrimoniale, molto alto. Costruito con assi di legno e ricoperto da un materasso fatto di cartocci di meliga. Il cesso stava nel cortile: una tavoletta di legno forata, collocata sopra una buca scavata nel terreno, che di tanto in tanto veniva svuotata della robaccia che conteneva. A proteggere la privacy, diremmo oggi, esisteva una piccola ciuenda, un recinto di frasche accanto alla concimaia.

Una casa per modo di dire, mi raccontarono la nonna Caterina e mio padre Ernesto. Un riparo da niente, sia durante l'inverno che in estate. La stagione più crudele era quella invernale. Tanto nella Bassa vercellese che nella pianura di Casale, i poveri erano aggrediti da una quantità di nemici.

La nebbia gelata. La galaverna sulle piante, quando l'umidità si condensava in piccoli grani di ghiaccio sui rami. Il freddo che rodeva le ossa. Durante l'estate, il caldo non dava tregua. Nugoli di zanzare senza pietà. Afa che ti toglieva il respiro. E dappertutto il fetore delle risaie.

Avrebbero dovuto passare decenni prima che le case dei contadini diventassero più umane. Uno studio sulla vicina Lomellina agricola negli anni attorno al 1920, condotto da Pier Andrea Randone, descriveva in termini crudi gli alloggi dei salariati obbligati che risiedevano nelle cascine delle grandi proprietà agrarie: "Erano per lo più a due vani, dunque troppo angusti per famiglie di solito numerose, che vivevano in una promiscuità opprimente.

"E poi muri umidi, male intonacati, coperti da una patina dovuta al fumo della stufa e alla sporcizia. Pavimenti in terra o di mattoni sconnessi. Serramenti sempre guasti. Fogli di cartone o assicelle di legno al posto dei vetri rotti. La camera da letto era sovente sprovvista di un vero soffitto, rimpiazzato dalle intavolature del tetto. E serviva anche da ripostiglio per la poca biancheria, per le granaglie e per il pane."

Una volta terminata la giornata di lavoro, che cosa restava agli esseri umani imprigionati in queste catapecchie? Soltanto una cosa: accoppiarsi, fare l'amore, di solito fra marito e moglie. Si rischiava di ampliare il numero dei figli? Non tutti lo consideravano un guaio.

9

Mariti violenti

Nel rievocare i tempi fra l'Ottocento e il Novecento, sono sempre rimasto colpito da un fatto: i poveri facevano più figli dei ricchi. È un dato che riguarda tutte le regioni italiane, dalle Alpi alla Sicilia. Era molto raro che una coppia benestante mettesse al mondo più di tre o quattro bambini. Le famiglie di ceto basso, come si usava dire allora, erano quasi sempre molto larghe, anche di dieci e più componenti.

Una mia zia acquisita, moglie dell'ultimo fratello di mio padre, era la tredicesima figlia di un pescatore del Po. Sto parlando di pescatori professionali, che campavano su quanto gli riusciva di strappare al fiume. Erano una casta forte, di uomini duri e spesso prepotenti. Ma non si può certo dire che avessero molti soldi in tasca.

Anche nelle mie ricerche sulla guerra civile italiana, mi sono imbattuto in personaggi che venivano da famiglie molto ampie. È il caso di Anton Ukmar, un guerrigliero internazionale agli ordini del Comintern e dunque di Stalin. Durante la Resistenza era diventato il comandante della Sesta zona ligure, la più importante della regione.

Ukmar era nato nel 1900 a Prosecco, un villaggio sul Carso, tutto sloveno, poi divenuto una frazione di Trieste. Gli abitanti erano in gran parte povera gente. Anche gli Ukmar erano semplici contadini, ma ebbero l'ardire di mettere al mondo dieci figli. Li fecero in successione, uno dopo l'altro. Anton era il terzo. E pure lui, come i sei ragazzi Pansa, venne messo al lavoro da piccolo. Prima mansione: il guardiano delle mucche. La solita che toccava ai servi ragazzini.

Perché i poveri figliavano "come conigli", per usare un'immagine quasi razzista? Le risposte possono essere tante. Alla più banale ho accennato nel concludere il capitolo precedente. L'esistenza di chi viveva nella miseria era priva di qualsiasi piacere. Tranne uno: il sesso. Anche l'uomo e la donna più scannati erano in grado di comportarsi come i ricchi. Facevano l'amore, e si riproducevano, nel modo identico ai padroni. Per quale motivo avrebbero dovuto essere casti? Infatti non lo erano mai.

Una seconda risposta si fonda sull'economia della famiglia povera. Più figli metteva al mondo, più avrebbe potuto disporre di braccia per il lavoro. Dunque avrebbe goduto di un aiuto nel tirare avanti. Ma spesso questo calcolo si rivelava miope. Un bambino o una bambina erano in grado di fare un mestiere, il contadino o la serva, soltanto dopo i 10 anni. Prima di quel tempo, il figlio rappresentava un costo, mai un reddito.

È vero tuttavia che il lavoro minorile aveva una diffusione spaventosa. Questa piaga venne a galla, nel senso che entrò nella coscienza comune, all'inizio del 1886. Quando il Parlamento si preparò a discutere una legge che fissava i limiti d'età per l'utilizzo di bambini e di bambine sui campi e in fabbrica.

Grazie soprattutto a un'inchiesta promossa da Benedetto Cairoli nel 1875, si scoprì una realtà orribile. Il 23,5 per cento degli operai addetti al settore tessile, della carta e del tabacco erano ragazzini al di sotto dei 14 anni. Tutti assunti in fabbrica all'età di 9-12 anni e in alcuni casi persino a 6 anni.

In realtà, nelle campagne i figli dei contadini iniziavano a faticare persino prima. Anche perché andare alla scuola elementare non era sentito come un obbligo. Lo prova l'alto numero di analfabeti. E lo testimoniano anche le esistenze di Giovanni e Caterina che, di certo, cominciarono a faticare prestissimo sui campi.

Non posso dimenticare il caso di mio padre Ernesto e di lui racconterò più avanti. Dopo avere frequentato le elementari sino alla quarta classe, venne messo a lavorare come guardiano delle mucche. Non aveva ancora compiuto 10 anni e stavamo già nel Novecento, per l'esattezza nel 1907.

Ma la risposta forse più vera alla domanda che mi sono proposto è un'altra. Anche le famiglie benedette dal matrimonio in chiesa erano luoghi dove si praticava l'amore violento. Quasi sempre il marito si comportava da padrone egoista nei confronti della moglie. A letto i suoi modi potevano essere brutali. La sposa, una volta superato lo choc del primo rapporto fisico, diventava la schiava sessuale dell'uomo che l'aveva condotta all'altare.

L'espressione "schiava sessuale" può sembrare eccessiva. Ma non lo è. Per una circostanza innegabile: la moglie non poteva mai rifiutarsi di soddisfare le richieste del marito. Non era in grado di farlo per un complesso di motivi. Il primo è che il contratto di matrimonio, nella realtà della vita quotidiana, non era un patto fra persone uguali.

Il maschio aveva sempre più diritti della donna. Imponeva la propria volontà, al limite della sopraffazione. La moglie era obbligata a sottomettersi. E doveva ritenersi fortunata se le pretese del marito si limitavano al semplice rapporto sessuale e non sconfinavano in pratiche strane. Quelle che nella morale di un tempo venivano definite "contro natura".

La supremazia del maschio godeva di molte complicità. Fra l'Ottocento e il Novecento, la società riteneva l'uomo superiore alla donna. La Chiesa cattolica affermava che la sposa doveva essere sottomessa allo sposo e incitava alla procreazione.

La famiglia con tanti figli era ritenuta un dono di Dio. Qualunque fossero le condizioni economiche e ambientali nelle quali i bambini sarebbero poi cresciuti. Lo spettacolo di gruppi famigliari estesi e sprofondati nella miseria impressionava soltanto pochi filantropi, quasi sempre laici. Vedere sfilate di ragazzini cenciosi, sporchi e affamati non angustiava nessuno.

La moglie che si rifiutava di assecondare il marito, anche quando si comportava da violento, diventava una figura negativa, da condannare moralmente. Il femminismo era molto al di là da venire. E lo slogan che proclamava "Io sono mia!" non l'avevano ancora inventato.

I casi di ribellione erano rarissimi. E quando venivano conosciuti passavano di bocca in bocca. Ero già adulto quando una mia parente del ramo materno mi raccontò la storia tragica di una sposa che viveva in un paese di collina del Monferrato.

Era una donna ancora giovane, vicina ai 30 anni. Dopo il terzo figlio, rifiutò di accoppiarsi con il marito. E gli spiegò che non voleva più restare incinta. Aveva dovuto affrontare parti difficili che le avevano procurato molta sofferenza. Per questo motivo era spaventata dall'idea di dover ripetere un'altra di quelle fatiche orribili.

Per di più, nonostante l'età, si era accorta di stare sfiorendo. Quando si osservava allo specchio, vedeva un volto sciupato, con la pelle già spenta, e notava che le rughe sul viso aumentavano. Infine sentiva dentro di sé il terrore di avviarsi alla vecchiaia prima del tempo.

Il marito, un piccolo agricoltore, oggi diremmo un coltivatore diretto, s'imbestialì. Cominciò a maltrattare la moglie davanti ai tre figli piccoli. Poi passò alle maniere forti, nel senso che iniziò a picchiarla ogni volta che lei lo respingeva, vale a dire quasi tutte le sere. Applicando un vecchio detto che recitava: "Al cavallo lo sprone, alla donna il bastone".

Quindi il marito tentò di umiliarla, impedendole di sedere a tavola per la cena che lei stessa aveva preparato. Ma la moglie non cambiò idea. E arrivò al punto di coricarsi da sola, dormendo su un giaciglio collocato nella stalla. Al marito lo spiegò così, parlandogli con rabbia: «Tu mi consideri una vacca da monta e allora io andrò a dormire insieme alle vacche».

Esasperata, la sposa andò a consigliarsi con il prete del paese, implorandolo di aiutarla. Il sacerdote era un parroco sui 30 anni, al suo primo incarico. Comprese subito il dramma della donna. Le disse di essere solidale con lei. E le suggerì di non prendere di petto il marito, ma di sfuggirgli con tutti i pretesti possibili.

Visita dopo visita, accadde quello che nessuno dei due avrebbe mai immaginato. La sposa s'invaghì del parroco. E la stessa cosa accadde a lui. I due diventarono amanti. Presero a incontrarsi di nascosto nei boschi o in qualche casotto in rovina. Entrambi erano consapevoli di comportarsi in un modo proibito. In più, il sacerdote si sentiva colpevole di commettere un peccato degno dell'inferno.

Sembrava impossibile che la loro relazione restasse segreta. Nei piccoli paesi si conosce sempre tutto di tutti. Invece nessuno si accorse di nulla: né il marito della sposa, né le beghine del posto e neppure i superiori del parroco. Ma alla fine la vicenda diventò pubblica per il suo tragico finale.

Dopo circa un anno dal primo incontro con il prete, la giovane sposa si accorse di aspettare un altro bambino, questa volta da lui. La donna si disperò e il parroco venne preso dal panico. Che cosa potevano fare i due amanti? Lei non ebbe dubbi: «Non ci resta che ucciderci». Il prete cercò di dissuaderla, le ricordò che aveva tre figli piccoli e che il suicidio era un'offesa terribile nei confronti del Padreterno. Ma la donna non sentì ragioni.

Fu lei a comprare il veleno: una dose robusta di arsenico per topi. Lo presero entrambi e morirono fra dolori atroci. Vennero ritrovati nel vecchio casolare dove s'incontravano, stecchiti e abbracciati l'uno all'altra.

Prima di avvelenarsi, avevano scritto due biglietti. La donna lasciò detto ai figli: "Cercate di volervi bene e aiutatevi. La vostra mamma infelice". Lui lo indirizzò al vescovo: "Chiedo perdono alla Santa Chiesa che ho tradito".

Per dirla tutta, le famiglie con tanti figlioli erano spesso la conseguenza di una serie di stupri. Mai dichiarati, sepolti nel segreto di tante vite coniugali, coperti dall'ignoranza. Anche nei primi decenni del Novecento andava così.

Ho letto e ascoltato molte storie di donne vittime dell'amore violento del marito. Dopo una giornata spesa in tanti lavori faticosi in casa e fuori, prima di addormentarsi sfiancata la donna doveva sottoporsi a un rapporto che non aveva nessuna voglia di accettare. O che in cuor suo aborriva, perché l'amore per lo sposo si era spento a poco a poco e non esisteva più.

Anche per questo, molte donne invecchiavano prima del tempo. A 40 anni sembravano già anziane. E a 50 erano decrepite. Lo confermano molte immagini fotografiche. Me ne è rimasta impressa nella memoria una, scattata sull'Appennino reggiano poco dopo l'armistizio del 1943 da un ufficiale inglese evaso dal campo di concentramento e in attesa di poter passare la linea del fronte. Le donne che vi compaiono sono ancora in giovane età, perché stanno circondate da bambini. Ma hanno l'aspetto di vecchie: magre, consunte e vestite di stracci.

Costrette a mettere al mondo molti figli, le mogli dei contadini poveri dovevano poi allevarseli. Era un compito spesso disumano e svolto in condizioni precarie. Molte madri erano denutrite, perché in giro, così diceva mia nonna Caterina, «c'era tanta di quella fame che anche il diavolo mangiava le mosche». Il loro latte era povero. E le pappe per i neonati allora non esistevano.

Ernesto mi raccontò come erano stati nutriti lui, i fratelli e le sorelle, nei primi mesi di vita: «Ai bambini ancora molto piccoli, la mamma rifilava una poltiglia di pane grattato e farina. Oppure bocconi di polenta e di minestra già masticati da lei. Quello che succedeva dopo era inevitabile. Prima di tutto le malattie intestinali e il rachitismo».

In realtà la salute dei bambini poveri era minacciata da tanti mali, gli stessi che insidiavano gli adulti. Al primo posto c'era la tubercolosi. Tra la fine dell'Ottocento e l'inizio del Novecento, la Tbc conobbe un'impennata paurosa. In Piemonte i malati crebbero del 10 per cento, in Lombardia del 13, in Veneto addirittura del 59. Lo stesso accadde nel Mezzogiorno e nelle isole. In Sardegna i casi di Tbc aumentarono del 31 per cento.

Al secondo posto veniva il tifo, con migliaia di morti. Poi la scarlattina, il vaiolo e la difterite, malattie diventate endemiche, ossia persistenti e radicate dovunque. Ma la più devastante era la malaria. Alla fine dell'Ottocento l'Italia era il paese più malarico in Europa.

Nel 1898, l'anno di nascita di Ernesto, i malati di malaria erano all'incirca un milione. Non tutti potevano curarsi perché il chinino era caro come il fuoco. Due anni dopo, lo Stato decise di farlo distribuire gratis. Ma anche allora la malaria non venne sradicata. E, come vedremo, si presentò in modo massiccio nelle trincee della prima guerra mondiale.

Le cure erano difficili perché mancavano i medici e i farmacisti. Nel 1885 un terzo dei comuni italiani non aveva il medico condotto e la metà non poteva contare sulla presenza di una farmacia. Nel frattempo le malattie dilagavano. Ed era molto difficile trovare chi ti aiutasse a curarle.

Nelle campagne una delle più diffuse era la pellagra. Ecco la malattia dei poveracci, causata da un'alimentazione a base di polenta e di pane preparati con il mais avariato o ammuffito, dove si sviluppavano tossine micidiali. Una patologia di massa, soprattutto nelle campagne dell'Italia settentrionale e centrale.

Nel 1879 i casi di pellagra risultarono almeno 100 mila. Si accertò che i pellagrosi potevano diventare pazzi. Non potendo intasare i manicomi, già saturi, fu necessario creare dei reparti ospedalieri appositi e chiusi dove ricoverare le persone rese folli dal mais guasto.

Alla fine dell'Ottocento si aprì un dibattito scientifico sulle cause della pellagra. Quasi tutti convennero su una verità: l'agente patogeno principale era la miseria. Con quanto ne derivava: la malnutrizione, l'abbrutimento fisico e psichico, l'ignoranza, la violenza nei rapporti tra le persone.

La pellagra causò migliaia di morti. E iniziò a essere debellata soltanto alla vigilia della prima guerra mondiale, nel 1915. Anche perché in molte regioni italiane la lotta contro questa malattia risultò debole o inesistente. Tra le regioni che rimasero quasi inerti ci furono il Piemonte e l'Emilia Romagna, con l'esclusione di Bologna.

Abbiamo già visto che pure nella famiglia di Giovanni e Caterina si mangiava molta polenta. Senza nessun condimento e sciapa, vale a dire con poco o niente sale, perché bisognava risparmiare anche su quello. Insieme al pane era il piatto base.

Ma quando si dice pane, non si dice ancora nulla. Non stiamo parlando del pane bianco, un lusso proibito ai poveri di allora. L'unico pane che potevano permettersi era fatto di una mescolanza di farina di frumento, di mais e di patate. Diventava subito durissimo, eppure faceva gola a tutti. Le madri dovevano tenerlo sotto chiave, ben criccato in una cassa, per impedire ai bambini di rubarlo.

Ma Ernesto e i suoi cinque fratelli e sorelle crebbero senza lasciarsi accoppare da malattie gravi. Come molti bambini, avevano risorse fisiche e morali sorprendenti. Tutto li divertiva. Persino il dormire nella carriola, una grande cassa di legno con quattro ruote. Di giorno veniva infilata sotto il letto dei genitori, molto alto grazie a due cavalletti.

Poi un giorno accadde la disgrazia che mise a terra tutta la famiglia Pansa.

10

Vedova in miseria

Giovanni Eusebio Pansa morì il 2 maggio 1902, quando aveva soltanto 38 anni e 6 mesi. Il suo cuore cessò di battere all'improvviso, durante la mattinata, mentre lui stava lavorando in campagna, non lontano da casa, nel territorio di San Germano, frazione di Casale Monferrato.

Di quella morte si è sempre saputo molto poco. Non pare che il mio nonno paterno stesse facendo un lavoro faticoso. Forse vangava un campo, questione da poco per un contadino come lui, abituato sin da ragazzo a tenere in mano la zappa o il badile. Non era neppure stanco in modo speciale. Il giorno precedente si era riposato: era il Primo maggio, la festa dei lavoratori. Anche se non sono certo che il padrone di Giovanni la rispettasse.

In apparenza, la sua salute era ottima. Non aveva mai accusato malesseri e neppure qualche piccolo fastidio al cuore. Anche l'aspetto era di un uomo sano, forte, senza il più trascurabile dei malanni. Eppure Giovanni covava dentro di sé un nemico sconosciuto: l'infarto, forse un ictus. Sta di fatto che morì per un collasso cardiocircolatorio. Accanto a lui non c'era nessuno.

La moglie Caterina si accorse di quanto gli era accaduto quando non lo vide ritornare a casa per il frugalissimo pasto di mezzogiorno. Lo mandò a cercare dalla figlia più grande, Carolina, che aveva 12 anni. La ragazzina ritornò dalla madre urlando che il papà stava rovesciato a terra, aveva gli occhi aperti, ma non si muoveva più.

Non sono mai riuscito a sapere se, dopo un decesso

tanto improvviso, un medico abbia visitato il corpo di Giovanni per stabilire le cause della morte. Ma forse non venne chiamato nessun dottore, ammesso che nei dintorni ne esistesse uno. La sua fine venne accettata come una fatalità, una disgrazia naturale, un fulmine che cade durante una tempesta. Si disse, e si continuò a dire, che a Giovanni "gli era venuto un colpo".

Così finì un povero contadino. In un'età ancora molto giovane persino per quell'epoca. Quando di solito i maschi non vivevano più di 60 anni. E a 55 smettevano di lavorare come braccianti o operai, perché erano sfiniti dalla fatica. E non ce la facevano più a tenere in mano una vanga, una pala, un attrezzo.

Giovanni venne sepolto nel piccolo cimitero di San Germano, dopo una messa celebrata dal parroco alla presenza di ben poche persone. Di certo c'era Caterina, con qualcuno dei figli. A cominciare da Carolina, in compagnia di Paolo che aveva 10 anni e forse di Maria, di 9 anni. Gli ultimi tre erano rimasti a casa, affidati a una vicina: Erminia, 6 anni, mio padre Ernesto di 3 anni e mezzo e Francesco, di appena un anno.

Tanto tempo dopo, Ernesto mi confessò di non rammentare nulla del giorno in cui perse il papà. Disse: «Ci ho pensato un'infinità di volte. Ho frugato nella memoria come un ladro, per rubare un'immagine, un frammento di ricordo, una frase ascoltata dalla mamma. Ma non sono mai riuscito a trovare nient'altro che quelle poche parole: un colpo, gli è venuto un colpo».

Caterina si scoprì vedova a 32 anni e 8 mesi. Precipitata dalla povertà dentro la miseria più nera. E con sei figli tutti da crescere. Eppure, non appena fu in grado di tirar su la testa dall'abisso in cui la sorte l'aveva gettata, reagì con l'energia che pochi sospettavano in quella donna piccola, smunta, piegata dal dolore. E si pose subito il problema dei tanti bambini che aveva, adesso privi del padre.

Il buon parroco di San Germano, un sacerdote rimasto senza nome, almeno per me e per Ernesto, suggerì a Caterina l'unica strada che le rimaneva da percorrere. Era di affidare i sei figli alla carità pubblica. Nel 1902 voleva dire ricoverare le bambine più grandicelle in qualche istituto religioso e mandare i piccoli in un orfanotrofio. Ci avrebbe pensato lui a trovare i posti giusti, non lontani da Casale Monferrato o, forse, nella stessa città.

Caterina non ebbe esitazioni. Reagì come una lupa che tema di vedersi strappare i cuccioli. E rispose al sacerdote che tutti e sei i figli dovevano restare con lei, nella sua povera casa.

Come qualsiasi altra persona di buon senso, il prete le domandò in che modo avrebbe potuto allevarli da sola. E glielo fece chiedere anche dalla madre superiora di un convento della città. Ma la replica di Caterina fu sempre la stessa: «Ci penserò io. Dovessi pure ammazzare a bastonate il diavolo che mi ha spalancato la porta dell'inferno, portandosi via Giovanni».

Immagino che il parroco di San Germano e la madre superiora si siano fatti il segno di croce nel sentir parlare del demonio. Forse tentarono di spiegare a Caterina che era stato il Padreterno, e non Belzebù, a chiamare accanto a sé Giovanni. Per un suo disegno misterioso che gli uomini non erano in grado di intendere. Ma non riuscirono a convincerla.

Tanti anni dopo, Caterina, ormai anziana e vicina ad andarsene, si confidò con mia madre Giovanna. Era la nuora che l'aveva presa in casa e le si rivolgeva con rispetto, dandole del voi. Nello stesso modo le parlava Ernesto, suo figlio. Ricordo che dicevano: «Vui mama, voi mamma...». Soltanto a mia sorella Marisa e a me era permesso di darle del tu.

Lei raccontò a Giovanna: «Ero giovane e sono stata capace di comportarmi da bestia feroce. Ho fatto tutti i lavori possibili, ho persino rubato. Due soli mestieri non ho voluto fare. Uno era il cavatore di marna, ma soltanto perché nelle tante miniere attorno a Casale le donne non le accettavano. Altrimenti ci sarei andata anch'io a scavare sottoterra.

«L'altro era la slandrona, la baldracca, la donna che si dà via per un po' di soldi. Del resto, non ero il tipo giusto per quel lavoro. Anzi, ero il contrario della femmina che attrae i maschi. Eppure qualche uomo ha tirato il rocco pure a me. Di maiali vestiti e calzati ce n'erano tanti in giro. Di tutti i tipi. Gente pulita come il bastone del pollaio e signori per bene, sempre in ordine.

«Perché tampinassero una donnetta come me, non l'ho mai capito» diceva Caterina, scuotendo la testa. «Forse perché ero una vedova in miseria e dunque gli sembravo pronta a tutto. Ma ho detto sempre di no, quella roba lì non mi andava di farla.»

Tuttavia, come recita un proverbio monferrino, "il soldo è il secondo sangue". Per sfamare sei bocche, sette compresa la sua, Caterina aveva bisogno di denaro. E invece non ne possedeva. Un giorno mi disse: «Ero tanto povera da non avere un centesimo per far cantare un cieco!». Dunque, doveva trovarlo, alla faccia del demonio o del Padreterno, che le avevano portato via Giovanni.

La storia delle sua fatica, e della lotta contro la fame, durò per anni. Fu una battaglia condotta con l'aiuto di alcune certezze che Caterina non dimenticò mai. La prima era che non serviva a niente lamentarsi, perché le sue geremiadi non sarebbero interessate a nessuno. La seconda fu che bisognava avere molta pazienza tenace, dal momento che le disgrazie arrivano a cavallo e se ne vanno via a piedi.

La terza certezza la riguardava come donna. Non doveva aver paura di trascurarsi, di farsi brutta, di andare in giro vestita di stracci come la moglie del Bagatto. Sapeva bene che, per dar da mangiare ai figli, avrebbe dovuto digiunare, sino a diventare secca come un uscio. E non comprarsi una camicia, un paio di calze, le mutande.

Tante volte avrebbe provato una fame così prepotente che si sarebbe divorato anche il diavolo, comprese le corna. Ma che cosa importava? L'unico uomo che aveva amato, al punto da sposarlo, se n'era andato ancora giovane. Lasciandola nuda davanti e di dietro. Senza un soldo e a pancia vuota. Un vero disgraziato.

Caterina cominciò a lavorare in campagna come un uomo. E la sera, prima di tornare a casa, rubava tutto quello che trovava in giro, purché servisse a riempire di minestra il piatto dei figli. Il suo motto recitava: "La roba dei campi è di Dio e dei santi". Ossia appartiene a chi la prende, se lo fa per bisogno.

Vedeva una gallina circolare spaesata fuori dal pollaio? Vieni qua, pollastrella, che ti nascondo sotto il vestito e appena saremo a casa ti tirerò il collo. Passava accanto a un orto incustodito? Bene, qui farò la spesa gratis. Ecco una vanga abbandonata, me ne prenderò cura io e la rivenderò a qualcuno.

Andò alla monda del riso. Ammazzandosi di lavoro per giornate intere nell'acqua. Fra gli scorpioni di risaia, le cimici, le bisce grigioverdi macchiate di nero e stormi di zanzare feroci. Per tenerle lontane, Caterina aveva imparato una difesa brutale anche per se stessa. Inzuppava uno straccio nel petrolio, lo attaccava al cappello di paglia e gli dava fuoco. Lo straccio bruciava senza fiamma, ma il fumo era così tanto da mandar via i muschin. L'unico guaio era che puzzava e toglieva il respiro pure alla mondina.

Di donne che andavano alla monda del riso ce n'erano di tutti i tipi. Ma erano molto diverse da quelle che abbiamo conosciuto in *Riso amaro*, il film di Giuseppe De Santis interpretato da una Silvana Mangano ventenne. E non soltanto perché *Riso amaro* descrive un'epoca assai più vicina a noi.

Molto tempo dopo, Caterina raccontò a mia madre Giovanna delle tante disgraziate che aveva incontrato alla monda del riso. C'erano donne disperate come lei, costrette dalla miseria a fare quel mestiere balordo. Altre ci arrivavano spinte dallo scopo di sfuggire per un po' di tempo al marito o all'amante che le trattava come bestie da soma. A queste la risaia non sembrava un inferno in mezzo all'acqua. E di solito si concedevano ai maschi che sorvegliavano la monda.

Infine c'erano le più giovani, insensibili alla fatica, che avevano un solo chiodo in testa: guadagnare un po' di soldi e divertirsi. A prima vista, sembravano dei mostri coperti di stracci, con le gambe rovinate, impossibili da proteggere anche per mezzo delle calze di lana spessa. Tenute su con due elastici: alla coscia e alla caviglia. Gli era stato tagliato il piede per impedire che si arrotolassero all'insù.

Ma la sera, quando si erano ripulite dal fango della risaia, queste ragazze si rivelavano delle diavolesse. Non c'era bisogno che i maschi si premurassero di tentarle. Erano loro a offrirsi. Allora cominciava un troiaio che a Caterina suscitava un disgusto profondo. Ogni freno morale spariva. Il momento del riposo metteva in moto, diceva lei, «un carnevale dove non distinguevi più la santa dalla bagascia».

Tutto diventava lecito. Potrà sembrare incredibile, ma c'erano anche delle giovanotte che andavano alla monda del riso proprio perché lì potevano sfogarsi e praticare qualsiasi vizio. E per riuscirci, accettavano di faticare per ore e ore sotto il sole e a mollo nell'acqua.

Caterina raccontò il caso della figlia di un riccone

che possedeva una tenuta appena al di là del Sesia, in Lomellina. In casa era stata educata con regole molto rigide, allo scopo di tirarla su da fanciulla pia e casta. Pronta per essere data in sposa a qualcuno foderato di soldi quanto il padre.

Però la ragazza, una mora magra, le labbra da puttana, una sgenata tanto nervosa da ridere di continuo, era un tipo scozzese, una di quelle donne strambe e ribelli che s'incontravano anche allora. E aveva sempre fame di uomini. La monda del riso era l'occasione giusta per soddisfarla. Di sera si accoppiava con chiunque glielo chiedesse. Preferiva i maschi che non erano più di primo pelo, proprio per odio verso il padre.

Le altre mondine non la potevano soffrire. Soprattutto perché sapevano bene da quale famiglia venisse. E che, a differenza di loro, non aveva bisogno di andare alla monda del riso. Una notte, cinque o sei donne la presero in disparte, la portarono su un argine e la pestarono a sangue. Il giorno dopo, con la faccia piena di lividi, seguitò a ridere e a cercare maschi volenterosi in grado di soddisfarla.

Invece Caterina era assediata dal bisogno di guadagnare qualche baiocco. Allevò anche i bachi da seta. Andavano tenuti in casa, nella stanza dove si dormiva, distesi sul castello: un ripiano di graticcio eretto con le canne, adagiati su una lettiera di foglie dei gelsi. Le donne povere ne ricavavano un piccolo guadagno, nel venderli a chi ci faceva la seta.

Per questo gli riservavano molte cure. Il Venerdì Santo, portavano in processione i bachi, chiamati "i Cavalieri". Li tenevano ben nascosti sotto i grembiuli. E aspettavano che il prete gli impartisse la benedizione, per farli crescere rigogliosi.

Ma il lavoro più frequente era quello di frugare nei

campi o tra i filari delle vigne, per raccattare quel poco che era rimasto dopo il raccolto del grano, del granoturco e dell'uva. In Monferrato questa fatica veniva chiamata "amsunà" oppure, quando si trattava di una vigna, "rapulà".

Caterina ci andava con tutti i figli, in fila uno di seguito all'altro, in base all'età. Il più grande doveva badare al fratello o alla sorella che veniva dopo di lui. E così via, sino al quinto bambino, Ernesto, incaricato di sorvegliare il più piccino, Francesco.

Qualcosa si portava sempre a casa. Però non bastava mai. Sette bocche erano difficili da sfamare. E spesso Caterina saltava la cena. Andando a dormire nel letto vuoto che le era sempre apparso piccolo quando si coricava accanto al suo Giovanni e adesso le sembrava immenso.

La miseria la assolveva da tutto. Ma avendo deciso di non fare la slandrona, il "tutto" voleva dire anche ricorrere alla carità. Non rinunciando a nessun aiuto onesto. Caterina non aveva bisogno di chiedere. La sua miseria era tanto evidente da smuovere anche i cuori più duri.

Però a tenderle la mano per evitarle la fame furono soprattutto dei bravi cristiani: i frati cappuccini di Santa Maria del Tempio e quel sant'uomo del parroco di San Germano. Sempre presente, con un sorriso largo così e un regalo per i bambini. Per aiutarli a vestirsi, a non patire il freddo, a mettere qualcosa nel piatto.

Poi arrivò il momento di mandare al lavoro i sei piccoli Pansa. A cominciare da Carolina, spedita a fare la giovanissima serva in città, nella famiglia di un avvocato benestante. E destinata a diventare una colf insostituibile, una bersagliera alta, robusta, generosa. Sino al piccolo Ernesto. Dopo la quarta elementare, lui iniziò a faticare in campagna. E adesso vedremo come.

11
Ernesto al lavoro

Me la ricordo bene la grafia di mio padre Ernesto. Era molto ordinata, quasi elegante. Anche la sua firma non assomigliava al ghirigoro incomprensibile che, di solito, vediamo in calce ai documenti di oggi. La "E" di Ernesto sembrava disegnata da un calligrafo. E lo stesso la "P" di Pansa.

Quando mi firmava la pagella scolastica, mia madre Giovanna diceva, ammirata: «Netu, sei bravissimo!». Poi si rivolgeva a me e, da finta burbera, esclamava: «Caro Giampa, tu invece scrivi come i medici sulle ricette! Non capiresti neppure una delle parole che hai messo nero su bianco».

Da piccolo, Ernesto era stato un alunno attento e bravo della scuola elementare di San Germano. Già dal primo corso, quello iniziato nel 1904, due anni dopo la morte del padre, aveva imparato bene a leggere e a scrivere. Gli piacevano entrambe le cose. E sino alla fine della sua vita, continuò a essere un lettore infaticabile. Soprattutto di giornali, a cominciare da quelli dove scrivevo io.

Si rammaricava di non essere stato invogliato a leggere libri. Quando da ragazzino curioso cominciai a frugare tra le sue carte, ne scoprii soltanto due. Uno era *Senza famiglia*, un romanzo per l'infanzia di Hector Malot, scrittore francese dell'Ottocento. Era un racconto tristissimo di bambini orfani e poveri. Una storia che assomigliava a quella di Ernesto.

Il secondo era un libro sull'Inquisizione spagnola. Un'edizione economica con molte tavole fuori testo, dove si vedevano uomini torturati e femmine nude messe in croce. Erano le donne ad attirarmi. Mi sarebbe piaciuto leggere che cosa gli stavano facendo. Ma il libro era scritto in portoghese. E forse lo aveva regalato a Ernesto qualche conoscente emigrato in Brasile.

Per mio padre il percorso scolastico s'interruppe alla fine della quarta elementare, nell'estate del 1908. A deciderlo fu Caterina. In famiglia tirava sempre un'aria grama. Contare sulle proprie forze era diventata una fatica quotidiana che pesava sull'esistenza di tutti i figli, tranne sul più piccolo, Francesco, che alla morte del padre aveva appena un anno. Qualche aiuto si poteva accettarlo, ma era vietato fare un debito, per minimo che fosse.

Passare da un buffo all'altro ti portava alla rovina. Diventavi schiavo dei tuoi creditori. Non dormivi più la notte. Anche la fame non ti lasciava prendere sonno. Ma andava peggio quando non sapevi come pagare la merce presa a credito. Oppure in quale modo rimborsare il prestito che avevi ottenuto.

Era questa la prima religione di Caterina. La vedovanza e insieme la povertà le avevano cambiato il carattere. Anno dopo anno, diventava chiusa in se stessa, non sapeva sorridere, passava dal mutismo alla rabbia. L'avarizia si impadroniva di lei, qualunque spesa, anche la più piccola, le sembrava impossibile da sostenere.

Ci mise molto tempo a riprendersi. Soltanto da anziana, quando cominciò a vivere in casa di Ernesto e di mia madre Giovanna, si aprì un tantino. E il ricordo della miseria passata lasciò emergere il suo lato ribelle. Quello che la rendeva intollerante nei confronti del mondo che la circondava e dei ricchi in grado di farlo girare a seconda di come gli tornava comodo.

Quando stava ancora alle prese con una famiglia da sfamare e da crescere, decise di mandare al lavoro un altro dei figli, anche se era un bambino. Toccò a Ernesto, detto Netu, che nell'ottobre 1908 avrebbe compiuto soltanto 10 anni.

Molto tempo dopo, chiesi a mio padre: «Com'eri a quell'età? Non esistono fotografie di te piccolo. Dunque devi raccontarmelo tu». Lui mi osservò con un sorriso fra l'ironico e l'affettuoso: «Sei davvero un giornalista fatto e vestito. Ti comporti con me quasi fossi il soggetto di un articolo. Comunque, proverò ad accontentarti. Anche se non è facile parlare di se stessi.

«Prima di tutto ero magro magro» esordì Ernesto. «L'esatto contrario dello sbinfi, come a Caresana e a Pezzana chiamano i bambini ciccioni. Avevo gambe secche, sempre in movimento. Il torace striminzito, per via del vitto di casa nostra, che non era quello di un hotel di lusso. Gli occhi da ragazzino buono e il carattere incline alla tristezza, a causa di tutte le disgrazie che ci erano cadute sulla testa. Ma ero anche curioso della vita e questo mi aiutava a scoprire momenti di allegria.

«Infine avevo una gran voglia di fare» continuò Ernesto. «A scuola mi ero dimostrato un alunno diligente e questo faceva pensare che lo sarei stato anche nel lavoro, da adulto. A farla breve, non ero per niente un balengo, un fannullone. E da grande non sarei mai diventato uno di quelli che, dalle nostre parti, chiamavano i camminanti.»

Gli domandai: «Chi erano questi camminanti?». Ernesto sorrise. «I libri di storia che leggi non te lo spiegheranno mai. Erano uomini non più giovani, gente che andava di paese in paese, senza combinare nulla, con una faccia da scampaforche. Tipi svogliati, un po' ladri e un po' scrocconi. Sempre in bilico tra la ligera e il mangialardo a sbafo. Passavano da una cascina all'altra cercando la carità. Evitavano le città, per non essere arrestati con l'accusa di vagabondaggio.

«Ma i camminanti non erano dei criminali, anche se spesso commettevano qualche furto. I banditi erano altri» mi spiegò ancora mio padre. «Il più famoso era il Biondino, nato a Villanova Monferrato nel 1871 e ucciso dai carabinieri nel 1905, in un conflitto a fuoco. Allora si parlava anche del Moretto, del Bellacera, del Pollastro. Erano braccati dalla Benemerita. I proprietari delle tenute li ospitavano per paura, sperando di non essere rapinati o uccisi.

«Non potevo certo assomigliare a loro. Ma di un ragazzo nessuno era in grado di sapere se sarebbe diventato un fagnan, uno che non ha voglia di far niente e spera di campare alle spalle del prossimo. Anche allora ce n'erano tanti di giovanotti nullafacenti. È un'erbaccia che cresce in tutte le epoche, pure in quelle più povere. Il catalogo era ampio. Il tipo più diffuso veniva identificato in un modo curioso: batte la Calabria. Un modo di dire un po' razzista e offensivo per quella regione dove molti si danno un gran daffare. Il giovinastro più pericoloso era definito un Barabba, il malvivente liberato da Ponzio Pilato al posto di Gesù Cristo.

«Mia madre Caterina mi raccomandava sempre di non crescere come loro» concluse Ernesto. «Ma non correvo questo pericolo. Se avessi preso una brutta strada, Caterina si sarebbe fatta prestare un fucile da caccia. E mi avrebbe sparato nelle gambe.»

Il primo lavoro di Ernesto fu quello di guardiano delle mucche. Era un'incombenza che i proprietari del bestiame affidavano volentieri ai ragazzini, anche a quelli che non lavoravano in modo stabile da loro come servi affittati su qualche mercato. Costavano di meno e venivano pagati poche lire, alla fine di ogni settimana.

La giornata del piccolo vaché non era di gran fatica, ma esigeva una forte attenzione e, soprattutto, molte ore di presenza sui campi. Le mucche venivano prelevate nella stalla la mattina presto. Dopo la prima mungitura fatta dal padrone o da qualche aiutante adulto. Poi il ragazzo prendeva in custodia la piccola mandria, non più di una ventina di capi, e la conduceva a pascolare nei prati di proprietà dell'agricoltore.

Il vaché doveva seguirle sino all'avvicinarsi del tramonto, vale a dire fino al momento della seconda mungitura. Non era un lavoro difficile, tranne in un caso: quando le mucche sconfinavano nel terreno di un altro possidente. Con il rischio di provocare qualche bega e dei litigi a non finire.

Allora era necessario riportarle dentro il campo che gli spettava. E spesso erano dolori, perché agli occhi di un bambino le vacche apparivano bestie enormi. Per di più, molte rivelavano un carattere testardo e decidevano loro dove stare o non stare. Convincerle a muoversi e a ritornare al posto giusto non era quasi mai un affare da poco.

Bisognava darci dentro, rincorrerle urlando e menando colpi di bastone. Stando bene attento che le mucche non si ribellassero. Quando lo facevano, potevano diventare pericolose. Rischiavi di riceverti qualche cornata. O di essere scaraventato per terra da una mossa improvvisa del loro corpaccione.

Anche Ernesto partiva per il pascolo con tutto quanto poteva servirgli. Erano poche cose. Un bastone robusto per rimettere in riga le mucche che non obbedivano. Una tela di sacco per sedersi sul prato. La bisaccia di pezza a tracolla. Qui c'erano un coltellino a serramanico, una scatola di fiammiferi, una bottiglietta piena di acqua e, soprattutto, il pranzo di mezzogiorno.

Era un pasto davvero francescano: un frutto di stagione e una fetta di pane dove Caterina aveva strofinato uno spicchio d'aglio, con un pizzico di sale. Da noi la chiamano "la soma d'aj" e con il tempo diventò una merenda per bambini meno poveri di mio padre.

Ernesto era un ragazzino intraprendente. E non si limitò a condurre le mucche al pascolo. Rivelò subito di essere pronto a qualsiasi lavoro, purché gli venisse pagato, come pretendeva Caterina. Raccoglieva il letame. Ripuliva una cantina. Riparava uno steccato. Se c'era da imbiancare una casa, si offriva come aiutante.

Aveva una grande abilità manuale, dote che conservò per tutta la vita. Affinandola a un punto tale che imparò presto a fare lavori di precisione. Da adulto era in grado di sistemare qualunque congegno. Insomma il tipo che da noi viene definito così: uno che sa mettere i ciapin alle mosche. Nel dialetto vercellese e in quello monferrino, i ciapin sono i ferri da cavallo.

Nel 1911, arrivato alla soglia dei 13 anni, trovò un posto da muratore. Per la precisione da büfin, da sottomanovale. Era il primo gradino del mestiere. Nel dialetto monferrino, il büfin è il ragazzo che porta il secchio di calce e prepara i mattoni da issare sull'impalcatura.

Nella città di Casale, la Pia Società Salesiana, fondata da san Giovanni Bosco, stava costruendo una grande chiesa dedicata al Sacro Cuore di Gesù. La basilica sorgeva, e sorge ancora, nel rione detto il Valentino, quello che poi conduce alla statale per Alessandria.

Ernesto fu uno dei ragazzini che faticarono nel cantiere. Tanti anni dopo, quando gli capitava di passare davanti alla basilica del Sacro Cuore, esclamava sempre: «Quanti mattoni ho portato su e giù per questa chiesa!».

Allora io osservavo: «Era un lavoro da stroncare un mulo». Ma lui alzava le spalle e replicava: «Macché. A 13 anni non sentivo la stanchezza. Dopo una giornata di andata e ritorno su e giù per le impalcature, avevo ancora la forza di farmi un po' di chilometri a piedi, per rientrare a casa».

L'anno successivo, era il 1912, Ernesto trovò un altro lavoro in città, meno di fatica e più di cervello: l'elettricista. Lo scovò presso L'Elettrica, un'azienda che possedeva un grande laboratorio e un negozio importante sulla strada principale di Casale, via Roma, all'angolo con via Cavour.

Teniamo a mente l'età di Ernesto, per confrontarla con quella di tanti bamboccioni sfaticati dei giorni nostri: 14 anni, non ancora compiuti. Quell'orfanello di campagna, sempre magro come uno stecco, ma dallo sguardo sveglio, si rivelò un fulmine nell'apprendere un mestiere che gli era sconosciuto.

Qualcuno doveva avergli spiegato una regola che non avrebbe più scordato e che in seguito avrebbe trasferito a me, quando iniziai a lavorare da redattore alla "Stampa". Diceva: «I mestieri non s'imparano, si rubano». Significava: "Devi osservare con molta attenzione l'operaio, o il giornalista, più esperto e fare come fa lui".

Quella norma aveva un codicillo che Ernesto mi rammentava di continuo: «Non credere di essere venuto al mondo imparato». Ossia di sapere già tutto. Per un ragazzo disposto ad ascoltare i consigli del padre, aveva un significato chiaro, che diventava un'altra regola di vita: "Non montarti mai la testa. I primi passi in un mestiere sono i più importanti. Bisogna farli con diligenza e modestia. Se li sbagli, sei destinato a diventare un fallito".

L'Elettrica aveva ottenuto un appalto importante: il rinnovo di una linea del telegrafo, nel tratto che andava da Casale ad Alessandria. Da apprendista, Ernesto venne inserito nella squadra che ci lavorava. Fu la sua fortuna.

A sorvegliare l'andamento dell'impianto provvedeva una figura poi scomparsa: il cosiddetto "assistente contrario". Era un tecnico delle Regie poste e telegrafi, con l'incarico di fare le pulci all'azienda appaltatrice. Di solito, era un signore austero, impossibile da corrompere. Un tipo che sapeva il fatto suo, con lo sguardo sempre attento. E molto esigente a proposito della cura messa nello svolgere i lavori.

Il tecnico notò subito questo ragazzino che si arrampicava sui pali come uno scoiattolo. Un piccolo osso da mordere che non si fermava mai, non sentiva la stanchezza e non rifiutava nessuna mansione. E gli disse: «Il compartimento di Alessandria ha bisogno di un apprendista guardafili del telegrafo. Vuoi che ti mettiamo alla prova? Se la superi, lavorerai per lo Stato. E non dovrai mai temere di restare disoccupato. Né di dover andare in ginocchio dai frati francescani alla ricerca di un piatto di minestra».

Ernesto accettò. E si avviò al mestiere che avrebbe poi fatto per tutta la vita. Non era un lavoro da poltroni o da pigri cacastecchi. Sempre all'aria aperta, con ogni tempo, sole a picco, pioggia, neve, calura afosa d'estate e nebbia gelata durante l'inverno. Camminando per chilometri e chilometri sulle massicciate della ferrovia, là dove passava la linea telegrafica.

Per lavorare bene, occorreva essere tenaci, coscienziosi, pronti a ogni emergenza e buoni a ogni mano. Vale a dire, saperci fare non soltanto da elettricista, ma da muratore, da falegname, da meccanico. E al tempo stesso avere un gran rispetto per i materiali che utilizzavi: roba pubblica, proprietà dello Stato e dunque dei cittadini.

Volete un esempio della cura onesta che dimostrava Ernesto anche per oggetti in apparenza da nulla? Nell'attendere alla manutenzione di una linea del telegrafo, tra i compiti del guardafili ne esisteva uno che esigeva un'attenzione speciale. Il guardafili doveva sincerarsi che gli isolatori di porcellana bianca a forma di doppia campana, che su ogni palo sostenevano i cavi, non fossero incrinati all'interno dal gelo.

La soluzione più frettolosa era sganciare un isolatore e buttarlo via. Ma Ernesto odiava gli sprechi. Arrampicato in cima al palo, e sostenuto dalla cinghia salvavita di cuoio, con un cacciavite sottile iniziava a picchiettare sull'isolatore. Lo faceva con molta delicatezza. Avvicinando l'orecchio per ascoltare se "suonava bene o male". Quando il suono era cattivo, significava che esisteva una frattura interna, sintomo di una rottura vicina nel tempo e irrimediabile. Soltanto allora, l'isolatore veniva cambiato.

L'assunzione all'Elettrica consentì a Ernesto di conoscere la città nella quale, in seguito, avrebbe sempre abitato con la propria famiglia. Nel 1912, a un ragazzino povero in canna e vissuto soltanto in casacce di campagna, Casale Monferrato apparve una piccola capitale. Anche lì non mancavano i derelitti. Ma non erano loro ad affascinare Ernesto. Di miseria lui ne conosceva fin troppa.

Della città lo colpì il benessere che veniva dai cementi e dal vino. Il progresso avanzava a passi veloci. Le occasioni di lavoro si moltiplicavano. Nel 1913 nacque persino una piccola fabbrica di aeroplani, fondata da Cesare Bobba e dal figlio Andrea, che poi si rivelò un valoroso pilota militare.

E infine c'erano le donne. Ernesto non aveva mai visto tante bellezze tutte in una volta. Più erano giovani e più lo incantavano. Se ne andavano a passeggio per via Roma, sfoggiando toilette stupefacenti. Avevano volti da madonna e sorrisi che sparavano malizia. Agli occhi di Ernesto sembravano tutte principesse. In cerca di un re pronto a condurle in qualche palazzo reale.

Quando lo raccontò a Caterina, lei sbuffò: «Non pensarci. Quella è roba per i ricchi. E la metà di loro sono soltanto slandrone. Anche la superba città di Casale non è quella che sembra. Per i poveri come noi è un inferno in terra».

Parte terza

12

La città infernale

Ma che cosa poteva sapere della città il ragazzo Ernesto? Nulla. Si sentiva un esploratore sbarcato su un territorio sconosciuto che nascondeva una quantità di tesori. Tutti da scoprire.

Ammirava estasiato la Torre civica, il Duomo romanico, i palazzi storici, i grandi giardini pubblici, i portici affollati di gente, il Castello di fronte al Po, i negozi pieni di ogni ben di Dio, le grandi carrozze a cavalli e le prime automobili. E ogni cosa gli appariva magnifica, degna di una capitale.

Soltanto da adulto, Ernesto avrebbe compreso che la nobile città di Casale Monferrato non era quella che appariva. Vista sotto la pelle, esaminata a fondo dentro le viscere, risultava assai diversa: un luogo crudele, quasi infernale.

Era una città di borghesi arroganti e superbi, carichi di soldi più di una banca, con la spocchia che gli usciva dagli occhi. Quando erano distratti e non si accorgevano della presenza dei poveri, si mostravano freddi come il ghiaccio, attenti soltanto ai loro interessi. E se un poveraccio gli attraversava la strada, lo scacciavano altezzosi.

I commercianti erano tirchi e avidi, capaci di farsi pagare anche la luce del sole. I militari con qualche grado sulle spalline si sentivano i padroni del mondo. Gonfi di boria, non facevano altro che seccare la gloria a tutte le donne che gli capitavano a tiro. Invece che in una delle tante caserme della città, si davano da fare nelle case di tolleranza. Oppure buttavano il tempo negli alloggi delle tante sgualdrine, così sfacciate da tirare il rocco pure al vescovo.

Nelle strade, e non soltanto di sera, vagavano torme di ubriachi, scacciati da una delle molte osterie. Il loro alito si confondeva con il fetore pesante che ammorbava le viuzze, sentieri di pietra nascosti nel centro della città. Dovunque c'erano esalazioni di vino cattivo, di aceto in cottura con l'aglio, di orina, di muffa, di letame, di topi morti. Dentro quei vapori ributtanti si aggiravano bambini scrofolosi, abbandonati a se stessi tra i liquami di vicoli senza luce.

La malavita di mezza tacca trionfava. L'elenco delle ligere si apriva con i borsaioli che nei giorni di mercato erano in grado di strappare il portafoglio anche a un campione di boxe. Poi si passava ai ladri, capaci di introdursi dovunque, non soltanto nelle case dei ricchi. Quindi si arrivava ai grassatori dotati di coltello. E per finire, la fauna peggiore: le prostitute di strada, pronte a derubarti, ad accoltellarti, a infettarti con le loro magagne, prima fra tutte la sifilide.

Tra la fine dell'Ottocento e l'inizio del Novecento, qualcuno ci aveva provato a scrutare negli ultimi gironi infernali della città, quelli abitati dai poveri. E l'esito dell'inchiesta era risultato terrificante. Uno di questi coraggiosi era il medico Vincenzo Beltrame. Aveva visto ciò che altri rifiutavano di vedere. E l'aveva messo nero su bianco in un opuscolo: *Una corsa igienica per la città di Casale*, stampato nel 1884 dalla tipografia Eredi Maffei, prima che Ernesto venisse al mondo.

Il coraggioso dottor Beltrame era stato in grado di scorgere subito il muro che spaccava in due la città. Da una parte, scrisse, "ci sono case monumentali, in cui non sai bene distinguere se sia maggiore la bellezza delle loro linee o la comodità degli appartamenti". Dall'altra "si incontrano misere catapecchie, destinate ad accogliere la gente più bassa, appiccicate le une alle altre e collocate in vie strettissime, dove vi è deficienza di aria e di luce".

La perlustrazione del medico si era diretta verso un'area centrale. Quella che andava dal Teatro municipale in direzione del Po, per poi deviare verso via Giovanni Lanza e i suoi dintorni. E in tutte le strade aveva incontrato orrori inaspettati, quasi un residuo del Medioevo. Tanto dentro le case che nell'aspetto fisico degli abitanti di ogni età: adulti, vecchi e bambini.

Beltrame scrisse: "Si vedono dovunque costituzioni affralite, esseri debilitati, coloriti terrei dei volti, occhi languenti, membra rattrappite. Qui vivono bimbi cachettici, in preda al deperimento organico, con la pelle coperta di pustole purulenti, ragazzi linfatici e scrofolosi, ragazze clorotiche, adulti tisici, spose nel fiore dell'età eppure già miseramente sfinite, mariti schifosi, abbrutiti dall'ozio e dalla crapula. E infine degli uomini poco avanzati negli anni che meritano soltanto di essere ricoverati in qualche caritatevole ospizio".

A giudizio del medico Beltrame, la condizione di questi disgraziati derivava, prima di tutto, dalle orrende catapecchie nelle quali erano costretti a vivere: "Le loro abitazioni sono basse e umidicce, ripiene di putride esalazioni, non confortate da una qualche vivifica corrente d'aria, non rischiarate neppure da un raggio di sole... Quasi tutti gli edifici assomigliano a prigioni, con i detenuti accovacciati sulle porte. Stanze buie come cantine. Pavimenti che in tempo di pioggia si coprono d'acqua. Mura fradice, ripiene di salnitro, da cui emana un nauseante odore di muffa".

E gli orrori denunciati dal dottor Beltrame non finivano qui: "Le povere coperte sui letti sono corrose dall'umidità, tanto che sembrano essere uscite or ora dall'acqua. Le scale interne risultano malcostruite e impregnate di pestifere esalazioni provenienti da latrine collocate a caso, mal difese, zeppe di putridume che filtra con tutta facilità nei pozzi che contengono l'acqua destinata a bere".

Il medico raccontò che cosa aveva scoperto durante la visita a un ammalato che viveva in uno di quei tuguri: "Il mio occhio intravide sulla cornice del camino una bottiglia di vetro bianco ripiena di un liquido di colore giallo sporco. Sospettando che fosse una medicina, chiesi di quale medicamento si trattasse. L'ammalato si mise a ridere e soggiunse che era l'acqua del suo pozzo".

Era il ritratto di una miseria persino più profonda di quella delle campagne. Qualche anno dopo, l'aspetto e le condizioni di vita della capitale del Monferrato migliorarono, però non di molto. Eppure la città di Ernesto era un centro importante in Piemonte. Tanto dal punto di vista economico che per il numero degli abitanti.

Sulla base del censimento attuato nel 1901, Casale Monferrato era la quinta città della regione, con 31.370 abitanti. Prima di lei venivano Torino con 329 mila residenti, Alessandria con 80 mila, Novara con 44 mila e Asti con 39 mila. Dopo Casale, c'era Vercelli con 30 mila abitanti.

Ma l'arrampicata per diventare una città civile anche per i poveri risultava sempre molto faticosa. A testimoniarlo c'era la condizione dei bambini che appartenevano ai ceti più umili. Per cominciare, parlavano soltanto il dialetto e quasi mai l'italiano. La lingua della nazione era un tabù difficile da scalfire o una conquista assai ardua da raggiungere.

In proposito ho un ricordo personale, sia pure riferito a molti anni dopo. Mio padre Ernesto e mia madre Giovanna tra loro parlavano in dialetto monferrino, con più di un'espressione vercellese. E lo stesso facevano con la nonna Caterina. Ma nel rivolgersi a mia sorella Marisa e a me i nostri genitori usavano soltanto l'italiano. E non volevano che noi ci esprimessimo in dialetto.

Parlare bene l'italiano, senza errori o strafalcioni, per i nostri genitori era un segno di emancipazione sociale e di cultura. Tanto è vero che, a differenza di mia sorella Marisa, assai più sveglia di me, il dialetto monferrino non l'ho mai imparato. E ancora oggi, se dovessi pronunciare un discorso in dialetto, scapperei dalla sala prima di iniziare. Per non sembrare un forestiero che si sforza di sembrare uno del posto.

Il luogo dove l'italiano veniva insegnato era la scuola elementare. Ma anche tra la fine dell'Ottocento e l'inizio del Novecento, ben pochi bambini venivano mandati a lezione. Del resto pure i maestri erano pochi e spesso risultavano impreparati. Gli edifici scolastici costituivano l'ultimo pensiero delle autorità locali. E in molti piccoli paesi non esisteva nessuna scuola, per malridotta che fosse.

L'insegnamento elementare era diventato obbligatorio nel 1859, sia pure soltanto per le prime due classi e sino all'età di 8 anni. Nel 1877, l'obbligo venne innalzato di un anno. Ma soprattutto furono stabilite delle sanzioni contro chi non lo rispettava. Il merito era di Michele Coppino, un deputato della sinistra storica, più volte ministro dell'Istruzione nei governi Depretis.

Tuttavia i maestri si accorsero subito che era un obbligo teorico. Dal momento che la maggior parte delle famiglie in stato di povertà lo ignoravano. Delle ammende previste per i genitori renitenti non importava niente a nessuno. Anche quando venivano comminate, l'ultima preoccupazione era quella di pagarle.

I genitori poveri sarebbero stati ancora meno rispettosi se avessero conosciuto le parole del pur benemerito Coppino. Declamate con il proposito onorevole di mettere nero su bianco gli scopi che doveva prefiggersi l'insegnamento elementare. Ma di ben scarsa efficacia in quel tempo.

Il primo obiettivo che l'istruzione elementare si doveva proporre era politico e classista, diremmo oggi: far sì che le masse popolari non diventassero preda di utopie rivoluzionarie. E "traessero conforto a rimanere nella condizione sortita dalla natura, anziché incentivate ad abbandonarla". L'altro scopo della scuola primaria doveva essere "di formare una popolazione per quanto possibile istruita, ma principalmente onesta, operosa, utile alla famiglia e devota alla Patria e al Re".

La Patria e il Re? Erano fantasmi lontani, figure astratte e ignote a chi viveva di poco o niente. Soltanto i ricchi potevano accendersi di passione nel sentirli nominare. Per moltra gente la Patria era appena una parola vuota. Quanto al Re, faceva un solo mestiere: la guerra. Nel senso che ordinava ai poveracci di farsi ammazzare per conto suo, nel nome di casa Savoia.

Le famiglie in miseria avevano ben altro per la testa. E quando i genitori non riuscivano a trovare un lavoro qualsiasi ai figli, anche a costo di sottoporli a uno sfruttamento odioso, li abbandonavano a se stessi. In questo modo la strada diventava la seconda casa dei bambini. Infatti li trovavi in tutte le vie di Casale Monferrato, a piedi nudi, laceri, sporchi, vocianti.

Molti di loro erano scrofolosi, ossia colpiti da una forma di tubercolosi delle linfoghiandole che causa pustole gonfie di pus e lascia brutte cicatrici sul viso e sul corpo. Nel 1889, cinque anni dopo la relazione del dottor Beltrame, un altro medico scrisse: "Di questi bambini poveri e orribili a vedersi è piena la città. Ma tanti altri vengono tenuti nascosti nelle case dai genitori che ne hanno vergogna".

Quelli lasciati in libertà, o sfuggiti alla custodia dei

parenti, si potevano incontrare sotto i portici lunghi e quelli corti di via Roma, la strada centrale di Casale Monferrato. Vendevano fiammiferi. Offrivano santini benedetti. Chiedevano l'elemosina con un'insistenza da vecchi mendicanti. Qualcuno di loro diventava presto oggetto di un mercato turpe.

La pedofilia non è una perversione moderna. Esisteva anche allora. All'inizio del Novecento, circolava una leggenda. Raccontava di una finta monaca che si aggirava spesso tra la folla dei bambini cenciosi vagante per il centro cittadino. Sceglieva un maschietto o una femminuccia e lo portava a pranzo in un'osteria. Poi conduceva la sua vittima in una villetta della periferia. Dove la preda veniva trasferita nelle mani di signori insospettabili.

Non era invece una leggenda quel che si narrava a proposito di fanciulle giovanissime avviate al sesso, subito dopo la pubertà. Le norme di legge vietavano che nelle case di tolleranza autorizzate potessero lavorare ragazze con meno di 16 anni. Ma sulla strada la forza della legge era inesistente.

Per questo esisteva un commercio clandestino e fiorente di figliole quindicenni e anche più giovani. Spesso erano le madri ad avviarle al peccato. Lo facevano per avidità e con l'alibi della miseria. A chi andavano quelle ragazze? Non certo ad altri poveri. I clienti erano i borghesi ricchi della città.

Si trattava di signori, spesso di pelo bianco, che la domenica potevi vedere in Duomo, seduti nei primi banchi alla messa grande celebrata dal vescovo. Gli stessi, nelle ricorrenze patriottiche, pronunciavano discorsi roboanti dedicati all'onestà, alla moralità, ai costumi morigerati.

A conti fatti, fra l'Ottocento e il Novecento, i costumi erano peggiori di quelli odierni. Tra i benestanti l'ipocrisia dominava. Non esisteva alcuna forma di controllo sociale, neppure quello che oggi si esercita con il gossip, il pettegolezzo. Dietro lo scudo della ricchezza, accadevano fatti innominabili. Soprattutto quando era in gioco il sesso. I tradimenti coniugali erano all'ordine del giorno. Ma all'esterno delle famiglie borghesi non trapelava nulla.

I poveri erano più sgenati, dal momento che non avevano niente da perdere. Il sesso non era un mistero per i ragazzini più scatenati. Secondo il rapporto di quel medico, "si permettevano atti osceni e spaventosi verso le ragazze". Oppure facevano da coro "al nauseante spettacolo delle prostitute ubriache". Come vedremo, le sgualdrine escluse dalle case di tolleranza erano davvero tante. E la strada era il loro luogo di lavoro. Sopportato o ignorato dalla forza pubblica, impotente ad arginare il vizio.

Uno dei ritrovi preferiti dai bambini di strada era la piazza dell'Ospedale di carità. Per chi conosce la topografia di Casale Monferrato dirò che, dopo la prima guerra mondiale, si sarebbe chiamata piazza Cesare Battisti, in onore del martire trentino impiccato dagli austriaci. I monelli si radunavano nel tratto che fronteggia il Ricovero di mendicità. E qui sfoggiavano un'aggressività sfacciata e manesca.

Un giorno le loro prepotenze nei confronti dei passanti raggiunsero il culmine. Accadde quando i monelli aggredirono una signora, le portarono via la borsa e la spinsero per terra. Era uno scippo violento, come si sarebbe detto decenni dopo. Allora la madre superiora del Ricovero si risolse a invocare l'aiuto della forza pubblica.

Un delegato di polizia chiese alla suora che cosa si potesse fare. Lei gli spiegò che doveva trovarsi sul posto in un giorno qualsiasi, verso le quattro del pomeriggio. «Allora vedrà» disse la madre superiora, «di che cosa è capace una marmaglia di una trentina di monelli.» Ma nessuna cronaca ci racconta se poi l'intervento della forza pubblica ci fu oppure no.

Tanti anni dopo, mi resi conto che la nonna Caterina conosceva lo stato nel quale era ridotta la città. Mi disse: «C'era più ordine nelle campagne. I figli li tenevi sott'occhio. E la povertà non ti esentava dall'obbligo di essere severo. A costo di picchiare chi non obbediva. I miei figlioli non li ho mai picchiati. Ma loro erano bravi, tanto i ragazzi che le ragazze. Non è la ricchezza a formare il carattere».

13
Giochi di pallone

Ma la città crudele non poteva essere sempre inflessibile con i poveri. Doveva concedere anche qualche momento spensierato, diverso da quelli soliti. Per le femmine, quelle sposate s'intende, si limitava all'accoppiamento con il marito che, in molti casi, approdava a una gravidanza. Per i maschi era andare con le prostitute meno costose.

L'occasione per scoprire un modo differente di passare il tempo arrivò grazie a un mutamento topografico della città di Casale Monferrato. Dovuto alle decisioni delle autorità comunali e di certo sospinto dagli interessi finanziari dei costruttori e dei primi cementieri. Mentre l'Ottocento finiva, vennero abbattuti i bastioni che per secoli l'avevano protetta, ma al tempo stesso rinchiusa all'interno di una muraglia.

Allora si entrava in città soltanto da cinque ingressi: Porta Marengo, poi chiamata Porta Roma, Porta Cittadella, Porta Orti, Porta Milano e Porta Castello. L'allentarsi di questa cintura offrì alla piccola capitale del Monferrato un'imprevista occasione di espandersi. Su quanto restava delle vecchie difese militari si passò subito dalla guerra al gioco. E fu quello del pallone elastico.

Le partite si svolgevano nello sferisterio delimitato dal bastione di Porta Roma e dal baluardo chiamato Montebello. E siccome il gioco incontrò subito un grande favore popolare, vennero presto alzate due tribune in legno. Erano sempre strapiene di gente che, la domenica pomeriggio, arrivava apposta anche dai paesi del Monferrato, del Vercellese e della Lomellina.

A combattersi erano due squadre di quattro uomini ciascuna: un battitore, una spalla e due terzini. Avevano il pugno destro avvolto in strisce di stoffa, coperte da un pezzo di cuoio e da un'altra striscia di gomma. Il terreno di scontro era lungo novanta metri e largo dai sedici ai diciotto. Nel mezzo, a differenza del tennis, non esisteva la rete.

La palla era una sfera di gomma del diametro di dieci centimetri e del peso di 190 grammi. Il battitore, di solito il più atletico della quadretta, con il pugno la spediva nel terreno degli avversari che dovevano rilanciarla con altrettanta forza.

Erano sempre battaglie furibonde, all'ultimo gioco, e potevano durare anche parecchie ore se le due squadre si equivalevano quanto a potenza e ad abilità. Lo scontro si svolgeva tra le urla degli spettatori che stavano lì non soltanto in qualità di tifosi. Non pochi di loro, come dirò tra un istante, erano pure scommettitori, e di quelli forti.

All'inizio del Novecento, a Casale Monferrato, le quadrette o quadriglie al vertice del successo erano due. Prendevano il nome, o il soprannome, dal capo della squadra: il Primatesta e il Rangagna. Attorno a loro si allargava una rete di scommesse da capogiro, che nessuna autorità era in grado di frenare.

Venivano perse o vinte delle fortune. Un cronista del pallone elastico arrivò a sostenere che certe grasse cascine del circondario potevano cambiare padrone due o tre volte al mese. A seconda che vincesse una quadriglia o l'altra.

A scommettere erano i ricchi. Proprietari o affittuari di aziende agricole che rendevano molto. Assai abili nel loro mestiere, erano quasi tutti privi di cultura. Pochi di loro avevano studiato, quasi nessuno prendeva in mano un giornale né tanto meno un libro. Però tutti avevano una virtù: amavano il rischio. Sia come imprenditori del capitalismo agrario, sia nella vita privata.

C'erano quelli che amavano il rischio personale. Andavano sulle automobili e in motocicletta a sbrasaverso, all'impazzata. Frequentavano i tabarin di Alessandria, Novara e Torino. Qui venivano accalappiati da bellezze in cerca di amici danarosi. Qualcuno si faceva pure l'amante e la manteneva in un lusso che non concedeva alla consorte legittima.

I poveri li invidiavano e, di conseguenza, li odiavano. Ma per il momento erano costretti a limitarsi a questo. A rischiare di più erano le ragazze che avevano scelto di accompagnarsi con questi signoroni, diversi dai ricchi della classe borghese. Anche le loro amanti venivano dal ceto basso. Chi le vedeva diventare di colpo eleganti, spendaccione e con l'aria delle sfacciate, non era per niente disposto a perdonarle. Ogni tanto, qualcuna veniva presa in mezzo da un gruppo di sconosciuti che la spogliava e poi la pestava senza pietà.

I nuovi ricchi se ne impipavano di queste vendette. In fondo, ad avere la peggio erano soltanto le amanti di passaggio. Loro si sentivano al sicuro e si mostravano arroganti. Quasi sempre portavano sotto l'ascella una fondina con il revolver. E se capitava, lo estraevano per far comprendere a chi li importunava che con loro era meglio non scherzare.

Erano una forza della natura, che prima o poi avrebbe trovato uno sbocco nella vita pubblica e infine nella politica militante. Di destra, com'era fatale. E anche della destra più dura. Ma questo accadrà soprattutto dopo la prima guerra mondiale. Quando anche Casale vedrà la nascita delle squadre fasciste e il loro assalto vittorioso al potere delle leghe rosse e del sindacato.

Assai più vasto era il pubblico popolare che amava il pallone elastico. Gente che non possedeva sostanze da rischiare in una scommessa. Ma che adorava lo stesso quel gioco soprattutto perché annullava le differenze tra poveri e ricchi, per lo meno durante il tempo della partita.

Le tribune per il pubblico non prevedevano sezioni diverse a seconda del censo. Accadrà così soltanto in seguito con il gioco del calcio. Sino ad arrivare alle tribune speciali per le autorità e per chi fosse in grado di spendere cifre robuste pur di ottenere un posto di riguardo.

Il pallone elastico era un gioco che autorizza a usare un aggettivo rischioso: democratico. Nel senso che davvero faceva sentire i poveracci quasi simili ai ricchi. Le quadriglie di solito venivano da paesi del Piemonte, dall'Astigiano, dal Cuneese, dal Monferrato. E anche questo fatto avvicinava la campagna alla città.

Ernesto aveva sentito parlare di un campione imbattibile. Era Alberto Laferrere, nato a Cisterna d'Asti nel 1872 e di professione medico. Diventò famoso per la sua abilità nel pallone elastico o nella pallapugno, come veniva chiamata. Era un atleta di grande eleganza e dotato di una potenza e di una precisione senza pari.

Si diceva che fosse in grado di lanciare una palla dopo l'altra, da una distanza di 75 metri, dentro un cerchio con un diametro di tre metri e di non mancare mai il bersaglio. La squadra di Laferrere era composta da tre dei suoi mezzadri, vestiti ed equipaggiati da lui. Per dieci anni, dal 1890 al 1900, fu il campione dei campioni in questo sport, divenuto sempre più popolare.

L'aspetto egualitario dei giochi di pallone emerse del tutto quando il football portò anche negli stadi di provincia prima centinaia e poi migliaia di appassionati. In questo caso, la massa dei tifosi era fatta di italiani che in quel modo dimenticavano, e non soltanto per i novanta minuti della partita, le ristrettezze della vita.

Di fronte alla vittoria della squadra di casa, non avevano più importanza le tasche vuote, gli alloggi malsani, le mogli lagnose, i figli fannulloni o teppisti. Era un piccolo miracolo che il gioco del calcio offriva anche se la squadra del cuore perdeva. Un sortilegio benefico che continuava pure nei giorni successivi, con le discussioni sul perché o sul percome la squadra avesse trionfato o fosse stata sconfitta.

Nella passione per il calcio c'era anche una buona dose di inconsapevole maschilismo. Ecco una questione dove le donne, mogli o amanti che fossero, non mettevano becco. Ma soprattutto il football pareggiava i conti fra due strati sociali divisi dalle differenze economiche: gli abbienti e i nullatenenti. Allo stadio si sentivano tutti uguali. Era un'illusione. Però anche le illusioni aiutano a vivere.

Per un certo periodo, giocò al pallone elastico anche un giovanotto destinato a diventare celebre da calciatore: Umberto Caligaris. Come scrive Gianni Turino in *Profili e immagini di Casalesi*, pubblicato nel 2008 dalle Edizioni Sonda, quel ragazzo, nato a Casale nel 1901, possedeva un talento innato per qualsiasi attività sportiva. Dal ping pong al nuoto, dal tamburello al pallone elastico.

Una volta preso il diploma da ragioniere, scoprì il football, o ne venne scoperto, e diventò il più grande terzino sinistro che il calcio italiano abbia conosciuto. Nel luglio 1928 passò dal Casale Fbc alla Juventus. Si accesero subito grandi polemiche, con voci su ingaggi leggendari. Le voci cessarono quando si vide all'opera un trio imbattibile di difensori: Giampiero Combi, il portiere, Virginio Rosetta e Caligaris, i terzini.

A portare il calcio a Casale, o portare Casale al calcio, fu un professore ebreo di Asti: Raffaele Jaffe, nato nel 1877. Era un signore asciutto, i baffi curati, gli occhiali stringinaso, il passo veloce del tipo sempre in moto perché ha molto da fare. Ho già raccontato la sua storia in un mio vecchio libro: *Il bambino che guardava le donne*, pubblicato da Sperling & Kupfer nel 1999. E adesso mi limiterò all'essenziale.

Jaffe insegnava scienze naturali e chimica alla Scuola Normale della città, l'equivalente degli istituti tecnici di oggi, che diplomava ragionieri e geometri. Aveva una gran passione per il calcio e, soprattutto, non poteva soffrire il primato arrogante della Pro Vercelli, una squadra fra le più forti in Italia. Per questo decise che bisognava fare qualcosa per contrastarla a dovere.

Un giorno del 1909, quando aveva 32 anni, Jaffe radunò nella palestra dell'istituto di via Leardi gli studenti delle ultime due classi. Spiegò che anche Casale doveva mettere in piedi una squadra di football. E poiché i calciatori vercellesi indossavano una maglia bianca, i casalesi si sarebbero distinti anche nella casacca: nera, con una stella bianca cucita in alto sulla sinistra. Nacquero in questo modo i nerostellati, un mito che resiste, sia pure con alterne fortune.

Il Casale Football Club iniziò a giocare nell'autunno del 1909, nella terza categoria in Piemonte. Anno dopo anno, conquistò un posto in quella che oggi è la serie A. Il suo campionato magico lo giocò nell'annata 1913-1914. Tanto da arrivare allo spareggio finale, con la Lazio.

La Lazio di quel tempo è stata descritta con arguzia dal più grande cronista italiano del calcio: Gianni Brera. Nella sua *Storia critica del calcio italiano*, pubblicata nel 1975 da Bompiani, il "Giuan" raccontò da par suo che squadra fosse quella nata nel 1900 dalla Società Podistica Lazio.

In quel tempo, Roma capitale era ancora molto paesana. I suoi bulli avevano un antico stampo rozzo e plebeo. Quando sulla sinistra del Tevere si aprirono i primi spazi per il football, i bulli cominciarono a frequentarli, ma soltanto per farci due risate. Soprattutto alle spalle dei signorini che si credevano calciatori inglesi. Se costoro si ribellavano, i bulli non ci pensavano due volte. Senza dire né ai né bai, squarciavano il pallone con il coltello a serramanico. E la partita finiva lì.

Nell'estate del 1914, arrivati alla finalissima, i nerostellati misero in mostra la loro tecnica di gioco. Andavano all'assalto come cani mastini e quando azzannavano l'avversario sul coppino non lo mollavano più. La loro specialità era un calcio maschio, oggi diremmo fisico, tutto botte agli avversari e proiettato all'attacco. Nel campionato 1913-1914 segnarono 81 reti, un record mai uguagliato nell'anteguerra.

Durante la prima partita della finalissima, disputata sul campo di calcio di Casale, i nerostellati imperversarono sulla Lazio con sadismo e vinsero per 7 a 0. Poi andarono a ripetere la battaglia a Roma e anche lì sconfissero i laziali, per 2 a 0. Lo scudetto fu del Casale, l'unico conquistato da allora.

Poi la storia passò come un rullo compressore anche sul Casale Fbc. Il capitano dello scudetto era un ragazzo di appena 20 anni, allievo del professor Jaffe: Luigi Barbesino, il centromediano. Mio padre Ernesto, tifoso sedicenne senza una lira in tasca, lo descriveva così: un magrone malmostoso, la faccia lunga, l'espressione decisa, una grande mascagna di capelli neri.

Quando scoppiò la seconda guerra mondiale, Barbesino era un maggiore dell'Aeronautica militare. Nel giugno del 1942, partì per una missione sull'isola di Malta. Venne colpito dalla contraerea o da un apparecchio inglese da caccia. E scomparve in mare con tutto l'equipaggio.

Due anni dopo, perse la vita anche il professor Jaffe. Dopo tanti anni vissuti da scapolo, aveva sposato una ragazza cattolica, assai più giovane di lui. E si era convertito al cristianesimo. Ma per i tedeschi restava sempre uno sporco ebreo. Nel febbraio 1944, i poliziotti fascisti gli arrivarono in casa all'improvviso e lo arrestarono.

Per qualche giorno, Jaffe venne rinchiuso nel carcere di via Leardi, a pochi passi dall'istituto tecnico dove aveva insegnato per molto tempo, la culla del Casale Fbc. Insieme a lui stavano nella prigione altri ebrei catturati in città. Erano quasi tutti persone anziane, a cominciare da un medico molto conosciuto, chiamato il Dottore dei poveri: Riccardo Fiz, che andava per i 75 anni, otto più di Jaffe.

Dal carcere di via Leardi, i tedeschi portarono Jaffe a Fossoli, in provincia di Modena. Dove esisteva un campo di transito per gli israeliti destinati alla deportazione. Qui rimase a lungo, proprio perché era un ebreo convertito. Sperava di salvarsi e forse riuscì a presentare il certificato di battesimo, autenticato dal vescovo di Casale, monsignor Giuseppe Angrisani.

Ma il 1° agosto 1944 partì anche lui da Fossoli per la Polonia occupata dai nazisti. Arrivato nel lager di Auschwitz il 6 agosto, non superò la prima selezione e fu subito mandato nella camera a gas. Aveva 67 anni.

Mio padre Ernesto conosceva poco la storia di Jaffe. Ma sapeva che era stato l'inventore dei nerostellati. Quando fui in grado di ricostruire la vita del professore ebreo, papà era già scomparso da una ventina d'anni. Lui amava sempre parlare di Caligaris, il terzino della Juventus e della Nazionale. L'aveva visto giocare le prime partite sul campo del Casale Fbc. E gli era rimasto nel cuore. Per tante ragioni che non riguardavano soltanto il "Caliga".

Un giorno mi disse: «Il calcio è stata la riscossa dei poveri. Ci ha dimostrato che potevamo essere più bravi dei ricchi. Tanto da diventare qualcuno. Se Caligaris non si fosse rivelato un grande calciatore, nessuno dei padroni della città si sarebbe levato il cappello davanti a un semplice ragioniere come lui».

Quando facevo già il giornalista in quotidiani importanti, Ernesto mi spiegò meglio la filosofia che stava alla base di quel giudizio sul calciatore juventino, ormai scomparso da un trentennio. E in circostanze che mio padre non aveva dimenticato.

Caligaris si era ritirato dall'agonismo. Il 19 ottobre 1940, all'età di 39 anni, accettò di giocare a Torino una partita fra vecchie glorie, per beneficenza. Mentre correva sul campo di corso Sebastopoli, venne folgorato da un infarto e morì.

La spiegazione di Ernesto riguardava se stesso e me. Disse: «Nella nostra città non ero nessuno. E capisco il perché: facevo l'operaio del telegrafo e, da anziano, il commesso alle poste. Poi tu hai iniziato a firmare sui giornali di Torino e di Milano. Da quel momento il sindaco, il notaio, il primario, il commissario di polizia hanno cominciato a scappellarsi. Mi chiedevano sempre, cerimoniosi: signor Pansa, come sta suo figlio? Ce lo saluti, per favore!».

14
Colera e vaiolo

La vita grama aveva insegnato a Caterina che non avrebbe mai dovuto aver paura di niente. Diceva: «Dopo quello che mi è successo quando è morto Giovanni, sono diventata forte come tre donne. E non c'è più nulla che mi spaventi».

Non era del tutto vero. A somiglianza di tante persone nate nella seconda metà dell'Ottocento, sepolto dentro la memoria le era rimasto il terrore delle epidemie. Ai nostri giorni questo timore a volte si ripresenta. Ma al tempo di Caterina la paura per le pestilenze era pane quotidiano. La malattia veniva considerata un nemico sempre in agguato che poteva ucciderti. Soprattutto se lo stesso morbo colpiva più persone nel medesimo momento. E diventava un mostro difficile da sconfiggere.

Quando Giovanni e Caterina si trasferirono nel Monferrato, sentirono subito parlare di quanto era accaduto in quelle plaghe non molti anni prima. Succede sempre così. Il giorno che un povero ne incontra un altro, prima o poi gli racconta i guai che ha dovuto passare. E gli trasmette le proprie paure, dettate dalla presenza di un demonio che può assalirti all'improvviso.

Chi viveva con poco o niente a volte credeva di essere forte, come riteneva di esserlo Caterina. In realtà era un individuo debole e senza difese, se messo di fronte a una quantità di avversari immateriali in grado di vincere sempre. E capaci di rendere la vita dei poveri un inferno senza pause, a ciclo continuo diremmo oggi.

Il più subdolo era l'ignoranza, un muro compatto che impediva di comprendere bene quanto accadeva e di interpretarlo in modo razionale. Il secondo erano le superstizioni che dilagavano di continuo e trasformavano l'evento più banale in un mistero maligno che si poteva spiegare soltanto con altre superstizioni. Il terzo era la convinzione che esistessero entità superiori agli esseri umani: il diavolo, le streghe, i maghi, le persone ritenute portatrici di sventure. Chi aveva la sfortuna di nascere con un handicap veniva considerato un figlio del demonio. La comunità lo rifiutava, lo respingeva lontano e talvolta cercava di ucciderlo.

Il tutto congiurava a far nascere un complesso di leggende che di solito tendevano al nero. Ossia incoraggiavano la cattiveria, accrescevano la paura e accentuavano l'avversione nei confronti di tutto ciò che non si era in grado di capire.

Anch'io da piccolo ho constatato la forza delle superstizioni. Passavano di bocca in bocca, sino a diventare una convinzione certa e diffusa. La più banale sosteneva che un ragazzo mancino, capace di scrivere soltanto con la sinistra, era figlio di un peccato della madre. E per questo fosse meglio tenerlo a distanza.

A proposito del colera, si riteneva che fosse una punizione divina. Il Padreterno la decideva di tanto in tanto per rammentare ai peccatori di questo o di quel paese che l'inferno esisteva. Dunque, non c'era niente in grado di fermarlo. Per questo andava accettato come un evento soprannaturale. Nessun medico e nessuna cura poteva vincerlo o attenuarne gli effetti terribili.

Il colera arrivò nel Monferrato casalese nel 1867, quando Giovanni Pansa era un bambino di 4 anni e Caterina Zaffiro stava per venire al mondo. Ho già rievocato il quadro generale di questa epidemia che in Italia infuriò per tre anni, a partire dal 1864. Ma adesso è il momento di vedere più da vicino che cosa accadde nella città di Casale.

L'inizio dell'epidemia nel Monferrato venne raccontato dal medico municipale del luogo colpito per primo. Era il comune di Giarole, un paese di pianura al limite del circondario di Casale. Riletto oggi, a un secolo e mezzo di distanza, quel rapporto ha lo stile di un racconto giallo o nero, a metà fra il mistero e l'orrore.

"A Giarole si viveva in piena tranquillità igienica, senza alcun sospetto, allorché nelle ore pomeridiane del 4 luglio 1867, accadde un fatto che ci mise in sospetto. Una donna, Margherita Corna, si era recata nel vicino paese di Occimiano per visitare la figlia ammalata di febbre tifoidea. Non appena ritornata a casa, in quel di Giarole, la donna fu assalita da un malessere che presentava sintomi colerici."

Il medico continuò: "Chiamato presto a visitarla, feci una diagnosi di febbre perniciosa. L'ulteriore andamento del malessere mi provò che ero nel vero. Infatti la Corna, migliorata nel secondo giorno, arrivato il terzo, ossia il 6 luglio, ebbe un peggioramento che la rese agitata in modo parossistico. Subito dopo il suo corpo divenne gelido e passata qualche ora la donna morì.

"La notte fra il 10 e l'11 luglio" annotò il sanitario, "recò la certezza che a Giarole si era sviluppata la malattia colerosa. Infatti vennero colpiti in modo quasi fulminante Stefano Bellingeri, di anni 72, e Albina Roncarolo, di anni 33. Il colera continuò a imperversare fino al 20 agosto. Vennero contati 48 casi di colpiti dal morbo, di cui ben 30 con esito letale."

Il 16 luglio, il colera comparve in un paese vicino: Pomaro Monferrato, che allora contava 1100 abitanti. Anche qui a portare l'infezione fu una donna. Veniva dalla Lomellina, l'area agricola più ricca della provincia di Pavia, dove il colera aveva già fatto numerose vittime. L'ammalata spirò subito.

Il 18 luglio emersero altri due casi, anch'essi mortali. Ci fu qualche giorno di pausa, poi il colera ebbe un ritorno di fiamma. Tra il 27 e il 28 luglio, siamo ancora nel paese di Pomaro, la malattia colpì 10 persone. E 7 di loro andarono al Creatore.

Il medico di Pomaro chiese soccorso alla Regia Prefettura di Alessandria. Qui decisero di mandargli un aiuto: era il dottor Flavio Valerani, un sanitario di vaglia che nel nostro racconto abbiamo già incontrato. Anche lui in grado di scrivere un rapporto minuzioso e dallo stile incalzante. Sentiamo quanto riferì all'autorità prefettizia:

"Al mio arrivo a Pomaro Monferrato, ma in particolare dal giorno 5 agosto al 12 dello stesso mese, la località presentava lo spettacolo più miserando: quello di un paese in preda a una spaventosa epidemia di colera. La fuga delle persone più agiate accrebbe il terrore dei contadini poveri. Costoro, per scampare al flagello, si trasferirono nei campi e nelle vigne. E qui vissero attendati a guisa di tribù nomadi".

Nel paese rimasero soltanto 400 persone. E il colera le assalì senza pietà. Il 27 agosto, quando la fase acuta dell'epidemia cessò, si contarono i morti. Erano ben 104, un quarto dei paesani che non avevano voluto abbandonare le loro case di Pomaro.

Anche a Casale Monferrato si aspettava l'arrivo dell'epidemia. Ma fino a dopo la prima metà del luglio 1867, sembrò che il colera avesse deciso di risparmiare la città. Era soltanto un'illusione. Scrisse il medico Mario Albani: "Qualche caso, non ben ancora confermato, apparve qua e là, in sudici luoghi abitati da persone rotte a ogni sorta di stravizi. E per nulla curanti le regole di pulizia e i precetti igienici all'uopo consigliati".

Il 28 luglio vennero alla luce i primi casi certi di colera. L'autorità municipale di Casale si pose subito un problema: i cittadini colpiti dall'epidemia non potevano essere ricoverati nell'ospedale comunale, a contatto degli altri ammalati. Allora si decise subito di aprire un Ospedale succursale dei colerosi. E venne collocato al pianterreno del seminario vescovile, che era già servito per il colera del 1854.

Il 3 agosto 1867 arrivarono qui i primi tre contagiati. Erano un uomo e due donne: Carlo Palena della parrocchia di Sant'Ilario, vicina al fiume Po, Filomena Gino e Cristina De Cristoforis, della parrocchia di San Domenico. Poi l'afflusso dei malati crebbe. Al 20 ottobre i colerosi presi in cura erano 89. Trentasette di loro non scamparono all'epidemia.

Era un'inezia rispetto ai quasi 4 mila morti di Bergamo. Ma anche a Casale la paura fu tanta. Insieme al timore del contagio, cominciarono a prendere corpo fantasie strane sulla natura del morbo. E soprattutto sul modo nel quale il contagio si diffondeva. Tra i poveri emerse una convinzione assurda: era meglio curarsi in casa e restare lontani dall'ospedale di fortuna allestito presso il seminario vescovile.

Nel suo rapporto sul colera in città, il dottor Albani descrisse in termini espliciti le ragioni della "ripugnanza verso il ricovero": "Circolavano le più stolide opinioni che nell'Ospedale dei colerosi esistessero ampolle letali, piene di veleni e simili. Queste favole alimentavano i più strani pregiudizi popolari, nati dall'ignoranza e fomentati dalla più raffinata malignità. Ne vennero derisioni, ingiurie e persino minacce verso chi si prodigava a curare il colera. Tutto si mosse per osteggiare i sanitari".

La conclusione del medico fu molto amara: "Allora parve che il popolo dei poveri non avesse profittato per nulla della luce della scienza. E che stessero per rinnovarsi i crudeli pregiudizi dei tempi lontani".

Il dramma descritto dal medico Albani rendeva più terribile la condizione dei poveri alle prese con il colera. In tutte le aree colpite dall'epidemia la tragedia fu duplice, perché al male si sommò la mancata reazione al male. Per cominciare, i diseredati negavano che il colera esistesse. E maledivano quanti osavano affermare la verità. In un paese sul lago di Garda, un medico venne addirittura accusato di essere uno stregone ateo perché aveva fatto seppellire in fretta i colerosi, senza cerimonie religiose.

Di solito i poveri volevano curarsi da soli, non chiamavano il medico, rifiutavano il ricovero in ospedale e dicevano che le medicine prescritte servivano soltanto a uccidere il malato. Queste fantasie si fondavano su una convinzione radicata. Diceva che il colera non soltanto era un male inesistente, ma un pretesto malvagio creato ad arte per sfoltire, con la morte, il numero dei poveri. Nasceva di qui la convinzione, già ricordata per Casale dal dottor Albani, che negli ospedali per colerosi esistessero flaconi pieni di veleno, destinati ad accoppare gli ammalati.

Come scrive la Forti Messina nel saggio che ho già citato, i poveri sostenevano che gli avvelenatori erano tanti. E agivano per motivi diversi, ma tutti convergenti verso un unico obiettivo: togliere di mezzo quanti più poveracci era possibile. Chi temeva di diventare vittima di questa strategia da assassini, diceva: «Ci hanno provato con la fame, con la guerra, con la malaria, adesso ci provano con il colera!».

Sotto accusa erano i medici, i signori, le autorità pubbliche, il governo, il re. Ai sanitari si imputava un fatto ancora più grave. Loro conoscevano un contravveleno segreto, ma avevano l'ordine di somministrarlo soltanto ai benestanti. Gli unici ad avere il diritto di non andare all'altro mondo.

Durante l'epidemia del 1867, in alcune aree investite dal colera, i poveri si barricarono in casa con i malati. E arrivarono a respingere persino i sacerdoti che volevano dare i sacramenti ai moribondi. A volte i militari incaricati di portare via i cadaveri furono costretti ad andare di casa in casa con le armi in pugno, per difendersi dalle aggressioni.

Tre anni dopo, nel 1870, quando i miei nonni Giovanni e Caterina erano ancora bambini, dopo il colera si fece vivo il vaiolo. Nella storia d'Italia, quell'anno verrà ricordato per la breccia di Porta Pia. E per l'ingresso dei soldati italiani a Roma, il 20 settembre. Nello scontro caddero 49 militari di fanteria e del corpo dei bersaglieri, più 19 soldati del Papa. Nulla rispetto alle vittime del vaiolo.

L'epidemia emerse in Liguria. In sei mesi, colpì quasi 4 mila persone e ne uccise più di mille. Poi il morbo varcò l'Appennino e passò nell'alto Monferrato, fra le province di Alessandria e di Asti, dove causò altre vittime. Sempre trasmesso da una persona all'altra, arrivò nel basso Monferrato, quello casalese. "Qui si impiantò per quattro mesi, con una forza terribile" scrisse un medico.

In seguito Caterina raccontò che a essere terrorizzate dal vaiolo erano soprattutto le donne. Temevano di restare sfigurate per sempre dalla malattia. Con il viso ridotto "a una grattugia, pieno di buchi e di pustole". Anche in quel caso circolò una leggenda. Il vaiolo colpiva le femmine che non si erano mantenute caste sino al matrimonio. O quelle che avevano tradito lo sposo, concedendosi a un maschio che non era il marito.

Da dove nasceva la leggenda? L'origine più probabile era la presenza di mogli fedifraghe in un numero tale da autorizzare la convinzione che il vaiolo l'avessero inventato per punirle. Ma alla fine dell'Ottocento erano davvero così tante le donne pronte a mettere le corna al marito? Da quel che ho imparato, sembra di sì.

Il tradimento coniugale era diffuso anche nei piccoli

paesi. Ma in quel caso incontrava molti ostacoli. La sposa infedele veniva segnata a dito, il suo nome circolava in quasi tutte le case. Quando scampava alla vendetta del marito, aveva una sola strada da percorrere: lasciare la famiglia e il paese, per andare lontano in compagnia dell'amante, ammesso che lui intendesse seguirla o portarla via con sé.

In città, il tradimento coniugale godeva di condizioni molto più favorevoli. In una comunità larga, le storie di amori clandestini si potevano nascondere meglio. Lei era di solito una giovane donna bella e povera, stufa della vita grama accanto a un uomo senza soldi che la maltrattava. Lui era un signore più anziano, a volte poco piacente, ma sempre con il portafoglio gonfio. Ecco una faccenda vecchia quanto il mondo. Che anche nell'Ottocento si ripeteva di continuo.

Di solito gli amanti commettevano il peccato in luoghi molto appartati. Dentro piccoli scannatoi situati in periferia e difficili da individuare, alloggi che sembravano miseri, ma che al di là della porta d'ingresso si rivelavano bomboniere lussuose. Oppure il rifugio degli amanti stava in locande fuori dalla città. Ben conosciute dall'uomo che si fidava del proprietario. Ed era in grado di farlo diventare muto, cieco e sordo con una mancia robusta.

A volte il denaro serviva anche per risarcire il marito che aveva scoperto la tresca. Per evitare che diventasse violento, nei confronti della moglie e, soprattutto, del suo amante. I soldi cancellavano il peccato e i peccatori. Ma da quel momento in poi, lo sposo tradito veniva sbeffeggiato dalla gente che lo definiva così: "Cornuto e pagato".

Tuttavia il vaiolo non era una leggenda. Lo si vide quando comparve in un paese del Monferrato: Pontestura, collocato sul Po a dieci chilometri da Casale. Il primo a essere colpito dal morbo fu Giuseppe Reale.

il capo di una famiglia molto numerosa e distribuita in diverse località di quel comune. Da lui il vaiolo si diffuse ad anelli affiancati. Con una forza davvero inarrestabile.

Il Reale infettò 25 persone. Una di loro, Giovanni Gallone, ne contagiò 16. Uno di questi, Eugenio Cerruti, ne infettò altri 13. Alla fine, nel solo paese di Pontestura, i vaiolosi risultarono 103. Dodici di loro morirono.

Passato il vaiolo, bussò alla porta un vecchio nemico: la malaria.

15

Il Grande Scontroso

Quanti si ricordano di Giovanni Lanza? Credo pochi. Eppure è stato un politico importante, il capo del governo durante la presa di Roma nel 1870. Nato a Casale Monferrato nel 1810, veniva da una famiglia della piccola borghesia. Il padre, fabbro e negoziante di ferramenta, morì in età ancora giovane, lasciando la moglie Angela e quattro ragazzi, due maschi e due femmine. Giovanni era il secondo dei figli e fu l'unico a entrare nella storia d'Italia, grazie alla sua attività politica e al forte prestigio personale.

Liberale e uomo della destra, fu ministro e presidente del Consiglio. Si diceva che avesse un pessimo carattere. I contemporanei lo descrivono come un tipo molto scontroso. Austero, quasi selvatico, gonfio di permalosità, pignolo, rigido, scostante. Però integerrimo e di un'onestà adamantina.

Insomma, Lanza era l'esatto contrario dei big politici di oggi, che vediamo ogni sera fare la ruota del pavone nei telegiornali e nei talk show. Quasi tutti piacioni al cubo. Gente che spesso non sa che cosa pensare e neppure che cosa dire. Ma che sembra pronta a vendere la moglie e i figli per una comparsata su uno qualsiasi dei quotidiani. Anche con un'intervistina a una colonna, in penultima pagina.

La città natale ha onorato Lanza con una bella statua eretta nei giardini pubblici e dedicandogli una delle strade principali. Non so dire se lui avrebbe gradito l'omaggio. Il Grande Scontroso era contrario agli onori e alla pompa. Per di più, non nutriva grande simpatia per i propri concittadini.

Quando era capo del governo e ritornava da Roma in treno, evitava di scendere alla stazione di Casale. Nella tratta fra Alessandria e Vercelli, faceva bloccare il convoglio a Borgo San Martino. Lì era atteso da una carrozza a cavalli che lo conduceva nel suo podere alla Roncaglia. Una volta arrivato, se ne stava chiuso in casa senza mai vedere nessuno. In compagnia della moglie Clementina Zoppis. Poi ritornava a Roma, seguendo il percorso inverso.

Se Lanza non possedeva un carattere facile, in compenso era di un'onestà a prova di bomba. Anzi, a prova di fondo segreto. Presidente del Consiglio per quasi quattro anni, dal dicembre 1869 al luglio 1873, Lanza aveva a disposizione un conto riservato dal quale poteva attingere qualunque somma e a qualsiasi titolo, senza doverne rispondere a nessuno. Quando lasciò l'incarico di governo, lo restituì allo Stato. Non vi aveva mai prelevato una lira.

Come racconta Idro Grignolio in *Personaggi casalesi*, pubblicato dall'Editrice Monferrato nel 1979, Lanza viveva a Roma in un hotel modesto, in via Mario dei Fiori. L'alloggio costava poco e i conti dell'albergo non avrebbero di certo dissanguato il bilancio dello Stato. Ma lo Scontroso volle sempre pagarli di tasca propria, perché nessuno potesse dire che campava a spese dell'erario, ossia dei cittadini.

In gioventù Lanza aveva studiato medicina a Torino. Dopo la laurea, si era specializzato a Pavia, in ostetricia e oculistica. Poi aveva frequentato altre università, a Milano, Parma, Bologna e Firenze. Il suo destino era la carriera accademica, ma fu costretto a rinunciarvi. A causa di una incurabile infiammazione agli occhi, forse contratta nell'assistere un malato. Tuttavia, nell'animo restò sempre un medico. E fu per questo che si prese a cuore una questione pesante che tormentava il Monferrato: la piaga della malaria.

Nella seconda metà dell'Ottocento la malaria era una malattia subdola. Difficile da debellare, capace di rinnovarsi di continuo e in grado di mandarti all'altro mondo in un amen. Si presentava in modo massiccio soprattutto nell'Italia centrale e meridionale: nella Maremma toscana, nel Lazio, in Puglia, in Sicilia e in Sardegna. Erano queste le zone della malaria grave. Mentre nell'Italia del Centro-nord il morbo veniva classificato come lieve. In Piemonte le aree colpite erano poche e di estensione ridotta.

La malaria diventava perniciosa soprattutto in estate. E come tutte le malattie endemiche, infieriva sui poveri, sulle persone denutrite e su coloro che lavoravano molte ore al giorno in campagna, a cominciare dai braccianti. Nell'Italia meridionale i contadini la ritenevano invincibile e si rassegnavano ad ammalarsi e a morire.

In un saggio sulla malaria nel Mezzogiorno, scritto da Paola Corti per gli *Annali* dell'Einaudi, si ricorda quanto aveva detto Giustino Fortunato, il grande meridionalista. Lui sosteneva che la vera maledizione dell'Italia del Sud era la febbre terzana. Tanto che i contadini la mettevano giù così: "Passa il terremoto, passa la peste, ma la malaria non passa".

Anche quando si cominciò a curarla con l'unica medicina efficace, il chinino, non fu semplice sconfiggerla. All'inizio quel rimedio era molto costoso, veniva usato appena negli ospedali ed era acquistato in farmacia soltanto dalla borghesia benestante. Poi il prezzo fu ridotto e il commercio del chinino prodotto dai Monopoli di Stato venne affidato alle rivendite dei tabacchi.

Il risultato fu che i farmacisti s'infuriarono poiché perdevano una parte degli incassi. Per questo tentarono di boicottarne l'uso, affermando che il chinino non serviva a niente. Al tempo stesso, non tutti i malati erano convinti che quella medicina, ricavata dalla corteccia di una pianta, potesse davvero guarirli.

Per la malaria accadde quanto era avvenuto con il colera. Il motivo era quello di sempre: l'ignoranza sommata alla superstizione. I contadini poveri, ossia la grande maggioranza degli ammalati, erano restii a curarsi. Dicevano: «La febbre terzana non fa suonare la campana», s'intende la campana dei morti. Oppure: «La febbre quartana il vecchio uccide e il giovane risana».

Le inchieste sullo stato della sanità in Italia accertarono un fatto che può sembrare assurdo in tempi di assenteismo massiccio. I malarici lievi, invece di mettersi a letto e di chiedere l'intervento del medico, seguitavano a lavorare. Nonostante la febbre e i dolori in molte parti del corpo, la mattina si alzavano e andavano sui campi a faticare per l'intera giornata.

Perché si comportavano così? Chi mi ha seguito in questo racconto conoscerà già la risposta. Restare a casa aveva una conseguenza immediata e pesante: la perdita del salario. Vivere senza una paga, per misera che fosse, era impossibile, soprattutto per i braccianti avventizi. Tanto valeva rischiare. E fingere che la malaria fosse un'invenzione dei produttori di chinino o di qualche fattucchiera.

Nel Monferrato il morbo non era sconosciuto, poiché si era già presentato sia pure in forma assai più lieve rispetto all'Italia centrale e meridionale. Pure Casale ne era afflitta. E lo stesso accadeva ai paesi di pianura e di collina sulla destra del Po. Ma qui il clima era più salubre di quello del Vercellese e della Lomellina.

In queste due plaghe, il riso era la coltura dominante e le risaie imperavano. Rendevano molto ai padroni e poco a chi ci lavorava. Per di più, sulle risaie volavano miliardi di zanzare anofele. Erano loro a trasmettere la malaria. Nelle conferenze popolari, i medici presentavano la zanzara con espressioni quasi militari: "Voilà l'ennemi!, ecco il nemico".

Poi qualcosa cambiò, e in peggio. Anche nella pianura di Casale, grazie a un canale che raccoglieva molta acqua deviata dal Po, furono impiantate grandi risaie, tutte schierate nella piana alla destra del fiume. E poco tempo dopo pure qui comparve la malaria.

Nel 1874 si manifestò in forma blanda, poi con un'intensità via via più accentuata. Nel 1877, la febbre terzana conobbe "una punta straordinaria". La definì così un opuscolo di Cesare Cotti: *Le risaie nell'agro casalese. Pensieri di un medico condotto*, stampato in quell'anno dalla Tipografia Paolo Bertero di Casale Monferrato.

Il medico scriveva: "I paesi collinari delle valli Grana e Rottaldo sboccano nelle pianure casalesi e da quelle assorbono le evaporazioni delle risaie. Questi vapori, spinti nelle valli dai venti dominanti del nord-est, vengono trasportati e sparsi sulle circostanti colline e anche in più lontane località, dal momento che né piante né altre barriere si oppongono alla loro diffusione".

A sentire il Cotti, i miasmi prodotti dalle risaie avevano effetti perversi. Non soltanto peggioravano le condizioni sanitarie della popolazione, ma possedevano il malvagio potere di mutare persino l'aspetto di quanti vivevano in quelle terre.

Annotava quel medico nei suoi *Pensieri*: "Ove prima si osservava una popolazione briosa, robusta, con il bel colore della salute, cominciano a vedersi individui cronici e malaticci. Se non si porrà riparo al progredire di questi mali, fra pochi anni l'antico e forte tipo organico dei monferrini si cangierà nelle meschine e sparute figure degli abitatori delle paludi".

Fino a quando la mutazione riguardò le classi povere, più denutrite ed esposte al rischio di ammalarsi, la borghesia, ossia il potere politico imperante, non mosse un dito. I poveracci erano così tanti, e tanto fastidiosi, che se qualcuno di loro fosse morto di malaria non sarebbe stata una tragedia. Ma presto anche la città dei ricchi cominciò a temere d'essere aggredita da quello che veniva chiamato "il miasma palustre".

Fu allora che le autorità municipali di Casale Monferrato, tutte rappresentate da professionisti benestanti, si sentirono obbligate a iniziare una battaglia senza quartiere che aveva un solo obiettivo: eliminare le risaie sul fianco destro del Po. Ma all'inizio dello scontro con i proprietari, e i loro potenti protettori politici, la città dei ricchi fu tanto ipocrita da sostenere che l'abolizione veniva chiesta con uno scopo filantropico, imposto dalla generosità sociale.

In uno scritto dell'epoca si sostenne: "È indispensabile tutelare la salute della povera gente. Contro la malaria essa non ha altra difesa fuor che la filantropia del ricco. Ma questa, purtroppo, è insufficiente. E anche la tutela della legge non è sempre accordata con sollecita cura e in proporzione del bisogno".

L'anno cruciale della guerra alle risaie sulla destra del Po fu il 1879. L'11 febbraio di quell'anno, scese in campo Lanza. Il Grande Scontroso godeva non soltanto dell'autorità politica, ma pure della sua sapienza in materia di salute pubblica. E soprattutto, come succede ai bravi medici, non sopportava di veder morire gli esseri umani. Per questo era pronto a tentare l'impossibile.

Si era comportato così nel settembre 1870, durante la presa di Roma. In quel momento Lanza era il capo del governo e fece di tutto affinché la conquista della capitale non si risolvesse in un'ecatombe per i soldati papalini. La sua cautela non era piaciuta agli spiriti bollenti dei mazziniani e dei garibaldini. E neppure a un poeta come Giosuè Carducci.

Nel 1871, Carducci rievocò in una poesia la tranquilla presa di Roma che anche lui avrebbe voluto diventasse un sanguinario atto di guerra contro il Papato. E in qualche verso prese per la giacca Lanza. Scrisse: "Oche del Campidoglio, zitte! Io sono / l'Italia grande e una. / Vengo di notte, perché il dottor Lanza / teme i colpi di sole. / Ei vuol tener la debita osservanza / in certi passi...".

Otto anni dopo, "il dottor Lanza" lanciò un altissimo grido di allarme: la popolazione di Casale stava morendo di malaria. In uno scritto, rivelò i numeri di questa tragedia: "Dal 1874 al 1878, vi sono stati 368 morti più dei nati, con una progressione di anno in anno sempre più spaventevole... Quanti anni ci vorranno perché la popolazione di Casale sia scomparsa del tutto?".

A quel punto, il municipio formò un gruppo di esperti e lo incaricò di stendere un rapporto. Poi lo presentò al ministero dell'Interno. Con un titolo pieno di cautela che evocava l'opuscolo che ho citato: *Le risaie nell'agro casalese*.

Tuttavia, la relazione spiegava con chiarezza perché le risaie del Casalese ammazzavano la gente e quelle del Vercellese e della Lomellina no. Mentre queste ultime avevano un fondo sabbioso, assorbivano l'acqua e si asciugavano con facilità, le risaie attorno a Casale stavano su terre argillose dove l'acqua veniva smaltita lentamente. Nascevano allora "insalubri evaporazioni, dando vita a melmosi e mortali pantani".

Il documento aggiungeva che la città di Casale era "sgomentata dalla spaventevole statistica delle morti, verificatesi dall'impianto delle risaie in poi". L'aumento impressionante dei decessi per malaria spingeva alla ribellione anche paesi lontani dalla città, come Terruggia, Conzano, Cellamonte e Vignale.

In questi territori la gente era fuori di sé dalla rabbia. Le risaie non la riguardavano. E soprattutto non portavano nessun beneficio economico. In compenso la malaria entrava nelle case. Accoppando un numero sempre più alto di cristiani. Dunque, la coltivazione del riso nel Casalese doveva cessare subito.

Il rapporto finì sul tavolo del capo del governo, Benedetto Cairoli, deputato della sinistra storica e soprattutto eletto a Pavia. Dunque fatalmente disattento alle questioni di un altro collegio elettorale. Anche il ministro dell'Interno, Agostino Depretis, era un pavese, nato a Mezzana Corti, e con il collegio elettorale nell'Oltrepò, a Stradella.

A Casale si cominciò a mormorare che erano troppo legati ai padroni del riso. Poi si sostenne, sia pure senza nessuna prova, che entrambi avevano ricevuto robuste sovvenzioni da chi possedeva le risaie sulla destra del Po. Lo scopo della presunta tangente era chiaro: impedire che la coltivazione del riso su quel versante fosse proibita una volta per tutte.

Fu allora che intervenne una seconda volta il Grande Scontroso. Suggerì alle autorità casalesi di chiedere una nuova relazione, questa volta al medico Evasio Peola, "distinto cultore dell'arte salutare". Il suo fu un rapporto drammatico, destinato a fare colpo anche sui politici più distratti.

Peola spiegò che la sua era "la più desolante descrizione dello stato igienico di una popolazione già vegeta e robusta, ma oggi fatta languente per il miasma che l'avvelena, per la febbre che le corrode le fibre, immiserita per le continue malattie, distrutta dalla morte che in spaventose proporzioni vi miete le vite".

A forza di insistere, la battaglia venne vinta. E le risaie sparirono dalla pianura di Casale Monferrato. Vi sarebbero riapparse molti decenni dopo. Ma senza più il rischio della morte malarica.

Quanto a Giovanni Lanza, da vero scontroso non si vantò mai di quella vittoria. Seguitò a vivere nel podere di Roncaglia. Forse era persino felice di essere stato dimenticato. Continuò a occuparsi delle piccole istituzioni civiche. E andò a Roma per seguire il percorso della nuova Legge comunale e provinciale.

Era il marzo 1882 e lui aveva appena compiuto 72 anni. Il giorno 9 morì nella capitale. All'improvviso, in un piccolo hotel, l'Antico Albergo New York, dentro una stanza priva di lussi, sistemata alla meglio nell'ammezzato.

La moglie Clementina rifiutò la pensione che lo Stato le aveva destinato.

Parte quarta

16
Amore al bordello

All'inizio del Novecento la città di Ernesto vantava almeno tre case di tolleranza, dette anche bordelli. Stavano nella zona di piazza Venezia, sul limite che guarda il Po: in via dei Fiori e poi anche nella vicina via dei Grani. Uno era destinato alla clientela ricca, gli altri due alla clientela media o povera. A cominciare dai soldati di guarnigione nelle caserme di Casale Monferrato, numerose e distribuite sull'intero territorio comunale.

I tre bordelli erano i luoghi riservati ai maschi che non volevano intristirsi con i guai del colera e della malaria. Allora il sesso non era sbandierato come accade oggi, però veniva praticato molto. E si poteva considerarlo il riflesso naturale di una vitalità in grado di superare tutte le paure, a cominciare da quelle della povertà e della morte.

Le case di tolleranza cittadine erano dirette da signore non più giovani, le maîtresse. Donne dal carattere duro, con la vocazione per il comando e insensibili a tutto. Tranne che al guadagno ricavato dalle ragazze che la vita aveva spinto a vendersi a qualsiasi maschio, di solito sconosciuto. In qualche caso erano padrone del bordello, in altri lo dirigevano su incarico del proprietario della licenza.

Quella della maîtresse non era una professione facile. Bisognava governare con il pugno di ferro le prostitute, una squadra che cambiava ogni quindici giorni. Oltre a loro dovevano sorvegliare i clienti per evitare che si comportassero da violenti, con il rischio di creare problemi con l'autorità di polizia. Infine avevano l'obbligo di accertarsi che tutte le norme di legge venissero rispettate. A cominciare da quella che vietava l'ingresso al bordello di chi era ancora minorenne, con un'età inferiore ai 21 anni.

I frequentatori dei tre bordelli appartenevano a tutti i ceti sociali. I ricchi erano i più esigenti. E spesso anche i più sbruffoni. Di solito, vantavano esperienze che, in realtà, non possedevano. Qualcuno di loro sosteneva di sapere molto delle case di tolleranza più famose in Europa, quelle di Parigi. Quasi sempre non avevano mai varcato il confine con la Francia. Ma ne parlavano come se fossero clienti abituali di quei luoghi di piacere e, in particolare, dei più lussuosi.

A sentir loro, avevano visitato bordelli francesi di ogni tipo. C'erano quelli riservati agli ecclesiastici che li frequentavano di nascosto. Arrivavano in abiti borghesi e soltanto la maîtresse era al corrente del loro segreto. In realtà anche le ragazze della casa sapevano molto bene che il cliente era un monsignore, incapace di resistere al piacere della carne. E lo accoglievano vestite da chierichetti o da giovani novizi. A volte recitavano giaculatorie in latino. Ricevendo una mancia generosa per questo servizio in più.

In un altro bordello parigino esisteva una stanza che simulava lo scompartimento ferroviario di lusso. Era destinata ai clienti vogliosi di immaginare una conquista durante un viaggio in treno. La ragazza fingeva di essere una passeggera qualsiasi, vestita in modo casto. Al primo assalto lanciava urletti spaventati, poi si lasciava spogliare e cedeva al corteggiatore.

Un terzo bordello accettava maschi che volevano travestirsi da donne. La casa forniva gli indumenti necessari e il cliente veniva addobbato di tutto punto da signora matura. Ad aiutarlo provvedeva una governante che lo chiamava, con rispetto, "Madame". Poi veniva affidato a una ragazza muscolosa, abbigliata da facchino. Lei lo denudava con malagrazia e lo insultava dandogli della porcellona. Infine si accoppiava con lui, trattandolo come una femmina viziosa.

Anche sulle ragazze dei bordelli si favoleggiava molto. La vox populi sosteneva che erano tutte di una bellezza abbagliante e dalla sessualità sfrenata. E aggiungeva che non poche di loro venivano dal ceto alto, figlie di borghesi danarosi, di professionisti, persino di nobili.

Si erano dedicate a quel mestiere per sottrarsi a famiglie autoritarie e asfissianti. Ma era stata soprattutto la loro natura ad averle spinte al mercato di se stesse in quelle case. I più volgari dicevano: chi nasce puttana deve fare la puttana e morirà da puttana.

La verità era molto diversa. Tante di quelle ragazze "da casino" provenivano dai ceti più miserandi. Erano cresciute nell'ignoranza e, spesso, in famiglie violente. Non avevano mai imparato un mestiere decoroso. La loro fragilità le aveva fatte cadere presto sotto l'imperio di qualche gargagnano, ossia di un lenone, un mezzano. Che dopo averle circuite e sverginate, aveva iniziato a sfruttarle offrendole ai maschi che conosceva.

Quando le ragazze cominciavano a rendere meno di quanto lui si aspettasse, lo sfruttatore le inseriva nella giostra delle case di tolleranza autorizzate dello Stato. Da quel momento la loro esistenza diventava un inferno. Non potevano più rifiutare nessun cliente, per deforme oppure maniaco che fosse.

Dovevano sottoporsi a controlli sanitari periodici, sempre umilianti. E accettare il regime autoritario della casa. Una dittatura che prevedeva, tra l'altro, un prelievo sui loro incassi. Destinati in parte a chi dirigeva il bordello e in parte al proprietario della licenza.

Anche il loro aspetto fisico non era mai quello che accendeva le fantasie dei maschi. L'amore mercenario, come lo si chiamava allora, faceva invecchiare presto qualsiasi donna. C'erano ragazze poco più che ventenni con la pelle avvizzita, il seno cadente, i fianchi sformati, le gambe ingrossate.

Pure il loro carattere mutava. Poteva diventare di una tetraggine passiva. Oppure farsi aggressivo, al limite della violenza. A quel punto la loro sorte dipendeva soltanto dalla maîtresse che governava la casa di tolleranza. Era lei a decidere se passare la ragazza sfiorita a una casa di minor livello. Ma a volte la signora stabiliva di espellerla dal giro dei bordelli e abbandonarla al suo destino.

All'inizio del Novecento, nella città di Ernesto godeva di una fama ben meritata la maîtresse del casino di lusso: la signora Cesira Z. Era una donna di grande eleganza, abituata a servirsi nella migliore sartoria femminile della città. Ordinava lì i propri vestiti e gli indumenti intimi. Pagava le confezioni senza mai discutere sul prezzo. E aveva una sola esigenza: gli abiti dovevano essere provocanti, ossia molto scollati e in grado di mettere in evidenza le sue forme generose.

La sartoria non aveva problemi ad accontentarla. La signora Cesira era una donna sui 40 anni ancora molto bella. Alta, ben fatta, con un seno prosperoso, fianchi opulenti, gambe lunghe, un didietro di tutto rispetto. Il viso era all'altezza del corpo: occhi seducenti, labbra carnose, pelle di velluto, mora di capelli.

Per questo, qualcuno sosteneva che in gioventù fosse stata una cortigiana molto ricercata. C'era chi affermava di averla conosciuta a Milano, dove viveva ai margini della buona società meneghina. In un piccolo alloggio del centro, arredato con gran gusto, che lei definiva "la mia aziendina". Veniva dalla provincia lombarda e aveva la fama di essere pronta a qualsiasi gioco erotico.

Era tanto sfrenata che un cliente anziano, un banchiere di primaria importanza, aveva tirato le cuoia per un infarto, quando stava ancora sul letto della Cesira. Lei non si era per niente spaventata. Mettendo in mostra un sangue freddo mica da poco, aveva fatto avvisare la famiglia del defunto. Che in segreto era arrivata per recuperare il corpo di quel parente mandato all'altro mondo da un rapporto troppo acceso.

Ma per la signora Cesira quel tempo era ormai lontano. Adesso non le si conoscevano amori di nessun genere, neppure tresche di passaggio. Una signora di certo non vergine, però nubile. Insomma, quasi una zitella, sia pure con una professione da non sbandierare in pubblico. Poi all'inizio del Novecento nella vita della signora Cesira irruppe una sorpresa, un evento che lei non immaginava possibile.

Tra i frequentatori del suo bordello comparve un signore sui 50 anni, molto noto in città. Era il proprietario di un'azienda che produceva manufatti in cemento, ben avviata e con ottimi bilanci. Si chiamava Rodolfo H., un imprenditore di origine svizzera, ancora scapolo. Abitava da solo in una villa nel quartiere dei ricchi, accudito da una governante anziana e da un servitore.

La prima volta che lo vide entrare nel bordello, la Cesira lo accolse con tutti i riguardi. Il signor H. era il cliente ideale: danaroso, riservato e in cerca di compagnia alla fine di giornate tutte prese dal lavoro in ditta. La maîtresse gli presentò subito la prostituta migliore della quindicina: una ragazzona padovana, bionda e tutta curve.

Non aveva ancora 25 anni, però conosceva sino in fondo l'arte di soddisfare i maschi. Aveva un nomignolo curioso: la Civetta. Veniva chiamata così per il viso: carnagione lattea, grandi occhi bistrati, il naso aquilino nel modo giusto e un sorriso strano, da femmina capace anche di fare del male.

Il signor H. ringraziò, ma disse che, per il momento, voleva rendersi conto dell'ambiente che lo circondava.

Confessò alla maîtresse di non essere mai entrato in una casa di tolleranza. Dunque aveva bisogno di un po' di tempo per orientarsi. La signora Cesira lo ascoltò meravigliata. Ma non obiettò nulla. Il mestiere le aveva insegnato che i desideri dei clienti, per strambi che fossero, andavano sempre rispettati.

Quella sera, il signor H. non si ritirò in camera con nessuna ragazza. Se ne restò seduto sul divano della sala comune, fumando il sigaro. E osservando il traffico dei clienti e delle donne. Spesso lanciava un'occhiata alla signora Cesira. Lei se ne accorse, però non ci fece caso. Anzi, per dirla tutta, ne fu un tantino lusingata. Pensò: non sono ancora da buttar via, se un signore come questo guarda anche me e non soltanto le donne della casa.

Tre sere dopo il signor H. ritornò al bordello. E neppure quella volta chiese di appartarsi con una delle ragazze. Passarono altre due sere e la signora Cesira lo rivide di nuovo. Neppure in quel caso H. si decise a consumare. Si limitò a guardare. E soprattutto a fissare la maîtresse, con un'attenzione sempre più scoperta.

Nel sentirsi scrutata così a fondo, la signora Cesira s'innervosì. E disse a se stessa: questo H. è capace soltanto di fare flanella. Non spende, si limita a guardare me e non le ragazze. È il peggior cliente possibile, forse è un impotente, speriamo che non ritorni più.

Ma il signor H. si ripresentò al bordello, continuando a flanellare. A quel punto, la signora Cesira si sedette accanto a lui. E con la sua grazia speciale, un impasto di malizia e di confidenza rispettosa, gli chiese perché non si decidesse a scegliere nessuna delle donne, per poi salire in camera con lei.

La risposta di H. la lasciò di stucco: «Il motivo è semplice: l'unica donna di questa sala che mi interessa è lei, signora Cesira. Vuole fare l'amore con me? Sono disposto a pagare qualunque cifra!».

La maîtresse restò senza parole. Poi trovò la forza di

replicare: «La sua richiesta è assurda, signor Rodolfo. Se le rispondessi di sì, il regime di questa casa ne uscirebbe distrutto. Non avrei più nessuna autorità sulle ragazze. Loro mi vedrebbero come una concorrente, non come la loro padrona. Per questo le dico no, no, no! E la prego di non ritornare più nel mio salotto».

La risposta del signor H. la lasciò di nuovo senza fiato: «Farò come mi ordina, cara Cesira. Però sappia che mi sono innamorato di lei. Non mi è mai successo con nessuna donna. Prima l'avevo intravista in città. E mi aveva colpito per la sua bellezza e per il suo stile. Sono venuto nel bordello per conoscerla meglio. Adesso che la conosco, ho capito che non posso fare a meno di amarla. Le sembrerà strano ascoltare questa dichiarazione da un cinquantenne. Ma è la pura verità».

Il signor H. si alzò e, dopo un piccolo inchino, lasciò la casa di tolleranza. Come gli era stato ordinato, non si fece più vedere. Al suo posto, l'indomani la maîtresse ricevette un gran mazzo di rose. E continuò a riceverne uno ogni giorno. Per molti giorni. Vi era sempre accluso un biglietto scritto dal signor H. Diceva: "L'aspetto a casa mia. Con devozione, Rodolfo. Il mio indirizzo è il seguente...".

La signora Cesira dapprima s'infuriò. Poi tutte quelle rose la gettarono nello sconcerto, quindi in un imbarazzo sempre più grande. Al ventesimo mazzo, si decise. Mandò un messaggio al signor H. e gli diede appuntamento in un piccolo ristorante alla periferia della città. Voleva pregarlo di lasciarla in pace, ma la nuova mossa di H. la colse di sorpresa.

Non appena si ritrovarono seduti uno di fronte all'altra, lui le disse: «Mia cara Cesira, cerchiamo di essere pratici. Io ho 50 anni, lei 40. Io sono ricco e lei ha un buon lavoro, ma nessuna proprietà. Tra qualche tempo, lei sarà troppo anziana per dirigere un bordello, mentre io continuerò ad avere la mia azienda. Lei mi piace da impazzire. Siamo entrambi zitelli. Le propongo di sposarmi e di venire ad abitare con me. Le intesterò la metà dei miei averi. E se morirò prima di lei, anche l'altra metà finirà nelle sue mani. Mi sembra un contratto vantaggioso per entrambi. Che ne dice?».

La maîtresse gli rispose: «Devo pensarci. Adesso mi sento confusa e non sono in grado di prendere nessuna decisione. Le darò una risposta fra sette giorni». Allo scadere del settimo giorno, una sera, poco prima di mezzanotte, la signora Cesira suonò alla porta della villa di H. Venne ad aprirle l'anziana governante, premurosa e sorridente. La condusse nel grande salotto dove comparve il signor H. Lui le baciò la mano, poi le chiese soltanto: «E allora?».

La signora Cesira rispose: «Allora sono venuta qui per passare la notte con lei». Sbalordito, il signor H. la condusse nella camera da letto. E non credendo ancora ai propri occhi, la osservò mentre si spogliava. La Cesira si denudò con movenze professionali e senza nessun pudore: sapeva di possedere un corpo ancora molto invitante. In grado di mandare al tappeto qualunque maschio capace di provare desiderio per una femmina.

Fu una notte d'amore furibondo. Indimenticabile per entrambi. H. non aveva mai incontrato una donna tanto eccitante e così esperta di qualsiasi gioco erotico. Cesira non ricordava neppure quando si era trovata dentro un letto con un uomo. E si rifece degli anni di astinenza.

La mattina successiva, consumarono insieme la prima colazione. La Cesira era splendente, più bella che mai. Aveva indossato quella che allora si chiamava una polacca: una veste da camera sontuosa, chiusa davanti e allacciata sulla schiena da tre bottoni di madreperla. Il colore era di un arancio speciale, definito "alla pompadour".

Rodolfo stava al settimo cielo per la felicità. Disse a Cesira: «Stabilisca lei la data delle nostre nozze». Ma la signora scosse il capo: «Non ci sarà nessun matrimonio. Sono venuta a casa sua per provare a me stessa che ero ancora in grado di soddisfare un maschio. Ho compreso di sì e tanto mi basta. La saluto perché devo ritornare al mio lavoro».

Era il marzo 1903. Per riprendersi dal colpo ricevuto, H. ci mise un anno. Poi sposò una ragazza giovanissima, visse sempre con lei e con i tre figli nati dalla loro unione.

La signora Cesira governò il bordello ancora per un po' di tempo. Quindi si ritirò e andò a stabilirsi in Svizzera. Di soldi ne aveva messi da parte davvero tanti. E a quanto risulta, non prese mai marito.

17
Ratavuloire

Nel 1898, l'anno di nascita di mio padre Ernesto, esistevano in Italia 1115 case di tolleranza con tanto di licenza concessa dallo Stato. E vedevano al lavoro 5244 meretrici, con una media di quasi cinque ragazze per ciascun bordello. In quell'anno, la popolazione italiana era di 30 milioni di abitanti. I casini autorizzati erano tanti o pochi? Confesso di non saper rispondere.

Dieci anni dopo, nel 1908, con una popolazione salita a 34 milioni di persone, i postriboli si erano ridotti a 882. In compenso il numero delle donne che si vendevano in quelle case era salito a 6196, con una media di sette prostitute per ciascun lupanare.

Sono dati che ricavo da un bel libro di Emilio Franzina, uno storico professionale di valore: *Casini di guerra*, pubblicato nel 1999 a Udine da Paolo Gaspari Editore. La sua ricerca riguarda i postriboli militari durante la prima guerra mondiale. E contiene una lunga relazione sulla vigilanza del meretricio presentata nel 1916 alla Direzione militare di sanità da un capitano medico, il professor Angelo Bellini. Lì ho trovato i dati riferiti al 1898 e al 1908, riguardanti l'intero territorio nazionale. Coincidono con le cifre pubblicate dagli *Annali* dell'Einaudi, volume 7, nel saggio di Giorgio Gattei: *La sifilide*.

Gli esperti di questi problemi ne traggono una conclusione: i postriboli erano diminuiti per il diffondersi della prostituzione libera. Il numero delle cosiddette "meretrici girovaghe" o "vaganti" stava crescendo per un complesso di motivi. Il più importante era che l'immoralità pubblica dilagava a causa di un costume sessuale sempre più libero.

Ma esistevano anche ragioni pratiche. Mentre città come Napoli e Milano vantavano un numero alto di casini, non tutti i centri minori disponevano di una casa di piacere autorizzata. E quando il postribolo esisteva, era soggetto a regole che non ne agevolavano l'ingresso.

Anche l'orario stabilito dalle autorità risultava mal combinato. Le case aprivano alla clientela alle 12.30, ma chiudevano alle 22.30. Troppo presto per i consumatori più giovani che, a quell'ora, non si sognavano certo di ritirarsi in casa per andare a nanna.

Era dunque fatale che le libere professioniste, ovvero le femmine da marciapiede, avessero campo libero. Il loro mestiere prosperava soprattutto nelle città più floride dal punto di vista economico. E dunque con un tessuto sociale dinamico e vivace. Proprio di una comunità che usciva dai tempi più duri: quelli della fame, della cinghia tirata e dei pochi denari in tasca.

All'inizio del Novecento, anche la città di Ernesto stava entrando in un periodo d'oro. Nascevano le industrie, soprattutto quelle legate alla produzione del cemento. Il commercio fioriva. I traffici si moltiplicavano. I poveri restavano tanti. Ma i benestanti, o quelli che sembravano tali, crescevano di numero.

L'insieme ricordava un grande vaso di miele. Capace di attirare i mosconi e le mosche: i signori che cercavano un po' di spasso dopo un viaggio di lavoro e le donne che campavano su questa voglia.

In città esistevano molti alberghi e tante locande. Gli hotel più noti erano una decina. L'elenco si apriva con il Grande Albergo della Rosa Rossa, quello di lusso. Destinato agli incontri conviviali dei ricchi, si trovava a un passo dalla piazza centrale della città, intitolata a Carlo Alberto. Il Savoia vi era effigiato da un'imponente statua equestre che lo rappresentava nelle vesti di un antico romano.

Poi venivano il Principe, il Leon d'Oro, l'Angelo, il Cavallino bianco, il Tre Re, uno dei più antichi, l'Aquila reale, collocato all'inizio di Borgo Ala, il Cannon d'Oro, il Mogol. Un tempo, quest'ultimo si era chiamato lo Sbarco, perché stava alla fine di via Giovanni Lanza, non lontano dall'approdo dei battelli commerciali che, sul Po, andavano e venivano da Torino.

Insieme agli hotel, quasi tutti dotati di ristorante, esistevano una cinquantina di osterie. Pure lì si faceva da mangiare, ma soprattutto si offriva da bere. La varietà di vini era degna delle grandi enoteche di oggi. Non c'erano soltanto i piemontesi più nobili, bensì anche i veneti, i toscani e i siciliani. Ma di solito il vino offerto ai clienti con pochi denari in tasca era balordo, buono soltanto per chi voleva sbronzarsi.

Di sera, le strade della città erano il regno degli ubriachi. Quelli abituali prima o poi diventavano preda dell'alcolismo. Era questa una delle malattie più diffuse. E spesso finiva per l'ammazzare o per scaraventare nella demenza chi ne soffriva. Però il tipo umano più frequente era l'ubriaco saltuario.

Ce lo confermano le tante parole dialettali usate per indicare la sbronza: sümia, che vuol dire scimmia, piomba, cioca, ciucca, crava, sgagassa, e infine cirli mirli e patatrac, i tre stadi progressivi dell'eccesso di alcol.

Il cliente ubriaco era l'ideale per le puttane di strada. Spesso non si accorgeva di consumare per davvero un rapporto, ma in compenso pagava sempre la consumazione. E se non voleva pagare, veniva derubato dalla donna con grande facilità. In qualche caso poteva diventare pericoloso. Tuttavia non ci voleva molto a metterlo tranquillo. La prostituta portava sempre dentro la borsetta un martello o una pietra. In grado di far tacere chiunque.

Le ragazze di prima scelta avevano come campo d'azione gli hotel. Anche i più lussuosi tenevano sempre le porte aperte alle baldracche. Conoscevano bene le esigenze dei clienti, tanto gli abituali che quelli di passaggio. Le donne venivano fatte entrare di nascosto, in cambio di una mancia al portiere. Arrivavano nel tardo pomeriggio e, nell'attesa di essere chiamate a prodursi, aspettavano dentro una grande stanza al pianterreno. Un camerone che, sia pure alla lontana, ricordava la sala comune di un bordello.

Come accadeva per la sbronza, anche per indicare le puttane esisteva un lessico dialettale molto vario. Erano le strusone, le slandre, le bagasse, le picie, le girandole. Ma la parola più curiosa era la ratavuloira. Nel *Glossario monferrino*, compilato da Giuseppe Ferraro nel 1881 e ristampato nel 1976 da Arnaldo Forni Editore, il termine è registrato come sinonimo di pipistrello.

Immagino che l'etimo derivi dalla fusione di due termini: "rata", che significa topo, e "vuloira", una creatura che vola. Dunque le ratavuloire sarebbero le femmine dei pipistrelli, anche loro uccelli notturni. La parola era poi servita a indicare le meretrici girovaghe, forse perché abituate a circolare nel buio della notte.

Non tutte erano della città. Molte venivano da Asti, da Alessandria, da Vercelli, specialmente nei giorni di mercato. A Casale il mercato, frequentato soprattutto dagli agricoltori, si teneva due volte la settimana, il martedì e il venerdì. Dapprima in piazza del Cavallo, poi in piazza Castello, ben più vasta e dominata dal forte che guarda il Po.

Dal punto di vista sanitario, le donne più sicure erano le cosiddette "prostitute patentate", ossia iscritte in un registro speciale istituito nel 1860 dall'autorità di pubblica sicurezza. E relativo all'intero territorio nazionale.

Vi erano elencate le donne delle quali "era notorio e comprovato che si abbandonavano alla prostituzione". Gli elenchi venivano considerati lo strumento indispensabile tanto per reprimere la prostituzione clandestina quanto per identificare le meretrici malate e in grado di contagiare i clienti.

Fra l'Ottocento e il Novecento, i morti per sifilide in Italia erano un numero abbastanza stabile, poco più di 2 mila, per la metà maschi. Allo scopo di evitare che aumentassero, le patentate dovevano portare sempre con sé, insieme al documento d'identità, anche un libretto speciale, la "patente".

Qui erano indicate le visite sanitarie subite, due ogni settimana. Le donne che lavoravano nei bordelli autorizzati dovevano annotarvi, di volta in volta, il postribolo nel quale esercitavano il mestiere. Per le cosiddette "girovaghe nelle vie, soprattutto durante le ore vespertine" l'obbligo era di segnalare il luogo di residenza.

Le ratavuloire di prima scelta erano di solito al di sotto dei 30 anni. Tutte belle, di corpo robusto, ma asciutto, un volto malandrino, il petto ragguardevole, gli abiti adatti a sedurre. Venivano dal mondo dei poveri e avevano pensato di uscirne facendo commercio del proprio corpo.

Un terzo di loro erano giovanissime, dai 16 ai 20 anni. Il 50 per cento stava fra i 21 e i 30 anni. Prima di fare la vita, avevano lavorato come serve nelle case dei benestanti, ma pure come cameriere, cucitrici, sarte, lavandaie e operaie. Quelle che erano state contadine risultavano poche, il 12 per cento. Un 2,5 per cento veniva da famiglie borghesi. In grandissima maggioranza erano del tutto analfabete, però non ignoranti della vita. E sapevano cavarsela in qualsiasi circostanza.

Se incontravano un cliente che si accendeva di passione per loro, sino al punto di innamorarsi, lo sfruttavano con una costanza implacabile. Ed erano in grado di capire subito quando un maschio rappresentava un rischio potenziale. A quel punto, dopo averlo spremuto per bene, rifiutavano di incontrarlo.

La loro sessualità era semplice, però molto efficace. E non aveva bisogno di tutti gli artifici di oggi. Erano pronte a soddisfare il cliente che le pagava, ma stavano bene attente a non lasciargli varcare certi limiti. Temevano il maniaco, il violento, l'uomo che eccede e rivela dei vizi in grado di spaventare anche la puttana più sfacciata.

Per questo preferivano i signori di mezza età, i paesani "dalle costole larghe", chiamati così perché possedevano un portafoglio a fisarmonica. Erano i soggetti più sicuri dal momento che quasi sempre avevano alle spalle una famiglia, una moglie, dei figli. E dopo essersi divertiti, se ne tornavano a casa senza fare tante storie.

Se non gli capitava fra le mani nessuno di loro, si rassegnavano a darsi da fare con chi aveva l'aria dello sciocco. Un Gianduia, un tabaleuri, un falabrach, uno capitato in città dalla val d'Ondona. Era un luogo inesistente che indicava il posto degli stupidi, pronti a farsi spolpare dalla prima bagascia incontrata.

Le loro cautele erano in sostanza tre: non rimanere incinte, farsi pagare il dovuto e non beccarsi una malattia venerea, a cominciare dalla sifilide, la più pericolosa. Si facevano spesso controllare da un medico di fiducia. E talvolta lo pagavano in natura.

Sul loro ambiente esistevano molte leggende nella nobile città di Casale. Ma non so quanto fondamento avessero. Di una delle ratavuloire si diceva che fosse stata una giovane suora nel convento delle Domenicane. Si era innamorata del fornaio che riforniva di pane il collegio. E un giorno aveva commesso un'imprudenza fatale: era fuggita dal monastero con lui.

Ma l'amore era durato poco e, a quel punto, la ragazza si era scoperta in mezzo alla strada. Non poteva rientrare in convento e nemmeno rifugiarsi dai genitori che, dopo lo scandalo, l'avevano ripudiata. Fu così che si era decisa a fare la vita.

Veniva chiamata la Monaca o Suor Ciornia, il termine dialettale che indicava l'organo sessuale femminile. Aveva un grande successo negli hotel della città. Era davvero bella. E qualche volta, prima dell'amplesso, indossava l'abito che portava in convento, per rendere più piccante la seduta.

Un'altra leggenda riguardava una bagassa che aveva un soprannome curioso, ma dal significato chiaro: Linguadoro. Era una donna sulla trentina, alta, di forme molto attraenti, sempre elegante. Si diceva fosse una contessa di Novara, fuggita di casa perché il marito, un marchese sadico, la picchiava.

Riceveva i clienti in un piccolo rifugio in via Saletta, una strada povera poco lontana dal Po. A differenza degli altri alloggi di quella contrada, il suo era una garçonnière di lusso, provvista addirittura di una stanza da bagno, completa di bidet, un sanitario molto inusuale in quel tempo. Anche nel meretricio aveva conservato i modi raffinati. Pretendeva che il cliente le baciasse la mano e le si rivolgesse con il voi. Poi dava inizio alle danze.

Esisteva una terza leggenda. Narrava di una signora di origine tedesca o austriaca, con gusti sessuali molto speciali. Era una donna non più giovanissima, ma ancora bella: alta, bionda, il corpo muscoloso, un modo di fare deciso. Si faceva chiamare Karla e disponeva anche lei di un appartamento lontano dal centro, nei pressi del cimitero, al di là della ferrovia. Aveva precorso i tempi e si dedicava all'amore lesbico.

Le sue clienti erano alcune signore della città, tutte di famiglia benestante, che andavano pazze per lei.

Oggigiorno questa non sarebbe più una rarità, ma all'inizio del Novecento l'amore saffico era considerato un vizio innominabile. La Karla si comportava da maschio e trattava le clienti come se le puttane fossero loro, non lei.

Poi un giorno s'innamorò del medico che ogni mese la visitava. Il dottore impazzì per Karla. E le propose di sposarlo. Sulle prime lei esitò, poi volle metterlo alla prova e gli spiegò che, nel mestiere, aveva una clientela femminile. Ma il medico alzò le spalle e le replicò: «Che importanza ha? Da adesso in poi ti offrirai soltanto a me». A quel punto, la Karla chiuse bottega. Gettando nel lutto un bel numero di vedove, se possiamo chiamarle così.

Molto diverse erano le prostitute di seconda o terza scelta. Avevano più di 30 anni e spesso si avvicinavano ai 40. I loro volti apparivano consumati dal vizio. Alcune erano secche come il merluzzo. Oppure larghe e sfasciate quanto una pajassa, il saccone da letto riempito di paglia o di crine.

Le più orrende erano grosse e goffe, come la Marcolfa, la madre di Bertoldo. Ma anche a loro non mancavano i clienti. E sul mercato non sfiguravano nel confronto con le prostitute più giovani e belle. A conferma del fatto che ogni buco trova una sua chiave, come recita un vecchio detto.

Tutte erano povere o miserabili. Ed erano lo specchio della società di quel tempo. Facevano il mestiere per non crepare di fame. O per crescere un figlio nato da una relazione illegittima. Spesso rischiavano la vita per colpa di un cliente maniaco o reso troppo violento dal vino.

E infine c'era la Carabiniera. Lei merita un racconto a parte. Qui comincerò con il dire che, all'inizio del Novecento, si sentiva parlare molto di questa meretrice. Il soprannome tanto insolito non le derivava affatto dall'essere la moglie ripudiata di un milite della Benemerita. Bensì da una specialità che la rendeva diversa dalle altre ratavuloire.

Se il cliente lo desiderava, lei si travestiva da carabiniere e, dopo averlo ammanettato, cominciava a picchiarlo senza risparmio. Sulla schiena, sul sedere e su altre parti del corpo. Dopo questo trattamento veniva l'atto conclusivo: un accoppiamento furioso. Per questo servizio, la Carabiniera pretendeva un soprassoldo che le veniva sempre versato senza batter ciglio.

Un giorno, però, la nostra ratavuloira incontrò un cliente speciale. E fu allora che iniziò per la Carabiniera la vicenda imprevista che adesso racconterò.

18
La Carabiniera

La ratavuloria di questa storia esercitava il mestiere in una piazza abbastanza centrale della città di Ernesto. Era intitolata a un architetto del Cinquecento, Bartolomeo Baronino. E ospitava una delle grandi caserme di Casale Monferrato, dedicata a Vittorio Emanuele II. Accanto al sito militare esistevano molti alloggi davvero poveri. Abitati da famiglie che vivevano lì da tempo, ma qualcuno anche da donne che facevano la vita.

Una di queste era la Carabiniera. Si chiamava Camilla Tabacco e veniva da un paese del Monferrato, anche lei da una famiglia di povera gente. Nessuno sapeva quando e perché avesse iniziato a fare la prostituta. Ma doveva essere accaduto attorno al 1880. Infatti all'inizio del Novecento era vicina alla quarantina. E aveva un aspetto lì per lì poco attraente.

Era una donna molto magra, le gambe secche, le tette di misura ridotta, la pelle un po' avvizzita, i capelli tinti di un rosso innaturale. Anche il volto era segnato da non poche rughe. Infine possedeva una particolarità: il suo gioiellino era ricoperto da un'impressionante matassa di pelo nero, una pelliccia folta, lucida e riccia. Per niente da quarantenne, bensì da ragazza al culmine dello sviluppo fisico.

Ma ad attrarre i clienti non era la pelliccia, bensì il viso della Carabiniera. A cominciare dall'espressione molto insolita per le donne di vita. Mentre le altre bagasce cercavano di attirare i clienti con mille moine, facendo le quattro catlinette, come si diceva in dialetto, lei non sorrideva mai.

Aveva un modo di fare duro, "da maestra di scuola cattiva" diceva in città chi apprezzava quel genere di donna. Una femmina che considerava i maschi esseri inferiori, soggetti da maltrattare invece che da blandire.

Era questo atteggiamento a far impazzire di desiderio un certo tipo di cliente. Stiamo parlando di maschi che amano sottomettersi alle femmine. Costoro vogliono recitare la parte della vittima, non quella del dominatore. E raggiungono il piacere quando vengono picchiati e vessati con i metodi più violenti. Oggi i sessuologi parlano di tecniche sadomaso. Ma anche tanti anni fa erano faccende ben note.

L'essere fatta in questo modo dava alla Carabiniera un grande vantaggio rispetto alle altre ratavuloire della città. Lei non doveva spendere neppure un quattrino per acquistare un abito vistoso, indumenti intimi provocanti, creme per il trucco del viso, unguenti e profumi per il corpo.

Anche vestita con un sacco o di stracci, sarebbe sempre risultata attraente per gli uomini che cercavano da lei quello che soltanto lei, tra le prostitute cittadine, era in grado di dare. Botte, dolore fisico, umiliazioni morali e, soprattutto, un'inversione dei ruoli. In realtà, chi la cercava, e poi la raggiungeva nel piccolo alloggio di piazza Baronino, era un gay inconsapevole che voleva essere maltrattato come di solito, in quell'epoca, gli uomini malmenavano le donne.

I metodi di Camilla li conoscevano in molti. E le erano valsi il soprannome di Carabiniera. Lei si travestiva in modo sommario da milite della Benemerita, cappellaccio compreso. Poi ammanettava il cliente e cominciava a picchiarlo, con una cinghia o un frustino, sino a farlo sanguinare. Quindi si accoppiava con lui.

Alla conclusione di quel gioco erotico, il conto da pagare era salato. Ma nessuno si rifiutava di saldarlo. Ben sapendo che nel prezzo era compreso il silenzio della

Carabiniera. La sua discrezione era totale e la rendeva una complice a prova di bomba.

Quest'ultima era una virtù indispensabile per una ratavuloira che cerchi di tenersi ben stretta una clientela facoltosa. Costituita da signori irreprensibili, quasi sempre assai noti in città, che sfogavano i loro vizi restando bene al coperto. E avevano bisogno del segreto come dell'aria per respirare.

Tuttavia qualche voce era filtrata attraverso la cortina di riserbo che blindava la specialità della Carabiniera. A sentire un usciere della Corte d'Appello, si era sottomesso alle sue manovre un giudice noto per la severità nei verdetti. Non era più un'eccellenza di primo pelo, anzi si trovava vicino alla pensione. E per il piacere provato aveva deciso di superare un limite che gli era sempre apparso una barriera invalicabile.

Dopo essere passato più volte per le mani della Carabiniera, si era reso conto di essere tormentato da un desiderio insoddisfatto: quello di provare il turbamento di un rapporto erotico con un maschio vero. La fortuna, o la sventura, l'aveva assistito. E il giudice era caduto nelle grinfie di un delinquente di mezza tacca, giovane, aitante e disinvolto.

Sua Eccellenza l'aveva conosciuto in carcere. E ne era rimasto soggiogato. Una volta rimesso in libertà, grazie anche all'intervento del magistrato, il tipaccio era diventato il suo amante fisso. Con grande scandalo dei borghesi che, per lavoro, ruotavano attorno al Tribunale e alla Corte d'Appello.

Un altro spiffero riguardava un colonnello del Genio pontieri, una specialità dell'Esercito regio che a Casale, in virtù del Po, manteneva un reparto di tutto riguardo. Costui era un pezzo d'uomo, atletico, autoritario e con due baffi a manubrio che ostentava come un simbolo di mascolinità. Ma sotto quei mustacchi, il colonnello celava una natura complessa.

Arrivato dalla Carabiniera, si travestiva da domestica, con tanto di grembiulino e cuffietta inamidata. Poi confessava alla ratavuloira di aver derubato la padrona e chiedeva di essere punito. Lei iniziava a maltrattarlo e a picchiarlo. E più ci dava dentro, più il signor colonnello godeva.

Ma il cliente abituale della Carabiniera era un professore di greco nel liceo cittadino. Lui sosteneva di aver messo incinta un'allieva e per questo peccato doveva essere frustato senza pietà. La Camilla comprese subito che era una storia falsa. Però lo straziò lo stesso, per non perdere l'onorario.

In realtà l'insegnante era un omosessuale. E un giorno portò dalla Carabiniera il suo moroso: un giovanottino che quasi non respirava per l'emozione di trovarsi di fronte a una puttana tanto speciale. Allora la Carabiniera li pestò entrambi e pretese la tariffa doppia.

Grazie agli incassi, la Camilla aveva potuto permettersi un piccolo alloggio, tre stanzette che si affacciavano su piazza Baronino. Il suo era un caso raro. Non tutte le slandrone di quella zona erano in grado di pagare l'affitto piuttosto alto, imposto dai padroni di casa alle inquiline conosciute per la nomea cattiva.

Durante la buona stagione, le prostitute girovaghe conducevano il cliente in un giardinetto vicino alla piazza. In quel caso l'accoppiamento all'aperto, sia pure quando faceva già buio, aveva un sapore sacrilego. Dal momento che si consumava sotto la mole del Seminario Maggiore, dove venivano cresciuti tutti i preti del Monferrato. I suoi finestroni ad arco sembravano grandi occhi inorriditi davanti allo spettacolo del vizio praticato al loro cospetto.

Quanto accadeva di sera nel giardinetto era ben noto alle eccellenze cittadine. A cominciare da quelle del vescovado. Più di un monsignore aveva chiesto alla pubblica sicurezza di porre termine allo sconcio. La polizia ci aveva provato, ma senza successo.

Dopo qualche giorno, le prostitute ritornavano a fornicare sotto gli alberi. Con l'andar del tempo, la zona aveva consolidato una reputazione indiscutibile: era la più malfamata della città. E tale sarebbe rimasta. Decenni dopo, le nostre madri ci chiedevano, tra l'allarmato e lo schifato: «Non andrete mica con le donne di piazza Baronino?».

La Carabiniera non era una di queste sventurate. Lavorava in casa. E proprio in casa si trovò fra le mani un celibe sui 40 anni che non era mai andato a letto con una donna: Adamo Primo.

Si trattava di un signore conosciuto perché era un maestro di musica assai apprezzato, dava lezioni di piano in casa e suonava il clarinetto nella banda comunale. Era un uomo piccolino, con un volto dai tratti fini, i pochi capelli biondi sempre pettinati con cura, le mani delicate e i modi assai gentili, persino un po' manierati.

Orfano dei genitori, viveva da solo in un alloggio del centro. Dove non si era mai notata una presenza femminile, a parte le fanciulle benestanti che andavano da lui a studiare il pianoforte, sempre accompagnate da una parente o da una governante. Tanto che molti erano indotti a pensare che il maestro di musica fosse un giacufumna, come si diceva in dialetto per indicare un gay. Invece era soltanto un uomo prigioniero di un intrico di complessi.

Il dramma di Adamo era la grande timidezza. Le donne gli piacevano, le desiderava, le sognava. Ma non aveva mai osato avvicinarne nessuna. Qualche amico, per invogliarlo a essere più ardito, gli aveva regalato una piccola collezione di cartoline che allora venivano chiamate "francesi". Ritraevano donne nude, di ogni taglia e razza. Non mancavano le bellezze marocchine e neppure delle ragazze nere e poppute, figlie dell'Africa centrale.

Adamo le aveva gradite molto. Di sera se le guardava di continuo, eccitandosi. Ma non avendo nessun altro modo per calmarsi, era costretto ad abbandonarsi a fantasie erotiche. Per poi soddisfare la propria frenesia nell'unico modo possibile. Quindi si addormentava, vergognandosi di quanto aveva fatto. Sempre più intristito dalla solitudine.

Avrebbe potuto presentarsi a uno dei bordelli cittadini, anche a quello dei ricchi. Sarebbe stato accolto dalla maîtresse con tutti gli onori. Ma temeva di andare in bianco, e per colpa sua. Il disastro l'avrebbe scaraventato sulla bocca della gente. E lui era terrorizzato di correre questo rischio.

Fu così che il signor Adamo andò a cercare la sua Eva in piazza Baronino. Non sapeva nulla della specialità della Carabiniera. L'aveva intravista un paio di sere nei paraggi della piazza. E si decise a sceglierla proprio perché gli sembrava una bagassa scalcinata, la più male in arnese fra le tante che aveva adocchiato. Il suo ragionamento fu il seguente: se mi andrà male, lei non dirà nulla, poiché nessuno sarebbe disposto a crederle.

Da professionista esperta, lei comprese subito che tipo d'uomo aveva di fronte. Era quello che, nel dialetto monferrino, veniva chiamato un ciulandari, uno sciocco al cubo, tanto da non saper distinguere la birra dal petrolio. Ma lo giudicò anche un'anima candida, che valeva la pena di aiutare.

Lo condusse nel suo stambugio e cominciò a lavorarselo per bene. Lei indossava la solita mezza divisa e obbligò Adamo a denudarsi. Lo ammanettò, poi cominciò a fargli del male, picchiandolo con un frustino di cuoio. Colpi su colpi, sempre più forti, sulla schiena, sulle chiappe, sulle gambe.

Quando si rese conto che il trattamento piaceva all'Adamo, si spogliò anche lei. Il maestro di musica rimase estasiato alla vista del bosco che la Carabiniera curava come il giardino di casa Savoia. Ma lei non gli diede il tempo di lustrarsi gli occhi, poiché passò subito al secondo atto dello spettacolo.

Che cosa accadde, nessuno lo seppe mai. Però il maestro di musica lasciò l'alloggio della ratavuloira dopo un paio d'ore. Barcollava per la felicità. La Carabiniera aveva fatto il miracolo. Adamo Primo non era più vergine. E soprattutto si era scoperto un uomo normale, capace di accoppiarsi con una femmina. Quella notte non riuscì a prendere sonno. E decise che l'indomani sarebbe tornato a cercare la Carabiniera.

Verso sera, la trovò al solito angolo di piazza Baronino. E le domandò se poteva concedergli un'altra seduta. Sulle prime, da furbona di tre cotte, lei lo tenne sui carboni ardenti. Spiegò che aspettava un cliente importante, nientemeno che un sottoprefetto in arrivo da Alessandria. Però non seppe fingere a lungo. Disse ad Adamo: «Va bene, ti porterò da me. Ma prima voglio mangiare. Ho una fame che non ci vedo».

Andarono in un'osteria di via Paleologi. E sotto lo sguardo scandalizzato dell'ostessa, la Carabiniera divorò un primo, un secondo, un terzo, il dolce e per finire bevve un doppio grappino. Poi si alzò di scatto e ordinò ad Adamo: «Adesso pensiamo a divertirci».

Anche quella sera, nell'alloggio della Carabiniera ne accaddero di tutti i colori. Non soltanto le solite botte, ma imposizioni umilianti. Adamo venne costretto a camminare a quattro zampe, come un povero cane. Poi gli fu ordinato di leccare i piedi della ratavuloira. Infine lei lo obbligò a indossare indumenti femminili e a dichiarare di essere lui la prostituta.

La conclusione fu identica a quella della sera precedente: un goga e migoga superlativo, dove la Carabiniera diede il meglio di se stessa. E alla fine si scoprì stremata dall'energia messa in mostra dal maestro di musica. Impegnato a rifarsi dei tanti anni trascorsi nella castità più totale. Adamo ritornò a casa che era notte fonda. Sempre più appagato e felice.

Dopo qualche mese di sedute roventi, Adamo chiese alla Carabiniera di sposarlo. Lei rimase sbalordita dalla proposta. Era tanto imprevista da sembrare indecente. Prima rispose di no. Poi spiegò che doveva rifletterci. E nel ragionare tra sé e sé, arrivò a una conclusione inevitabile.

Si disse che tra qualche anno sarebbe stata troppo vecchia e malridotta per attirare una buona clientela. Aveva già visto delle compagne di strada ridursi all'ablativo: senza utenti, senza soldi, senza speranza se non quella di trovare un letto al ricovero di mendicità.

Fu allora che, tenendosi su le mutande, ossia con l'aria di fare ad Adamo una gran concessione, gli annunciò: «Va bene, ho deciso di sposarti. Per te sarà un doppio affare. Io ti terrò come la rosa al naso, con una cura che non immagini. E tu avrai nel letto una moglie-ra che, all'occorrenza, servirà a dovere i tuoi vizietti».

Fu così che la Carabiniera divenne la signora Camilla Tabacco in Adamo. Come succede nelle favole, vissero felici e contenti. La ratavuloira di piazza Baronino si rivelò una moglie fantastica: casalinga perfetta di giorno, puttana infoiata di notte. E in città non si vide un matrimonio più saldo del loro.

L'unico a conoscere la storia per intero fu un farmacista che aveva il negozio in via Roma, la strada centrale della città. Lui e il maestro di musica erano amici da ragazzi. Un giorno il signor Adamo chiese di parlargli in privato. Spiegò di aver sposato una donna troppo ardente e domandò se esistesse una medicina per raffreddare i bollori della moglie.

Il farmacista si mise a ridere. E gli rispose di non aver mai sentito parlare di un medicinale in grado di trasformare una signora calda in una donna frigida. Il maestro di musica se ne andò borbottando: «Se è così, prima o poi, sotto le voglie della Camilla ci resterò secco».

Infatti andò in quel modo. Tre anni dopo le nozze, Adamo venne ucciso da un infarto. A stroncarlo erano state le prodezze amatorie della consorte, una vera bomba sessuale che esplodeva ogni sera. Il povero signor Primo lasciò alla moglie la casa e tutto ciò che conteneva: i risparmi, il piano, il clarinetto e la collezione di cartoline francesi. La ex Carabiniera scampò per molto tempo. Da vedova impeccabile.

Parte quinta

19
Cemento per ricchi

Mentre la Carabiniera sposava il suo maestro di musica, tanti casalesi non potevano permettersi il lusso di andare al bordello o di spassarsela con una prostituta decente. Erano gli operai e i cavatori che stavano sputando l'anima per fare della città di Ernesto la capitale del cemento e arricchire i padroni delle cave e dei cementifici. In cambio di paghe da fame.

Perché questa fortuna toccò a Casale Monferrato? Per una ragione molto semplice: le colline circostanti erano pregne di ottime marne calcaree, la materia prima della calce e del cemento. Attorno al 1890 cominciò un'avventura che si rivelò una grande corsa all'oro, grazie a industriali di forte iniziativa e, come è sempre successo, di pochi scrupoli. La corsa raggiunse il culmine nel primo ventennio del Novecento. Generando importanti ricchezze, quasi sempre destinate a durare.

Vista dall'alto della collina di Sant'Anna, un panettone poco distante dal campo di calcio e frequentato da coppie di morosi in fregola, la città acquistò subito un profilo infernale. Prima dieci, poi venti, poi cinquanta, quindi cento e più ciminiere. Considerate con gli occhi di oggi, le avremmo ritenute tante rampe per missili. Tutte insieme, come diceva un componimento poetico alquanto interessato, "cantavano la gloria del cemento".

Ma era una gloria crudele e inquinante al massimo. Dai missili delle fornaci si alzavano nuvole di fumo sempre più denso e acre. Le polveri ricadevano sulle case, senza distinguere tra quelle povere e quelle ricche. I tetti si ricoprivano di una patina biancastra, identica a un sudario. Nella calura estiva l'aria diventava irrespirabile.

A soffrire di più erano i poveri, costretti ad abitare nelle case miserabili che ho già descritto. Non avevano giardini privati né piccoli spazi aperti nei quali respirare. Può sembrare inutile aggiungere che per loro non erano possibili vacanze in campagna o in montagna. A conti fatti, campavano peggio dei tapini che vivevano nei piccoli paesi della pianura casalese e sulle colline del Monferrato. Si ammalavano prima e di solito tiravano le cuoia in anticipo.

Mio padre Ernesto mi raccontò: «Anche noi eravamo dei disperati. Ma almeno potevamo contare su un'aria pulita, sul sole non coperto dalle nubi di fumo e di polvere, sul verde degli alberi. Vivere accanto a una fornace o a un cementificio voleva dire assorbire, giorno dopo giorno, quantità continue di veleno. E non si era ancora scoperto quanti danni terribili alla salute poteva fare l'Eternit, la fabbrica dell'amianto e della morte».

L'industria cementifera aveva visto un inizio stentato. L'azienda più importante del Piemonte, la Società Anonima Fabbricazione Calce e Cementi era nata a Casale nel 1873, ma nove anni dopo, nel 1882, non arrivava a produrre più di 40 mila quintali di cemento all'anno. Soltanto negli anni successivi quel settore conobbe uno sviluppo impressionante. Verso la fine dell'Ottocento quasi tutto il cemento del regno d'Italia proveniva dalle fabbriche schierate lungo il quartiere del Ronzone, il più vicino alle cave di marna.

Un vero record per una città di certo non grandissima. A Casale Monferrato vivevano nel concentrico urbano 20 mila persone. Altre 2 mila stavano nella frazione di Casale Popolo. Milleseicento risiedevano nella frazione di San Germano, dove si era stabilita la nonna Caterina con i sei figli. Infine altri 1500 abitavano nella frazione di Terranova. In totale, poco più di 25 mila abitanti.

Nel 1900 in città si producevano un milione di quintali di cemento all'anno. Nel 1912 i quintali annui erano già cresciuti a 4 milioni e 800 mila. Erano in funzione 166 fornaci. Una parte della ricchezza che ne derivava si spandeva sulle altre attività. Le imprese commerciali e artigianali erano una miriade. Gli alberghi, a cominciare da quelli più forti che ho già citato, erano sedici. Le trattorie, le osterie, i caffè, le bottiglierie non si contavano. Le tipografie erano ben dieci. Esistevano pure tre agenzie per l'emigrazione all'estero.

La burocrazia pubblica era robusta. Ce lo conferma anche l'organico della Corte d'Appello, un vanto della città che in seguito venne perduto. Era formato da un primo presidente, da un presidente, da venti consiglieri, da sei addetti alla segreteria, da dieci procuratori per i poveri. A loro si affiancavano ventisei avvocati e nove notai. Per un totale di settantatré fra magistrati e professionisti del diritto.

Soltanto le briciole di questo benessere arrivavano a chi lo produceva: gli operai dei cementifici e i minatori delle cave di marna. Entrambi erano soggetti al dispotismo dei padroni. A difenderli non esisteva ancora un vero sindacato. La prima Camera del lavoro sarebbe nata soltanto nel 1901, quando Ernesto aveva 3 anni.

Se osava protestare, la manovalanza veniva subito licenziata. L'impianto non si fermava, perché a sostituirla c'erano sempre file di altri poveri, pronti a prenderne il posto. E ad accettare una paga ridotta, condizioni di lavoro più pesanti e una tutela contro gli infortuni più debole.

Ma il vero esercito dei dannati era quello al lavoro nelle cave di marna. Le miniere e i pozzi di accesso, con le lunghe gallerie di raccolta, erano distribuiti nell'area di Casale, di Ozzano Monferrato e di Trino

Vercellese. Qui faticavano uomini di tutte le età che, quasi sempre a piedi, raggiungevano le gallerie dai paesi vicini: Casale Popolo, San Germano, Morano Po, Pontestura, Camino, Mombello e altre località della val Cerrina.

Lavoravano sottoterra, senza protezioni. Rischiavano di morire bruciati dal grisou, il gas esplosivo che non è un'esclusiva delle miniere di carbone. Respiravano un'aria mefitica. Bevevano acqua che sapeva di stantio, con qualche goccia d'anice. E procedevano nella penombra e a volte nel buio quasi totale, insieme ai trenini di raccolta trascinati dai muli.

La fatica e la sofferenza si ripetevano tutti i mesi dell'anno, salvo le domeniche e le feste religiose più importanti. Durante l'estate come nel pieno dell'inverno. Con il caldo asfissiante. Oppure con il gelo che dai campi cercava d'insinuarsi nei tunnel sotterranei, dove per altro il clima era sempre torrido.

Esistono poche fotografie di questi schiavi del cemento. Il loro aspetto fisico non era molto lontano da quello dei prigionieri di un lager: i volti smunti, lo sguardo spento, il corpo scheletrito, rivestito di abiti che erano poco più di stracci. In quelle immagini mi ha colpito un dettaglio: tutti sembrano anziani. Nei fatti non poteva essere così, dal momento che molti di loro erano giovani al di sotto dei 30 anni. A invecchiarli era l'inferno della miniera.

Le paghe erano da fame, rispetto alla fatica davvero grande. Quando il lavoro non mancava, questi schiavi moderni ritornavano in famiglia che era già notte. I più fortunati viaggiavano su una bicicletta scassata, con una lampada ad acetilene appesa al manubrio. Erano distrutti dalla stanchezza, con i volti terrei e senza altro orizzonte che ridiscendere nel buio il giorno dopo. Nel

1913, il settimanale socialista cittadino, "La Fiaccola", li avrebbe chiamati "i sepolti vivi".

I loro scioperi, se riuscivano a farli, potevano essere molto lunghi e duri. Accadde così nel marzo 1921 in una circostanza che più avanti descriverò: l'agguato condotto da un gruppo di militanti socialisti contro un corteo di fascisti appena comparsi sulla scena politica di Casale Monferrato.

Quanto accadde lo racconta un buon libro, *Uomini di miniera*, scritto da Ezio Foresto, Vittorio Pansecchi e Giovanni Zavattaro. Pubblicato nel 2002 dall'associazione OperO, Ozzanesi per Ozzano, un comune del Monferrato dove i cavatori delle miniere di marna erano tanti.

Nel clima teso di quei giorni, gli industriali cementieri decisero di annullare il contratto di lavoro stipulato nel 1919. E di imporne uno nuovo, nel quale veniva abolita dalla paga la trattenuta del 3 per cento a favore della Camera del lavoro di Casale, da dove era partita una sparatoria contro i fascisti che stavano ritornando a Torino.

Come risposta, gli operai cementieri sospesero il lavoro e diedero inizio a una sciopero destinato a protrarsi per quasi quattro mesi. I lavoratori degli impianti di Ozzano erano 973 e di questi 116 operavano nelle cave. Rispetto agli operai e ai minatori dei paesi vicini, gli ozzanesi godevano di un vantaggio. Per la maggior parte possedevano un piccolo appezzamento di terreno che loro stessi, o le mogli, coltivavano. E questo li aiutò a sostenere meglio la mancanza totale della paga.

Al terzo mese di sciopero, gli industriali cementieri andarono a cercare operai nella Bergamasca e in valle d'Aosta. Anche loro erano dei poveri, ridotti a fare i crumiri. Per condurli al lavoro, così racconta il libro citato, fu necessario che venissero scortati dalle prime squadre fasciste.

L'agitazione proseguì sino alla fine del luglio 1921. Poi gli scioperanti furono costretti ad arrendersi. Per riavere il posto di lavoro, dovettero passare sotto le forche caudine di un'assunzione vagliata nome per nome. Sorvegliata dal sindacato fascista appena fondato, il Fascio operaio.

In quell'epoca, l'estremismo rosso era una reazione quasi inevitabile al dispotismo padronale. Tra i cavatori non mancavano gli anarchici, molto forti a Casale Popolo, a Morano Po, a Balzola, a Camagna e a Vignale. A Casale Popolo soggiornò per qualche tempo Gaetano Bresci, l'anarchico che il 29 luglio 1900, a Monza, avrebbe assassinato il re Umberto I.

Dopo l'attentato, la polizia schedò con cura i sovversivi anarchici. Allora si scoprì che nel Monferrato erano molti. Soltanto nel paese di Vignale ne vennero individuati ben 82. È un dato che ricavo da una ricerca minuziosa di Fabrizio Meni: *Quando i tetti erano bianchi*, pubblicato nel 2000 ad Alessandria dalle Edizioni dell'Orso.

L'ideale anarchico durò a lungo e sopravvisse al fascismo. In proposito ho un ricordo personale. Ancora negli anni Cinquanta, a Casale Popolo, la frazione che iniziava dopo il ponte pedonale sul Po, in occasione del Primo maggio gli anarchici facevano svettare la loro bandiera all'ingresso del paese. Non era un vessillo rosso, bensì nero.

Ma all'inizio del Novecento il potere politico stava per intero in mano ai ricchi. Per essere precisi, agli avvocati, ai professori, ai notai, ai medici, ai proprietari di tenute agricole, ai primi cementieri, ai padroni delle cave di marna, ai costruttori edili, ai grandi redditieri che godevano il frutto di patrimoni spesso cospicui.

Spettava soltanto a loro decidere per tutti, anche nel

caso di elezioni comunali o per la Camera dei deputati. Ci riuscivano perché erano pochi e legati dagli stessi interessi. In tempi più recenti, questo blocco sociale sarebbe stato definito una oligarchia. Molto dura da scalfire.

Considerati nel complesso, erano un insieme di signori di solito anziani, una gerontocrazia moderata e piuttosto inamovibile. Alla quale si adattava lo stesso ritratto di quella torinese, a parte le proporzioni. Valerio Castronovo, nel suo *Il Piemonte*, pubblicato da Einaudi nel 1977, la descriverà così: "Poteva vantare la dirittura morale e una certa probità amministrativa zelante e pignola".

A proposito dei pochi e forti, posso citare un caso: il voto politico per la Camera del 23 maggio 1886. In una città che ormai superava i 20 mila abitanti, gli iscritti alle liste elettorali erano appena 3348, tutti maschi perché le donne non godevano del diritto di voto. E coloro che si presentarono al seggio per scegliere il deputato risultarono soltanto 2029.

Il santuario dei ricchi era il Bottegone, un grande caffè riservato ai notabili. Troneggiava in piazza Carlo Alberto, nel cuore della città, sotto un portico a sei arcate. Disponeva di più sale. Nella prima, si affollavano gli avvocati e i magistrati del Tribunale e della Corte d'Appello che allora esisteva.

Nella seconda sala, detta il Baule per la volta a botte, sostavano gli ufficiali dei tanti reparti militari di stanza in città. Nel regno sardopiemontese, Casale era una piazzaforte di confine con la Lombardia. Appena al di là del Po, iniziava il territorio soggetto all'Impero di Austria e Ungheria. Le caserme erano molte. E i comandi rappresentavano un potere rilevante anche nell'economia cittadina.

Le altre stanze erano per i giocatori di biliardo, per gli appassionati dei tarocchi, per gli scacchisti e per chi tentava l'azzardo con le carte. Nel Bottegone non osava entrare nessuno che non appartenesse alle prime linee della borghesia. L'ingresso ai pezzenti era vietato. Loro dovevano frequentare le osterie, ma soltanto quando erano in grado di pagarsi qualche bicchiere di vino cattivo.

Nel 1888, i miserabili di Casale Monferrato iscritti nei registri dell'Opera Pia Misericordia erano 6 mila, quasi un quarto degli abitanti. Ma a leggere un documento del municipio, "non rappresentavano realmente che la metà di quelli esistenti". Dunque, gli indigenti erano ben 12 mila, in pratica la metà della popolazione cittadina.

Tuttavia la nobile capitale del Monferrato non rappresentava un'eccezione. In quegli stessi anni, a Vercelli i capifamiglia iscritti alla beneficenza erano 3353, per un totale di 13.714 persone, minori compresi. Sono cifre che spiegano quanto sarebbe accaduto tre decenni dopo, all'inizio degli anni Venti, al termine della prima guerra mondiale.

Fu allora che la ribellione della città dei miserabili diede inizio a quello che verrà chiamato il Biennio rosso, guidato dai socialisti e dalle leghe proletarie. Un sussulto violento, ma di breve durata. Che innescò la reazione della città dei ricchi e determinò la nascita del fascismo.

Ma nei primi del Novecento, il vento della rivolta soffiava con molta debolezza. La città degli esclusi, il popolino come lo chiamavano i ricchi con una punta di disprezzo, non poteva fare altro che irridere i divertimenti dei benestanti. E prendersi beffa delle loro baldorie.

Accadeva spesso che una folla scalcinata si radunasse davanti al Circolo degli ufficiali o all'ingresso del Circolo Filarmonica, in via Vittorio Emanuele II. Per urlare la propria rabbia nei confronti delle feste alle quali non poteva partecipare. E che venivano considerate un insulto alla miseria.

Come scrivevano i giornali moderati, lo faceva "lanciando volgari motti di spirito" al passaggio delle signore e dei loro cavalieri. I commenti della stampa dei ricchi erano giudizi senza appello: "Ecco come si conduce lo sfrenato cinismo della vita di strada e dove porta la libertà di cortile".

Accanto al gioco del pallone, esisteva un solo momento che vedeva insieme poveri e ricchi. Era la grande Fiera di San Giuseppe. Si svolgeva ogni anno nella seconda metà di marzo e aveva il culmine il giorno 19 del mese. Quando Ernesto, ancora ragazzino, cominciò a lavorare in città, prima da muratore, poi da elettricista, non mancava mai di visitarla, più volte.

Ne rimaneva sempre incantato. Come un povero terrestre che scopra, all'improvviso, il Pianeta delle meraviglie. E tra poco vedremo quella che lo colpì di più.

20
I Vampiri delle cave

Un giorno domandai a Ernesto: «Non ti hanno mai proposto di lavorare nelle cave di marna?». Lui mi rispose: «Sì. Un cavatore di San Germano che conosceva mia madre Caterina è venuto a cercarmi quando avevo 15 anni. Mi disse che faceva quella visita per incarico del suo capocava: aveva bisogno di un ragazzo magro e svelto, in grado di fare lavori delicati che i minatori non sapevano risolvere. Per esempio, il problema delle luci nei tunnel di scavo. Lì per lì sono stato tentato di accettare. Ma ho detto di no. E se vuoi, ti spiegherò il perché».

Tuttavia, per i poveri, fra i tanti lavori possibili, c'era anche quello del cavatore nelle miniere di marna. Ho già ricordato che il settimanale socialista di Casale Monferrato li chiamava "i sepolti vivi". Potrebbe sembrare un'immagine eccessiva, dettata soltanto dalla polemica politica e dallo scontro di classe. Ma non era affatto così.

Le colline attorno a Casale erano piene di marna, la roccia calcarea indispensabile per produrre dapprima la calce e, in un'epoca successiva, il cemento. Ma la marna stava sottoterra. Ci volevano dei disperati, dei poveracci che andassero a prenderla. Se non si fosse trovato nessuno disposto a lavorare nelle gallerie sotterranee, l'industria del cemento sarebbe andata a gambe all'aria. Anzi non sarebbe neppure nata.

Tra la fine dell'Ottocento e l'inizio del Novecento, in Monferrato qualcuno pronto a vivere da topo lo si trovava sempre. Anzi, per dirla tutta, questi sfortunati erano davvero tanti, come abbiamo visto per Ozzano. E spesso si trattava di contadini che non erano del tutto miserabili. Dal momento che possedevano un pezzo di terra.

Ma di solito il loro campo era piccolo. In quell'area del Piemonte la proprietà agricola risultava molto frammentata e rendeva poco. Non sempre garantiva a una famiglia il minimo per sopravvivere. Soprattutto se era una famiglia larga, piena di figli piccoli da sfamare.

Per sfuggire alla povertà, esisteva un'unica strada: diventare un cavatore di marna. A lavorare la terra ci avrebbero pensato le donne di casa. Affrontando una fatica bestiale, anche loro diventavano sepolte vive, più o meno come i mariti. Invece di essere rinchiuse in una miniera, stavano sepolte dentro la famiglia.

Qui erano costrette a interpretare tutti i ruoli della tragedia umana. A cominciare da quello principale di mettere al mondo un figlio dopo l'altro. Poi di allevarli con il poco che possedevano. E infine di faticare sui campi dalla mattina alla sera, al posto dei mariti che lavoravano in miniera.

A spiegare con grande efficacia questa vita oggi impensabile è un libro poco conosciuto, ma importante. Scritto da Maura Guaschino e da Maurizio Martinotti, ha per titolo: *Cavatori e cave. Una pagina di storia attraverso il racconto dei protagonisti*, pubblicato nel 1988 dall'Assessorato per la cultura del comune di Casale Monferrato.

I minatori delle cave di marna venivano in maggioranza dai paesi delle colline attorno a Casale. Altri arrivano da località della pianura casalese. Infine c'erano giovani, meno giovani e quasi anziani della città e delle sue frazioni, San Germano, Casale Popolo e Terranova.

A sentire gli autori di questa ricerca, l'origine contadina dei cavatori era resa evidente da un lato debole: la scarsa combattività sindacale. Come se l'unica cosa

ntasse davvero nella vita fosse il pezzo di terreno
ito e non il lavoro nelle viscere della terra.

Il lunghissimo sciopero del 1921 poi contraddisse questo atteggiamento radicato nel tempo. Ma per non essere ingenerosi, bisogna ricordare con quale tipo di padroni aveva a che fare il piccolo esercito dei cavatori-contadini. Erano un altro genere di proprietari rispetto ai coltivatori diretti o ai coloni, come si chiamavano allora.

Oggi diremmo che si trattava di capitalisti allo stato primordiale. Molto agguerriti. Con il pugno duro nei confronti di chi faticava per loro. Sfruttatori rapaci del terreno che possedevano. Con un solo obiettivo: farlo rendere il più possibile e ricavarne il massimo del guadagno. Anche andando contro la legge e violando le poche norme sulla sicurezza del lavoro che allora esistevano.

I padroni delle cave di marna erano tutti così e talvolta anche peggio di così. Sempre "La Fiaccola", nel 1914 li aveva chiamati "i Vampiri". E anche in questo caso non era un'immagine priva di fondamento. Vampiri assetati di denaro e pronti a succhiare il sangue dei meschini che spedivano al lavoro sottoterra.

Perché paragonarli a tanti Dracula monferrini? Per una serie di motivi che bisogna spiegare, sia pure in sintesi, se vogliamo avere un'idea realistica della società italiana dell'epoca. Dove pochi, i ricchi, comandavano su tanti, i poveri.

Prima di tutto, i Vampiri delle cave accumulavano profitti enormi. Non avevano quasi nessun rischio d'impresa, come diremmo oggi. A differenza degli industriali cementieri, non erano stati obbligati a costruire nulla: niente fabbriche, niente depositi, niente strutture per la produzione.

Non avevano neppure il problema di affrontare delle contese sul mercato, come invece accadeva a chi coltivava grano o riso. Sul mercato della marna non esisteva concorrenza. Bastava estrarla dalle cave e in quel momento l'affare era fatto e il guadagno assicurato. Non restava che venderla al compratore che stava lì pronto ad acquistarla. Ossia a chi l'avrebbe cotta nelle fornaci, ricavandone la calce e poi il cemento.

La ricerca di Guaschino e Martinotti riporta i calcoli fatti dalla "Fiaccola" nel 1914. In un anno di trecento giornate lavorative, il guadagno di un proprietario di cave, sottratte tutte le spese, era di 133.500 lire. Per apprezzare la grandezza di questa cifra, bisogna ricordare che nell'estate 1914 un cavatore monferrino veniva pagato 4 lire e 50 centesimi per un giorno intero di lavoro, della durata di ben dieci ore.

Se moltiplichiamo questo salario per trecento giorni, il guadagno annuo del cavatore risultava di 1350 lire. Cento volte di meno rispetto all'incasso del suo padrone. Una disparità astronomica e quasi irreale. Soprattutto in una società dove gli indigenti rappresentavano la grande maggioranza in grado di lavorare, sia nelle campagne che nelle fabbriche.

Ma non sempre un minatore guadagnava 4,5 lire per dieci ore di lavoro. Spesso i Vampiri decidevano manovre retributive scandalose. Davvero degne di un capitalismo selvaggio.

Accadde così nell'ottobre del 1914. La disoccupazione stava dilagando e i poveri erano sempre in cerca di un lavoro. Che cosa fecero alcuni padroni delle cave? Licenziarono tutti i loro dipendenti, per poi riassumerli subito con una paga ridotta: 3,5 lire al giorno, con l'obbligo di faticare dall'alba al tramonto, per dieci ore filate, senza interruzione.

I guadagni dei proprietari di cave crebbero ancora quando riuscirono ad applicare il cottimo all'estrazione della marna. Insieme alla figura del Vampiro, nacque quella del Grande Cottimista.

Erano padroni così forti da trovare manodopera disposta a farsi pagare non a giornata, ma in base alla quantità di marna estratta. Gli effetti perversi del cottimo si videro subito. Tempi accorciati, lavoro protratto sino allo stremo delle forze, norme di sicurezza ancora più allentate.

Nel frattempo, la struttura organizzativa dei Vampiri diventati Grandi Cottimisti restò quella primordiale di sempre. Un direttore di cava, affiancato da un geometra, a sua volta dotato di qualche assistente che di solito concentrava su di sé l'odio dei minatori. Poi venivano i capicava, i minatori e i manovali, questi ultimi incaricati di portare in superficie il materiale estratto.

È quasi inutile aggiungere che lavorare nelle cave, come accade in tutte le miniere, era molto pericoloso. Si poteva morire per il crollo di una galleria o per l'esplosione del grisou. Ma non erano questi gli unici agguati alla salute dei minatori. Tanti di loro si ammalavano di silicosi, di artrosi, di reumatismi, di nevralgie, di affezioni respiratorie.

I controlli sulle condizioni di lavoro erano spesso viziati dalle bustarelle. A incassarle erano gli ispettori dell'Ufficio miniere, non tutti, ma quelli disonesti sì. Prima di un controllo, questi funzionari avvisavano il padrone di una cava che in quel certo giorno avrebbero svolto una visita di controllo al suo impianto. E venivano ringraziati con un po' di soldi in nero.

Non tutti i funzionari si comportavano da corrotti. Guaschino e Martinotti citano un caso che ci illumina sulle connivenze tra organi dello Stato, padroni delle cave e cementieri. Lo testimoniò, senza volerlo, "L'Avvenire", uno dei settimanali di Casale, di impronta moderata e legato ai proprietari agricoli e degli opifici. Nell'aprile 1909, comparve un articolo che riferiva le lamentele aspre di un gruppo di industriali contro un dirigente pubblico: l'ingegnere capo dell'ufficio torinese del Corpo Reale delle Miniere.

L'ingegnere veniva accusato di interpretare in modo troppo rigido lc norme contro gli infortuni sul lavoro nelle miniere e, dunque, anche nelle cave di marna del Monferrato. Secondo i Vampiri, quelle norme erano già molto pesanti e restrittive per un'attività secondaria come l'estrazione della marna. E il rigorismo di quel tecnico le rendeva distruttive del lavoro nelle cave.

L'ingegnere De Fezzari, tirato in ballo, diede una risposta gelida. Spiegò che si era limitato ad applicare il regolamento di polizia mineraria, senza favoritismi a vantaggio di nessuno. Poi concluse spiegando che era indispensabile comportarsi con inflessibile severità. Dal momento che, fra il 1906 e il 1907, il numero degli infortuni nel Monferrato era cresciuto oltre ogni misura.

Ritornai a chiedere a Ernesto perché non avesse mai voluto lavorare nelle cave, come facevano molti che abitavano nella sua stessa frazione, San Germano. La risposta mi aiutò a capire tante altre cose sul lavoro di estrazione della marna. E specialmente sul conto di mio padre e della sua adolescenza.

«Prima di tutto» mi spiegò Ernesto, «anche se avessi deciso di accettare la proposta che mi era stata fatta, avrei incontrato l'ostilità profonda di mia madre Caterina. Lei disse subito che mi avrebbe legato a una sedia pur di non lasciarmi andare tra i cavatori. Era il 1913 e stavo per compiere 15 anni. La mamma urlò: "Hai appena trovato un buon lavoro da elettricista a Casale e per quattro soldi in più vuoi finire sottoterra? E diventare come quei disgraziati che scavano nella roccia con delle facce da morti in piedi?".

«Per la verità, i cavatori che abitavano a San Germano non avevano l'aspetto dei cadaveri, ma poco ci mancava» mi disse Ernesto. «Molti erano ridotti peggio che stracci, anche se il loro vitto era migliore di quelli di tanti operai agricoli. Le loro facce erano stravolte dalla fatica. Si ubriacavano spesso e gli capitava di dire degli spropositi. Ma qualche volta raccontavano anche delle verità. Per esempio che le cave stavano distruggendo un bel po' di colline del Monferrato. Dovresti riscoprire la storia di Coniolo, una piccola frazione di Pontestura, poi diventata comune.

«Stava sul fianco destro del Po, proprio di fronte al fiume. Quella zona era ricca di marna. A forza di scavare sottoterra, Coniolo si trovò sopra un'enorme caverna vuota e rischiò di sprofondare. Portandosi via le case e i cristiani che le abitavano. E infatti un certo giorno Coniolo venne sgomberato da tutte le famiglie che ci vivevano e fu necessario ricostruirlo da cima a fondo, in un posto diverso.

«Comunque, non avrei resistito a lungo dentro le cave» mi confessò Ernesto. «Da ragazzo avevo una gran paura del buio. Forse perché mi faceva pensare alla morte di mio padre Giovanni. E infatti sono sempre riuscito a trovare un lavoro da fare all'aria aperta: il guardiano delle mucche, il muratore, l'elettricista e infine il guardafili del telegrafo.

«Vuoi sapere una cosa che non ti ho mai detto, caro Giampa?» mi chiese Ernesto. «Ti stupirà, ma il lavoro che mi è piaciuto di più è stato il primo: il guardiano delle mucche. Me ne restavo tutto il giorno sui prati, a godermi il silenzio della campagna, il colore del cielo, le nuvole che correvano spinte dal vento e cambiavano forma di continuo, il passare delle stagioni. Persino l'arrivo della nebbia mi sembrava uno spettacolo meraviglioso.

«Mangiavo quel poco che Caterina mi dava da portare nella bisaccia. Ma avevo imparato anch'io che la roba dei campi è di Dio e dei santi. Se vedevo qualche frutto su un albero, me lo prendevo, ringraziando il Padreterno. Mi piacevano soprattutto le noci. Tu sai che dalle nostre parti si dice: pan e nus mangé da spus, da sposi, nus e pan mangé da can, da cani. Io di pane non ne avevo che una fetta e non mi ponevo quel dilemma. Divoravo le noci da sole e basta.

«Lavorando nelle cave, avrei guadagnato qualcosa di più. Ma mi sarei perso tutto questo» concluse mio padre. Poi aggiunse, con un sorriso: «Come vedi, a volte anche la povertà presenta qualche vantaggio!».

21
La cartomante

La Fiera di San Giuseppe era il luogo più egualitario della città, oggi diremmo il più democratico. Lì sparivano le differenze fra ricchi e poveri. Nella folla che si assiepava in piazza Castello, i diversi strati sociali sembravano confondersi. E diventare simili.

C'erano contadini della collina, dei veri painacchi, o paesani quadri. Famiglie di borghesucci con una truppa di bambini. Ricconi curiosi quanto i pezzenti. Figliole perbene e ragazze che facevano la vita. Militari arroganti e proletari incazzati. Giovanotti alla ricerca di donne da taroccare e vecchioni che si lustravano la vista al passaggio di baldracche sfacciate. Manovali onesti e borsaioli avidi di bottino. Sacerdoti curiosi e mangiapreti che una volta tanto non bestemmiavano.

La piazza metteva in mostra un'infinità di meraviglie. La donna barbuta e quella cannone. L'uomo con due teste. Funamboli senza rete, capaci di camminare su una corda a dieci metri d'altezza. Espositori di animali rari. Baracconisti di fenomeni viventi. Un Théâtre Cinématographe all'aperto. E giù giù sino ai suonatori di organetto, ai cantastorie, ai biscazzieri con il banchetto per il gioco delle tre carte.

Le osterie delle strade vicine a piazza Castello erano sempre zeppe di avventori. Verso sera, cominciavano le risse. Anche nei caffè del centro si altercava, tranne che nel Bottegone dei padroni. Schiere di ubriachi vagavano per la città, prima di cascare per terra e trascorrere la notte sul selciato.

I giorni di festa dedicati a San Giuseppe erano i più

attesi nella città dei poveri. Girovagare nel bailamme di piazza Castello non costava nulla. Guardare, sia pure senza toccare o comprare, era un mestiere che poteva fare pure chi non aveva un soldo in tasca. Se ne rese conto anche Ernesto, ragazzino avviato verso i 13 anni. Osservava quello spicchio di mondo con l'avidità di chi è curioso e svelto. E la meraviglia che più lo attrasse fu la cartomante.

Era una donna abbigliata come una zingara di lusso. Stava dentro un piccolo padiglione, sormontato da un'insegna che strillava: "Miss Zaira predice il futuro". La gente faceva la coda per consultarla. Anche perché la sua bellezza evocava il mistero.

L'espressione del viso non invitava alla confidenza, ma prometteva sorprese stupefacenti. Il volto era magro, il colorito cereo, gli occhi bistrati, le labbra dipinte di viola, i capelli lunghi e a cavaturacciolo, a somiglianza di un nido di piccoli serpenti.

I clienti si accomodavano davanti al suo tavolino. E lei, con l'aiuto di un mazzo di carte da gioco, gli spiegava che cosa sarebbe accaduto nella loro vita. Il suo onorario era assai ridotto. Ma Zaira aveva successo soprattutto perché gli esseri umani vogliono quasi sempre conoscere gli eventi che li aspettano al varco. Buoni o cattivi che siano.

Quella sera, quando ritornò a casa nella frazione di San Germano, Ernesto raccontò alla madre della cartomante. La reazione di Caterina lo sorprese. Lei bofonchiò: «Bisogna stare alla larga da quelle donne. Sono una truffa vivente. E quando ci azzeccano, non sanno vedere il futuro che le riguarda. Adesso ti racconterò una storia che spiega che cosa può accadere alle veggenti come questa Miss Zaira».

La storia riguardava due personaggi. Lui era Filippo O., un medico di 50 anni, che aveva perso la moglie per un brutto male. Erano una coppia senza figli e il medico rimase solo. Per di più alle prese con un'ossessione tormentosa, anche se priva di senso: mettersi in contatto con la moglie morta, una donna che il medico aveva molto amato.

Ne parlava di continuo con un amico che faceva un mestiere insolito: il rabdomante. Munito di una bacchetta, andava alla ricerca di sorgenti d'acqua sotterranee. E spesso le trovava. Aveva la fama di essere un campione nel suo ramo. Era molto richiesto dagli agricoltori della provincia che pagavano le sue prestazioni senza discutere, anche quando non scopriva nulla.

Colpito dall'angoscia del medico, l'uomo della bacchetta gli diede l'indirizzo di una cartomante che abitava nella loro città. «Ho sentito dire che è una maga in grado di parlare con le persone scomparse nell'aldilà» gli spiegò l'amico. «Penso che non sia capace di farlo. Ma non ti costerà nulla andare a trovarla. Abita a pochi passi dal tuo albergo, nella Contrada degli ebrei.»

«Questa signora è ebrea?» domandò il medico, con una smorfia di fastidio.

«Non lo so» rispose l'amico. «Ma se anche lo fosse, che importanza avrebbe? Non dirmi che hai dei problemi con gli ebrei...»

Il dottor O. sbuffò: «Non ho nessun problema. Ma sono persone diverse da noi cristiani. Danno sempre l'impressione di conoscere molte cose, però se le tengono per loro e non le rivelano mai».

Il rabdomante gli sorrise: «Mi stupisco di sentirti parlare così. Sei un medico e dovresti sapere che gli esseri umani sono tutti uguali. Del resto, se questa signora conosce dei segreti, il suo mestiere è proprio quello di rivelarli a chi va da lei per consultarla. Smettila di avere dei dubbi. Cercala e sentirai che cosa può dirti».

La donna era Ester C., 45 anni, una signora ancora bella, dal fisico prosperoso, nera di capelli e bianca di pelle, sempre elegante, con un modo di fare molto cortese e l'aria riservata. Viveva in un piccolo alloggio nella Contrada degli ebrei, il vecchio ghetto al centro di Casale Monferrato. E aveva una clientela vasta, fatta soprattutto di donne, ma dove non mancavano gli uomini.

Gli unici che non ricorrevano a lei erano i poveri. Loro non avevano bisogno di conoscere il proprio futuro. Sapevano in anticipo il destino che li attendeva. Nati nella miseria, sarebbero vissuti e poi morti sempre da disperati, da pezzenti, da tapini. Se mai la maga gli avesse predetto il contrario, non le avrebbero creduto.

Ester domandò al medico chi gli avesse parlato di lei. Quando apprese che era il rabdomante, disse: «Conosceva mio marito, un geometra che si occupava dell'andamento di parecchie proprietà agricole. Purtroppo è mancato qualche anno fa. Sono rimasta sola al mondo perché di figli non ne avevamo. Andavamo molto d'accordo e mi manca molto. Posso chiederle che mestiere fa, signore?».

«Il medico e sono vedovo anch'io, senza figli» rispose il dottor O. «Mi sono deciso a venire da lei proprio per chiederle un grande favore. Ma prima vorrei che mi parlasse del suo lavoro. Le confesso che ero un po' incerto se venire o no a cercarla. Non mi è mai capitato di incontrare una maga.»

La signora Ester scosse il capo: «Ma io non sono una maga. Sono soltanto una cartomante. E cerco di leggere il futuro delle persone attraverso le carte dei tarocchi. Ha mai sentito parlare dei tarocchi? Poi le spiegherò che genere di carte siano. Per adesso si sieda a questo tavolino, davanti a me. Ho il dovere di parlarle di quanto riesco a fare a vantaggio del prossimo che chiede il mio aiuto. Così ci conosceremo un po' meglio».

Ester raccontò al medico di avere una clientela sempre più numerosa. Le prime guerre dell'Italia unita avevano accresciuto il suo lavoro. Nel marzo 1896 c'era stato in Etiopia il disastro di Adua, con 4 mila morti tra ufficiali e soldati, più 2600 ascari caduti sul campo. Questa tragedia aveva moltiplicato il numero delle persone che ricorrevano alle sue arti divinatorie.

C'era chi voleva intravedere quale futuro lo aspettasse in quei tempi calamitosi. E chi domandava di conoscere la sorte di una persona cara, il marito, il figlio, il fratello scomparsi su uno dei fronti di battaglia, in quel paese lontano chiamato Africa. La cartomante sfoderava il mazzo dei tarocchi, li disponeva sul tavolo e tentava di dare una risposta alle loro domande angosciate.

Ci azzeccava o no? Era difficile saperlo. A volte la signora Ester offriva un responso positivo che tuttavia non poteva mai trovare una conferma immediata nei fatti. Quando invece i tarocchi le suggerivano una conclusione triste, lei preferiva dire che le carte non avevano rivelato nulla. Era un piccolo sotterfugio per evitare che il cliente se ne andasse in preda alle ambasce.

Fu a quel punto che il dottor O. le confessò il proprio tormento. Poi le chiese di poter sentire la voce della moglie. O almeno di conoscere in quale mondo ultraterreno fosse andata ad abitare e se avesse ancora memoria del loro amore.

Ma lei fu costretta a ripetergli di non essere in grado di entrare in contatto con i defunti: «Le ho già spiegato che non sono una maga. Studiando le carte da gioco, cerco soltanto di intuire che cosa potrebbe accadere alle donne e agli uomini che si rivolgono a me».

Il dottor O. non sapeva nulla dei tarocchi. Allora lei gli illustrò le carte e le figure che contenevano. Cominciando dal Bagatto e dalla Papessa, per passare poi all'Imperatrice e all'Imperatore, quindi all'Innamorato, al Carro e alla Giustizia, per finire con la Morte, il Diavolo e tutte le altre.

«Mi dispiace» concluse la cartomante, «ma non posso servirla in nessun modo.» Lui rimase deluso. Non sapeva che decisione prendere. Poi ringraziò la signora Ester, le pagò il servizio e si accomiatò dicendole che forse sarebbe ritornato a trovarla.

Il medico si rifece vivo la settimana successiva, di sera. Le strade del ghetto erano buie. I pochi lampioni accesi mandavano una luce flebile. Nessun chiarore filtrava dalle imposte delle finestre, tutte ben chiuse. La gente della Contrada degli ebrei, in gran parte composta di piccoli commercianti, andava a dormire presto. Per essere pronta a riaprire i negozi la mattina dopo, di buon'ora, sotto i portici lunghi di via Roma.

Questa volta, il dottor O. non chiese più di entrare in contatto con la moglie morta. Domandò alla cartomante di leggergli il futuro. Lei mise mano ai tarocchi, ma senza risultato. «Purtroppo non vedo nulla che la riguardi» confessò con sincerità la signora Ester. E rifiutò il compenso che le veniva offerto.

Il medico stava per andarsene, ma Ester lo fermò. E gli disse: «Non scappi subito. Si fermi ancora un momento con me. Le offrirò un vermut. E se lei vuole, ci regaleremo quattro chiacchiere. Ho scoperto che mi piace discorrere con lei. Del resto, siamo due persone sole. Non sarà sconveniente se ci facciamo un poco di compagnia».

Il dottor O. accettò l'invito e il bicchierino di vermut. Poi confessò di aver avuto qualche dubbio se andare a cercarla o no, dopo aver appreso che era ebrea. Ester gli sorrise: «Ecco perché nel nostro primo incontro lei mi è sembrato un tantino diffidente. Si vede che non conosce gli ebrei. E immagino che non sappia niente del ghetto che sta al centro della nostra bella Casale. Adesso le dirò qualcosa io».

Gli spiegò che il ghetto aveva la forma di un ventaglio e il suo perno era la sinagoga di vicolo Salomone Olper. La piccola strada era intitolata a un personaggio dell'ebraismo italiano. Era stato il rabbino di Venezia e nel 1848 aveva fatto parte dell'assemblea della Repubblica veneziana, guidata da Daniele Manin, che aveva votato l'annessione al Piemonte.

Al ritorno degli austriaci, Olper venne costretto a emigrare. Si rifugiò a Firenze, poi a Livorno e infine arrivò a Casale. Qui si fermò e per questo gli dedicarono la strada dove sorgeva la splendida sinagoga. «Il tempio è il cuore del ghetto. Che a sua volta è una piccola città dentro la città» disse Ester.

«Ma tanti anni fa» continuò la cartomante, «il ghetto era anche la prigione degli ebrei casalesi.» Sotto i Savoia non avevano incontrato una vita facile. Era stata la monarchia a imporre agli israeliti quello che veniva chiamato il segno: una corda gialla da portare attraverso il petto, sopra il vestito. Poi li aveva obbligati a vivere nel ghetto dall'alba al tramonto. Quando scendeva il buio, i due ingressi venivano sbarrati da cancelli robusti, proprio come succede nelle prigioni.

Gli ebrei del ghetto non si lasciarono piegare dalle tante angherie dei sovrani di Torino. Continuarono a lavorare, di solito da commercianti, e a fare figli. Anzi, soprattutto figlie. Disse Ester: «Le ragazze ebree di Casale avevano la fama di essere tutte di una bellezza rara. Venivano richieste in sposa da israeliti facoltosi di Torino, Milano e Genova. Ma sapevano cavarsela anche come ricamatrici e rammendatrici, ed erano molto rinomate».

Il dottor O. disse alla cartomante: «Anche lei è bella. E sa cavarsela bene con i tarocchi». Ester sorrise: «Per quel che riguarda i tarocchi, sì, è vero. Per la bellezza non so. Ma non sono certo come la vera bellezza ebrea di Casale: Giuseppina Ghiron Sacerdote. Lei scampò tantissimo. Da signora anziana era ancora una donna splendida».

A sentire Ester, le ragazze del ghetto avevano poi un'altra qualità: «Erano donne ardenti, molto passionali, ma fedeli ai mariti e capaci di donare il loro corpo allo sposo con qualsiasi gioco d'amore. Di solito questa loro meravigliosa eccellenza non viene ricordata nei libri di storia dell'ebraismo. Ma soltanto perché a scriverli siete voi maschi».

Il medico la scrutò, scettico: «Molte donne giovani sono così. Forse lo è anche lei». Ester gli sorrise: «Non mi rivolga una domanda come questa. Non sono più una ragazza. E poi lei e io non siamo sposati. Dunque mi consenta di non risponderle!».

Il povero dottor O. ritornò una terza, una quarta e una quinta volta, sempre a vuoto. Dal momento che i tarocchi non davano nessuna risposta. Visita dopo visita, si accorse di osservare Ester con un occhio diverso: più normale, terreno, legato alla vita e non alla morte.

Lo stesso accadde alla cartomante. Lei si rese conto che l'arrivo del medico non era più quello di un cliente, bensì di un amico, sempre più caro. Prima di ogni visita, che il dottor O. le annunciava con un biglietto, Ester indossava l'abito migliore, sistemava i capelli, si abbigliava con qualche gioiello. E si scopriva invasa da un'ansia insolita, che non provava da anni.

Entrambi erano persone sole e abbastanza simili: cortesi, educate, buone e soprattutto alla ricerca inconsapevole di un incontro capace di cambiare in meglio le loro esistenze. A poco a poco, tra i due nacque un'amicizia sempre più intensa. Che presto si trasformò in amore.

Una sera del gennaio 1900, mentre il medico stava lasciando la sua casa per rientrare nella locanda dove alloggiava, Ester gli disse: «Vedo che sta nevicando. Perché non si ferma a dormire da me?». Il dottore la scrutò, incerto sul da farsi. E le replicò, un tantino confuso: «Non mi pare che lei abbia una stanza per gli ospiti...».

Ester gli sorrise. E per la prima volta si rivolse al medico dandogli del tu: «Smettila di non vedere che cosa è accaduto fra noi. È vero: non ho una camera per gli ospiti. Ma tu potresti dormire nel mio letto, insieme a me». Allora anche lui sorrise.

Quella notte, Ester si concesse al medico. Sulle prime, non sapevano in che modo muoversi, come baciarsi, dove indugiare con le carezze. Poi il piacere ebbe il sopravvento. Si amarono come una coppia di mezza età che riscopra l'ardore dei vent'anni. E la mattina il dottor O. si rese conto che, per la prima volta dopo la morte della moglie, si sentiva un uomo felice.

Il medico andò a vivere con la cartomante. Ester riceveva i clienti quando lui era al lavoro in ospedale. E una sera, mentre aspettava il suo ritorno, prese in mano i tarocchi e provò di nuovo a leggere nel futuro dell'amante. Dopo tanto tempo, le carte le diedero una risposta. Ma fu un responso allarmante.

I tarocchi le dissero che, in futuro, il medico avrebbe sofferto per la partenza improvvisa di una persona cara. La cartomante rimase di sale. Non poteva non credere ai tarocchi perché aveva sempre avuto fiducia nel potere divinatorio delle carte. Ma al tempo stesso non riusciva a sciogliere l'enigma racchiuso in tre parole: una persona cara.

A chi alludevano i tarocchi? Il medico non aveva più parenti in vita. E che cosa significava la parola "partenza"? Voleva forse dire morte? Ma la morte di chi? Per un istante, Ester pensò a se stessa. Ebbe un brivido di paura, però scacciò subito questo sospetto che la faceva tremare. E decise di non raccontare nulla al medico.

La loro vita continuò all'insegna della tranquillità felice. E arrivato l'aprile del 1902, Filippo ed Ester decisero di sposarsi. Fecero le pubblicazioni di matrimonio e fissarono il giorno delle nozze.

Mentre attendevano che arrivasse il gran momento, un giorno lei gli disse: «Ho ancora una vecchia zia, Aurelia, vive a Pallanza sul lago Maggiore. Non la vedo da tempo. Domani andrò a trovarla per annunciarle che ci sposiamo. Sono certa che ne sarà contenta».

L'indomani Ester partì in treno. La zia Aurelia abitava nel centro di Pallanza, in via Cadorna. Mentre lo attraversava, all'improvviso la cartomante venne investita da una carrozza trainata da un cavallo imbizzarrito. Cadde sul selciato e morì all'istante. Senza rendersi conto di nulla.

Il gioco dei tarocchi aveva predetto la verità. Il seguito della storia fu anch'esso terribile. Il dottor Filippo O. sentì che il mondo gli era caduto addosso un'altra volta. E non si riprese più. Cominciò a pensare di essere vittima di un sortilegio malvagio. Era la sfortuna in persona e portava sfortuna a chi lo amava. Allora decise di andarsene anche lui.

Era rimasto a vivere nella casa della cartomante. Un anno esatto dopo la morte di Ester, si sedette al tavolino del salotto. Schierò i tarocchi davanti a sé. Poi ingerì una dose potente di veleno e morì.

Parte sesta

22
Aspettando la guerra

Per Caterina la guerra mondiale iniziò sotto il segno di una nuova disgrazia. Il primo dei suoi figli maschi, Paolo, nato nel 1891, come tante migliaia di altri italiani poveri aveva deciso di emigrare all'estero. Gli approdi possibili erano due: l'America del Sud, soprattutto l'Argentina, e quella del Nord, gli Stati Uniti. Lui scelse New York.

Con l'aiuto della madre e dopo aver risparmiato lira su lira, riuscì a mettere insieme la somma indispensabile per pagarsi il viaggio in nave. E nell'aprile 1914, quando stava per compiere 23 anni, sbarcò sotto la Statua della libertà.

Della sua avventura al di là dell'Oceano non sappiamo nulla. E anche di Paolo conosciamo ben poco. Di lui non è rimasta neppure una fotografia. Ma a somiglianza dei due fratelli minori, doveva essere un giovanotto di statura media, magro, con un bel viso e gli occhi buoni. Quelli che dalle nostre parti vengono chiamati "occhi da cane".

A New York trovò subito un lavoro da muratore. Era un mestiere che forse aveva già fatto nelle campagne attorno a Casale e in città. Scriveva spesso a casa, ma senza mandare soldi. Guadagnava ancora poco. E quel poco gli serviva per mangiare e pagare l'affitto di una stanza, nel quartiere degli italiani a New York.

Come tutti gli emigrati, anche Paolo sperava di non restare povero. Ma la speranza gli voltò presto le spalle. Nella primavera del 1915, cadde da un'impalcatura e morì sul colpo. Tanti anni dopo, mio padre Ernesto mi mostrò una foto ormai sbiadita: quella della tomba del fratello nella terra di un cimitero americano, forse a Brooklyn.

Si vedeva una fossa contrassegnata da una piccola lapide grigia. Senza nessuna immagine di Paolo, soltanto il nome. Ma con le bandiere dell'Italia e degli Stati Uniti incise sulla pietra. Più la data della morte: 22 maggio 1915. Due giorni dopo, l'Italia entrò in guerra contro l'Austria.

Caterina apprese la notizia con più di un mese di ritardo da una lettera che le scrisse un amico di Paolo. Un ragazzo di Asti, anche lui emigrato a New York che di mestiere faceva il fabbro. Lei non sapeva leggere e consegnò il foglio a Ernesto. Mio padre lo lesse, scoppiò a piangere e lì per lì non trovò il coraggio di spiegare alla mamma il perché di quelle lacrime.

Ma Caterina aveva già capito tutto. E si scagliò come una furia sul figlio, gridando: «Leggi questa carta, sennò ti caricherò di botte!». Ernesto lesse il foglio adagio adagio. Poi si vide strappare di mano la lettera dalla madre che gli ingiunse: «Dammela! Adesso è mia e non la vedrete più. Spiega alle tue sorelle e a tuo fratello Francesco che cosa è successo a Paolo!».

Da quel momento, Caterina si chiuse nel silenzio. Non aprì bocca per quindici giorni. Seguitò a faticare in casa e fuori con la solita tenacia testarda. Ma si muoveva come una sonnambula. Non volle neppure parlare con quel sant'uomo del parroco di San Germano. Rifiutò di mangiare e di bere. Divenne persino più magra di quanto già non fosse. Se qualcuno dei figli la interrogava, non rispondeva.

Spaventato, Ernesto cominciò a temere che la mamma fosse diventata matta. Poi, di colpo, Caterina ritornò normale. Accadde il giorno di Ferragosto del 1915, tre settimane prima di compiere 46 anni. E da quel momento si comprese che non stava più pensando a Paolo, morto a New York. Bensì a Ernesto che non aveva ancora 17 anni e li avrebbe fatti soltanto in ottobre.

Caterina era una contadina ignorante e analfabeta, eppure conosceva quanto avveniva nel mondo. Sapeva bene che era scoppiata una guerra mondiale, anche perché da San Germano stavano partendo tanti uomini, chiamati alle armi dall'esercito. Aveva parlato con le loro madri o con le loro mogli. E non aveva dubbi su di un fatto sicuro al cento per cento: prima o poi, sarebbe toccato anche a Ernesto andare al fronte.

A chi spettava fare la guerra? Soprattutto ai giovani. Dall'aprile 1914 stavano già nell'esercito le classi dal 1887 al 1894, reclute dai 27 ai 20 anni. E tutti gli ufficiali di complemento dal 1882 in poi. Il 1° novembre 1914 fu chiamata alla visita militare la classe del 1895, ragazzi di 19 anni che vennero inviati ai distretti in deroga alla legge che stabiliva la visita a 20 anni.

Nel settembre 1915, quattro mesi dopo l'entrata in guerra dell'Italia, fu arruolata la classe del 1896, sempre di diciannovenni. L'esercito aveva già perduto molti uomini. E aveva un bisogno disperato di rincalzi. Nell'aprile 1916 fu chiamata in anticipo la classe 1897, ragazzi di 18 e 19 anni. E nel corso di quell'anno si cercò di ricuperare i riformati delle classi più anziane. In tre fasi successive, furono inviati al fronte ben 565 mila uomini.

Presto sarebbe venuto il momento della classe 1898, quella di Ernesto. Caterina imprecava contro il re, i generali e i ricchi. Erano stati loro a volere la guerra. Ma a farla ci mandavano i poveri. Lei aveva messo al mondo tre figli maschi. Il primo era morto sul lavoro a New York, il terzo, Francesco, aveva appena 14 anni. Adesso l'esercito le avrebbe portato via il secondo, Ernesto.

Ernesto non aveva nessuna voglia di fare il soldato. Tuttavia era un ragazzo curioso e, con un amico, operaio come lui, andò a sentire una conferenza di Cesare Battisti a Casale. Era il 18 febbraio 1915, quando per l'Italia la guerra doveva ancora iniziare.

A invitare Battisti in città era stato un giovane avvocato, Mario Cappa. Battisti parlò nel salone del Kursaal, un grande locale per spettacoli teatrali appena costruito, con milleseicento posti, che stava in via Solferino, di fronte alla Casa di riposo per vecchi. Il tema del discorso era: *Trento, Trieste e i doveri dell'Italia.*

La sala era strapiena di signori della borghesia interventista, di studenti, impiegati, professionisti e un bel po' di signore tutte molto scaldate, in una confusione dell'altro mondo. Fuori premeva una gran folla. Ernesto rammentava Battisti così: «Era un uomo di 40 anni, alto, magro, il volto scavato, barba a pizzo, espressione dolce e triste. Mi ricordava Gesù Cristo. E infatti anche lui morì sul patibolo messo su dagli austriaci».

Sempre Ernesto raccontò: «Battisti fece il suo discorso con un tono caldo, ma pacato. Spiegò che la guerra bisognava affrontarla per conquistare davvero la pace e realizzare il sogno di Giuseppe Mazzini e di Carlo Marx: gli Stati uniti d'Europa. Però non mi convinse. Pensai: anche questo Battisti, dentro di sé, è uno sfegatato. E vuole mandarci a morire per un sogno».

A Casale Monferrato, si stava rafforzando l'opinione che l'Italia dovesse intervenire nella guerra, in soccorso alla Francia e alla Gran Bretagna. Per raccogliere fondi da inviare ai futuri alleati, si organizzarono collette e, insieme, un grande veglione danzante al Teatro municipale.

Il palcoscenico fu trasformato in un ampio salone medievale. Al centro spiccava un gruppo equestre. Rappresentava un cavaliere armato di spada e scudo, con una fanciulla tra le braccia. Il cavaliere tratteneva un focoso destriero, pronto a partire.

Battisti ebbe meno successo ad Alessandria, una città

assai più rossa di Casale. Dove esisteva un partito socialista davvero forte, molto combattivo e pacifista. Il deputato trentino parlò il 15 aprile 1915, raccogliendo pochi consensi e una tempesta di fischi.

Un foglio liberale scrisse: "L'onorevole Battisti meritava di avere un uditorio migliore. Speriamo che il rappresentante di Trento non creda che Alessandria pensi e senta tutta come quell'accozzaglia di ventraioli che sottolinearono con fischi e grida di protesta i suoi appelli al patriottismo del nostro popolo".

Il Piemonte era una regione ben poco interventista. In molti comuni piemontesi soltanto una piccola minoranza dei tanti emigrati ritornò in patria per sottoporsi alla visita di leva. Ad Alessandria non si vide quasi nessuno. La propaganda neutralista fu abile. E convinse le famiglie a scrivere ai parenti andati all'estero per cercarsi un lavoro. Dovevano dirgli: restate dove siete, non venite a combattere la guerra voluta dai padroni.

Ma tornando a Battisti, lui non era uno di quei politici che parlano, parlano e al momento giusto tagliano la corda. Allo scoppio della guerra, si arruolò subito. E venne inviato in alta montagna, in Cadore. Qui cominciò a combattere da poveraccio, come accadeva agli altri soldati, molto più giovani e assai meno famosi di lui. Il 22 agosto 1915, appena tre mesi dopo l'inizio del conflitto, scrisse alla moglie Ernesta Bittanti che aveva bisogno di soldi per comprarsi del vestiario nuovo. Gli scarponi erano agli sgoccioli, i pantaloni bucati, i guanti rotti.

A 2600 metri d'altezza, i soldati non ricevevano nulla degli aiuti spediti dalle famiglie. Per ripararsi dalla neve e dal gelo, avevano appena delle tende. Soltanto alla fine di settembre si cominciarono a costruire delle baracche con un po' di riscaldamento.

Battisti si sentiva un soldato tra i soldati. Ma per la truppa non era nessuno. Catturato in combattimento dagli austriaci, il 12 luglio 1916 venne impiccato a Trento, nel Castello del Buonconsiglio, insieme a Fabio Filzi. Tre mesi dopo, il generale Luigi Capello, che comandava la II Armata, ordinò di chiedere a un battaglione di militari, all'incirca ottocento uomini, se sapevano chi fosse Battisti. Soltanto due o tre risposero di sì.

La truppa aveva ben altro per la testa. Si era subito resa conto che l'Esercito regio combatteva e viveva in condizioni precarie. Come racconta Piero Melograni nella sua *Storia politica della Grande guerra*, pubblicata da Laterza nel 1969, nell'estate-autunno 1915 infezioni ed epidemie si diffusero fra i reparti nella zona d'operazioni.

I casi di tifo furono circa 6 mila. Quelli di colera tra i 15 e i 20 mila. Di quest'ultimo morbo morirono 4300 soldati. Erano cifre impressionanti. Ma nei tre anni successivi, la guerra avrebbe fatto un numero enorme di morti, di feriti, di mutilati, di ammalati, di pazzi. Tutti uomini, giovani e meno giovani, che venivano in gran parte dai ceti più umili. Poveri massacrati da altri poveri, quelli che stavano al servizio del Kaiser tedesco e dell'Imperatore austriaco.

Anche Caterina avrebbe fischiato Battisti, come avevano fatto i socialisti di Alessandria. Lei non apparteneva a nessuna parrocchia politica. Non frequentava conferenze o comizi. Non leggeva i giornali. E se anche fosse stata in grado di capire tutti quei segni neri sulla carta bianca, si sarebbe ben guardata dal comprarli.

Di soldi in saccoccia ne aveva sempre molto pochi. E quei pochi era sacrosanto usarli per acquistare cose assai più utili: il pane, il latte, lo zucchero, la farina per la polenta, il sale. Quando riusciva a risparmiare un tantino, pensava a procurare alla famiglia degli abiti usati in vista dell'inverno.

Tuttavia, Caterina sembrava sapere molto della guerra appena cominciata. E sputava rabbia contro i ricconi che l'avevano decisa. Ernesto mi raccontò che sua madre ce l'aveva con Benito Mussolini, un socialista finto. Poi con Gabriele d'Annunzio, un blagheur, un bellimbusto spaccone, capace soltanto di darsi delle arie da gran poeta e di passare da una femmina all'altra. E soprattutto con Vittorio Emanuele III, un nano disgraziato che mandava a morire la propria gente.

Sulla guerra, Caterina aveva in testa un'idea molto chiara: era roba da borghesi, da studenti, da padroni. Se muoiono i figli dei ricchi, borbottava a Ernesto, figurati se non creperai anche tu, operaio dalle braghe stracciate! Un giorno osò proporre al figlio di andarsene in America, come aveva fatto il povero Paolo. E di rifiutarsi di finire sotto le armi. In base al detto che recitava: "La guerra si chiama guerra, e chi non scappa lo sotterra!".

La sua paura crebbe fra l'estate e l'autunno del 1915. Fu allora che iniziarono ad arrivare le notizie sui primi soldati caduti. Qualche lettera dal fronte sfuggita alla censura e i racconti dei feriti, che passavano di bocca in bocca, convinsero Caterina di una verità: la guerra era un mattatoio e lasciava poco scampo ai poveracci. Anche se ci morivano pure dei borghesi, ufficiali di complemento giovani e meno giovani.

Si venne a sapere che tra i morti c'erano molti meridionali. Al confronto con i pezzenti dell'Italia del Nord, loro venivano da una miseria ben più profonda. Erano quasi tutti contadini analfabeti. Odiavano i soldati settentrionali. E da militare pure Ernesto si sentì dire: «Caga e suda, piemontese fesso!». Non avevano mai visto le montagne coperte di neve, pativano molto il freddo e piangevano per il gelo.

Quali fossero le regole ferree dell'esercito, Ernesto le apprese prima ancora di essere arruolato. Le imparò dalla lettura del *Libretto personale* che veniva consegnato a ogni militare. Lui lo ebbe in prestito da un soldato di San Germano, ritornato a casa per una breve licenza dopo essere rimasto ferito al fronte.

Per cominciare, Ernesto venne a sapere che vestire la divisa doveva essere considerato un regalo del re e della monarchia: "Una delle più belle leggi recateci dalla libertà è l'obbligo del servizio militare, esteso indistintamente a tutti i cittadini. Esso è il più nobile e il più glorioso tributo che si paga alla Patria. Per questo il nostro esercito è eminentemente nazionale".

Il simbolo di questo tributo era la bandiera, il tricolore con lo stemma dei Savoia: "I militari debbono alla bandiera i maggiori segni d'onore. Nel combattimento debbono custodirla con somma sollecitudine e difenderla a tutta oltranza. Tutti debbono ritenersi a gloria il farle scudo con il proprio petto. Ed essere pronti a perdere la vita anziché cedere la bandiera al nemico".

Il libretto militare indicava con grande minuzia ciò che un soldato non doveva fare. A proposito dei rapporti con l'altro sesso prescriveva: "Il militare abbia presente che ogni spreco di forza nervosa, dannoso in ogni luogo e in ogni tempo, è pericoloso più che mai in guerra. Sappia egli resistere ai suoi istinti e ai desideri sessuali, per conservare tutto il suo vigore e per non subire l'onta delle malattie veneree causate dalla prostituzione. Esse gli farebbero mancare al più sacro dei suoi doveri: quello di conservarsi sempre in grado di combattere per il suo Re e pel suo Paese".

Una delle insidie più maligne alla buona salute del soldato era l'alcolismo, una piaga diffusa nel mondo dei poveri. Il Regio esercito avvertiva i suoi soldati con parole severe: "Gli alcoolisti soccombono in gran numero alla tubercolosi, popolano i manicomi, danno un gran contingente ai delitti e ai crimini. E costituiscono un danno economico per la società, ingombrando gli ospedali, i ricoveri e le prigioni". Anche l'uso del tabacco era riprovevole: "Il fumo smoderato danneggia la salute. Il masticare tabacco è abitudine dannosa e schifosa".

Ma i capitoli del libretto militare che più colpirono Ernesto riguardavano la descrizione dei reati che i soldati dovevano guardarsi bene dal commettere. Molto minuziosa era l'elencazione dei tanti modi nei quali si configurava quello più grave: la diserzione.

Veniva già considerato disertore il militare che si assentava dal reparto per cinque giorni, senza l'autorizzazione del comandante. Il caso più terribile era descritto così: "Il militare che passerà al nemico, o che si assenterà dalle file senza permesso in presenza del nemico, sarà immediatamente punito con la morte, previa degradazione".

Subito dopo si leggeva una lista dettagliata degli altri reati che il soldato non doveva compiere. Il rifiuto di obbedienza. La rivolta, pure questa punita con la fucilazione e nei casi meno gravi con la reclusione militare da tre a dieci anni. L'ammutinamento. L'insubordinazione. Il tradimento, che si configurava anche soltanto "spargendo notizie o alzando clamori per incutere lo spavento o provocare il disordine nelle truppe". L'istigazione alla resa, invocando il cessare il fuoco durante il combattimento, un altro delitto punibile con almeno dieci anni di carcere.

Infine si descrivevano i comportamenti sanzionati con il passaggio alle Compagnie di disciplina e di punizione, dove il soldato sarebbe rimasto sino al termine della guerra. L'elenco delle colpe era minuzioso: "Camorra, pederastia, tentativi di stupro, mendicare denaro in pubblico, simulazione di infermità".

Nello stesso modo venivano sanzionati "comportamenti indecorosi" sotto il profilo politico: manifestare "propositi sovversivi contro le istituzioni o partecipare, anche indirettamente, a qualche associazione avversa alle istituzioni stesse".

La lettura del libretto militare, ma soprattutto l'innato buonsenso, convinsero Ernesto a comportarsi nel modo giusto. Tanti anni dopo, quando lo interrogai sul servizio da soldato nella prima guerra mondiale, mi disse: «L'ho preso come il più difficile dei lavori, dove per un niente potevi lasciarci la ghirba. Ma era un mestiere che andava fatto, visto che non si poteva evitare. Davanti a questo affare rognoso, bisognava rimboccarsi le maniche e sperare in Dio. Insomma, il mio credo è stato quello di condurmi bene e al tempo stesso riportare a casa la pelle.

«Di tutto il resto» continuò mio padre, «vale a dire da Trento e Trieste in giù, non m'importava niente. Succedeva così a tanti soldati come il sottoscritto. Dovevamo soltanto stare attenti a non sgarrare. Altrimenti ti piombavano addosso i carabinieri militari, con il moschetto spianato e quei loro cappellacci a lucerna, con la doppia punta ai lati. E te lo mettevano in quel posto.»

Gli chiesi: «Ho letto che i caramba dell'esercito avevano un soprannome. È vero?». Ernesto sorrise e rispose: «Sì. Li chiamavamo gli aeroplani, i Caproni con le corna. Ma per noi monferrini erano anche i ciapapover, gli acchiappa poveri. Se ti prendevano in mezzo, rischiavi di finire al muro».

In realtà anche i carabinieri erano contadini, lo stesso ceto dei soldati di fanteria. Ma i fanti li odiavano. Li consideravano imboscati, alla stregua dei ferrovieri. Dalle tradotte dirette al fronte, a ogni fermata nelle stazioni se la prendevano con i ciapapover di sentinella sulla banchina. Li insultavano, gli tiravano i sassi e anche qualche colpo di fucile. Accadde soprattutto nel 1917, dopo due anni di guerra, con migliaia e migliaia di morti e nessuna vittoria risolutiva. E soprattutto senza un giorno di licenza.

«A trattenere molti soldati da azioni più gravi sai che cos'era?» mi disse Ernesto. «Era la paura del numero dieci.» «Non capisco di che si tratta» osservai. Lui mi rispose: «Era la regola che ti obbligava a pagare anche per gli sbagli degli altri: la decimazione».

Mio padre continuò: «Ti mettevano in fila, poi un ufficiale cominciava a contare: uno, due, tre, quattro, fino a dieci. Lo sfortunato che stava al decimo posto della fila finiva al muro. Poteva essere il miglior soldato d'Italia, però crepava lo stesso».

23
Il soldato Pansa

La chiamata alle armi della classe di Ernesto, il 1898, giunse nel gennaio 1917. Al culmine di un inverno fra i più tremendi. L'Italia del Nord era sepolta sotto la neve. Milano venne investita da dodici tempeste ghiacciate. Anche a Casale e nelle campagne del Monferrato non smetteva mai di nevicare. Le case dei poveri erano occupate in permanenza dal gelo.

Scaldarsi sembrava impossibile. Quando scendeva il buio, serviva a ben poco mettere nel letto il prete: una doppia slitta di legno che aveva al centro un vaso di coccio pieno di brace, ricoperta da un sottile strato di cenere. La notte non si riusciva a dormire e si aspettava la mattina barbellando, come succede a chi sta per morire.

Anche negli alloggi dei benestanti mancava il carbone. I rifornimenti di questo combustibile dipendevano soprattutto dalle importazioni dall'estero. Prima della guerra ne arrivavano in Italia quasi un milione di tonnellate al mese. Con l'inizio del conflitto mondiale le quantità cominciarono a scemare.

Nel secondo semestre del 1916 l'importazione di carbone si ridusse a 720 mila tonnellate mensili. E per tutto il 1917 non superarono le 420 mila tonnellate. Fu inevitabile che si sviluppasse un mercato clandestino. Ma era un affare che riguardava i ricchi, mai i poveri, che dovevano adattarsi a stare al freddo.

Pure quando arrivò la primavera, il 1917 risultò sempre un anno disgraziato. Il carovita infuriava. Dappertutto scoppiavano sommosse di protesta che diventavano subito agitazioni contro la guerra. Fra il dicembre 1916 e l'aprile successivo, nel paese se ne contarono cinquecento. E dovunque si videro in prima fila le donne.

Erano soprattutto loro a sopportare il peso di quell'epoca disgraziata. Molte avevano il marito soldato, i figli piccoli da crescere fra mille difficoltà, poco o niente in tasca e quasi nulla da mangiare. Il sussidio che gli passava lo Stato, dove comandavano i signori, era appena un'elemosina.

Dal fronte giungevano soltanto notizie nere. I militari schierati nelle trincee lungo l'Isonzo erano torturati dal freddo. Le offensive ordinate dai generali del Comando supremo di Udine li avevano decimati. Circondati di cadaveri, prigionieri del fango gelato, stremati dalle tante malattie, aspettavano i rincalzi: i ragazzi del Novantotto.

Ernesto fu arruolato il 14 febbraio 1917, quando aveva soltanto 18 anni e 4 mesi. Il foglio matricolare compilato dal distretto militare di Casale Monferrato descrive con precisione il suo aspetto fisico in quel momento. Era alto un metro e 65 centimetri, aveva capelli castani lisci, il naso e il mento regolari, gli occhi castani, il colorito roseo, la dentatura sana.

Quel tipo di documento non annotava mai il peso della recluta. Diceva soltanto che Ernesto aveva un torace di 80 centimetri. Il che vuol dire che era davvero magro, il risultato di un'infanzia trascorsa alle prese con la dieta dei poveri: pane e polenta.

Anche negli anni successivi, Ernesto rimase sempre così. Non ricordo di averlo mai visto con un po' di ciccia addosso. Un uomo asciutto e molto agile, la corporatura giusta per il suo mestiere. Quello che venne annotato sul foglio matricolare: guardafili telegrafico.

Il 26 febbraio 1917, il soldato Pansa si presentò al distretto militare e venne sistemato in una della caserme della città. I burocrati dell'esercito avevano soltanto l'imbarazzo della scelta. Casale Monferrato era un'antica piazzaforte savoiarda e dopo l'unità d'Italia aveva ospitato truppe di ogni genere.

Per prima l'artiglieria, sia la pesante campale che quella ippotrainata. Poi il Genio pontieri. Quindi la cavalleria, considerata l'arma dei figli di papà, tutti raccomandati di ferro. Infine la fanteria. In città aveva sede l'11° Reggimento della Brigata Casale, con le mostrine gialle. La presenza di tanti reparti era sempre stata accolta con favore dalla popolazione civile, soprattutto dai commercianti. Portava reddito, vivacità, gioventù: tutti fattori positivi per una comunità che non aveva le dimensioni di una metropoli.

Casale Monferrato vantava cinque grandi stabilimenti militari. Per cominciare, la caserma Carlo Alberto, situata nel centro della città, in via Leardi, accanto ai vastissimi giardini pubblici. In origine era un convento di suore, chiamato la Maddalena. Ma più di un secolo prima l'aveva requisito quel miscredente di Napoleone Bonaparte. Dopo aver scacciato le monache, ne aveva fatto un ricovero per le sue truppe.

Poi veniva la caserma Vittorio Emanuele II, in piazza Baronino, destinata al Genio pontieri e all'artiglieria. Anche questa era un ex convento di suore che di certo non immaginavano quanto sarebbe accaduto in seguito sulla loro piazza. Diventata un bordello all'aperto, frequentato da slandrone scatenate e quasi tutte girovaghe.

La terza era la caserma Solaro di Villanova, accanto al Po, usata sempre dai pontieri. La quarta era la De Cristoforis, anch'essa un ex convento delle Umiliate, poi diventata una filanda e infine la sede del Distretto militare. La quinta e ultima era chiamata il Casermone, l'edificio più nuovo, costruito fra il 1907 e il 1911. Stava al di là della ferrovia e per collegarla al centro della città era stata eretta una passerella pedonale in ferro.

Quando la guerra fece arrivare anche a Casale Monferrato i primi convogli di soldati feriti, l'esercito requisì il collegio Trevisio. Era situato nei pressi di via Roma, lungo via Andrea Trevigi, una strada che conduce a piazza Castello. Fu trasformato alla meglio in ospedale militare. E divenne il luogo che più di ogni altro obbligava a ricordare, ogni giorno, gli orrori del conflitto mondiale.

Ernesto venne inviato nella caserma Carlo Alberto, quella di via Leardi. Fu quasi un segno del destino, per un ragazzo cresciuto in campagna. Da adulto, sposato e padre di due figli, sarebbe andato ad abitare a pochi passi dalla stessa strada, in via Corte d'Appello.

Di domenica, quando accompagnava ai giardini pubblici mia madre Giovanna e noi, diceva sorridendo: «Ci sono stato anch'io in questa caserma. Mai però in quell'altro palazzo...». E indicava l'edificio di fronte alla Carlo Alberto: il carcere giudiziario della città.

Il soldato Pansa rimase nella caserma di via Leardi meno di un mese. Ma da ragazzo sveglio comprese subito quanto fosse insaziabile la fornace della guerra. Vittorio Emanuele III aveva chiamato alle armi dei giovanissimi come lui, ma non si sarebbe accontentato di questo. Nel maggio 1917 avrebbe arruolato tutta la classe del 1899. Per poi reclamare, all'inizio del 1918, nella fase successiva alla disfatta di Caporetto, i bambocci del 1900, diciottenni e anche meno.

Nella caserma Carlo Alberto, Ernesto vide arrivare pure soldati molto più anziani di lui. Un graduato romagnolo, forse un repubblicano che odiava i Savoia, gli disse: «Quel porco di Vittorio Emanuele sta raschiando il fondo del barile e tra poco manderà al fronte anche i nonni!».

Ma per il momento stavano arruolando i padri di

famiglia. Anche coloro che per la bassa statura erano stati esonerati dal servizio militare. Come racconta Mario Silvestri in *Isonzo 1917*, pubblicato da Einaudi nel 1965, prima della guerra la statura minima per fare il soldato era stata abbassata di un centimetro: da 155 a 154. Lo scopo era quello di poter incorporare nelle forze armate anche il re Vittorio Emanuele III, un sovrano davvero bassetto. E destinato a sembrare sempre più piccolo e magro.

Cominciata la guerra, vennero di nuovo chiamati alla visita militare i riformati compresi fra i 153 e i 147 centimetri. E si decise di arruolare e spedire in trincea coloro che avevano almeno una statura di un metro e mezzo. Le perdite sul fronte stavano diventando molto più pesanti del previsto. E si doveva mandare al macello anche "i nanetti", come li chiamavano, beffardi, i loro compagni di sventura più alti.

In via Leardi si presentarono quelli delle classi 1874 e 1875. Erano uomini di 43 e 42 anni, già vecchi per la fatica del lavoro e la vita grama, spesso con una caterva di figli. Ernesto li scoprì disperati. Bestemmiavano, maledivano la guerra e il re che li obbligava alla trincea. Molti erano cupi, chiusi in se stessi. Non rivolgevano la parola alle reclute giovani, se non per offenderle.

Dei soldati che si erano presentati volontari non dicevano nulla, ma soltanto perché non se ne vedevano. Durante tutto il corso della guerra, si arruolarono senza averne l'obbligo appena poco più di 8 mila uomini. In maggioranza venivano dalle città irredente, come Trento e Trieste. E la truppa chiamata alle armi li guardava come se fossero marziani. Oppure dei pazzi che andavano a cercare la morte invece di restarsene a casa.

I militari anziani che Ernesto incontrò nella caserma di via Leardi parlottavano soltanto fra di loro, angosciati per le famiglie che erano stati costretti ad abbandonare. Una compagnia di questi richiamati aveva lasciato a casa uno sproposito di figli: 952. Di norma, una compagnia di fucilieri di fanteria aveva un organico di duecento uomini, compresi cinque ufficiali. Significa che, nel caso citato, ciascun soldato aveva fra i quattro e i cinque figli, spesso ancora bambini.

Il ragazzo Ernesto scoprì una rabbia che conosceva soltanto da lontano, pur avendo alle spalle un'esistenza miseranda. I soldati quarantenni si sentivano dei condannati a morte da una monarchia malvagia che viveva nel lusso, ma poteva disporre senza limiti della vita dei poveri.

Tutti ritenevano di essere le vittime di una società ingiusta. Che dopo averli sfruttati nel lavoro sui campi, adesso li mandava a farsi uccidere in una guerra che non li riguardava. Capace soltanto di rendere più pesante la loro sfortuna. E quella delle loro famiglie. Avevano il terrore di rimanere feriti e invalidi. Oppure di morire, lasciando una vedova destinata a precipitare dalla povertà alla miseria.

La fanteria era composta quasi tutta di contadini, i più poveri in un paese ancora in gran parte povero. E i contadini, non soltanto quelli italiani, odiavano la guerra, gli ufficiali, i generali, i politici, la monarchia, lo Stato. I motivi li spiegò Arrigo Serpieri in un grande libro di economia agraria: *La guerra e le classi rurali italiane*, pubblicato nel 1930 da Laterza.

Prima di tutto, i contadini, una classe allora assente dalla vita politica nazionale, per le loro condizioni materiali e spirituali non potevano di certo concordare con le ragioni dell'intervento italiano nel conflitto mondiale. Della guerra vedevano soltanto il suo aspetto orribile, quello più vero: la morte, il sangue, le mutilazioni, il dolore, le famiglie distrutte.

Se anche avessero ascoltato cento conferenze di Cesare Battisti, non avrebbero di certo cambiato il loro punto di vista. Continuando a ragionare, e a imprecare, come Caterina. Erano la rappresentazione fisica di un paradosso sociale. Pur essendo i più allenati a sopportare le privazioni, non volevano saperne di quelle imposte a chi indossava una divisa.

Per di più, la maggior parte degli interventisti, i fautori della guerra, scrive Serpieri, "appartenevano a quella borghesia contro la quale le plebi rurali nutrivano sentimenti, se non di odio, almeno di diffidenza e di freddezza". Lo stesso atteggiamento avevano i sacerdoti. A cominciare dai parroci dei piccoli paesi, spesso in condizioni economiche non molto differenti da quelle dei loro fedeli sempre in bolletta.

Anche il vertice della Chiesa cattolica era contrario alla guerra. Benedetto XV, il papa eletto il 3 settembre 1914, poco dopo l'inizio del conflitto mondiale, sin dalla sua prima enciclica era stato molto esplicito. E il 1° novembre di quell'anno si era scagliato contro "il tremendo fantasma della guerra".

Le sue parole avevano trovato un'eco in tutte le parrocchie italiane. Erano la condanna delle "gigantesche carneficine" causate dalle armi, massacri che disonoravano l'Europa. Il pontefice piangeva sulla sorte delle nazioni, delle famiglie e degli individui, che "gemevano nei dolori e nelle miserie della guerra". Di conseguenza, anche il clero e la stampa cattolica erano in maggioranza per la neutralità dell'Italia.

Infine, Serpieri ricorda un altro fatto: le minoranze dei contadini che in modo attivo partecipavano alla vita politica erano quasi tutte sotto l'influenza del socialismo raccolto nel Psi. E dei suoi giornali nazionali e locali, come "La Fiaccola", il settimanale dei socialisti casalesi, che avevano una linea di intransigente pacifismo.

Sin dal luglio 1914, il partito si era schierato contro

il conflitto mondiale e per la neutralità assoluta dell'Italia. In un articolo dell'"Avanti!" rimasto famoso, *Abbasso la guerra*, pubblicato il 26 luglio, si diceva: "O il governo accetta questa necessità o il proletariato saprà imporgliela con tutti i mezzi".

Poi Benito Mussolini cambiò idea, si dimise dalla direzione dell'"Avanti!" e fondò un altro quotidiano, "Il Popolo d'Italia". Spiegò la sua nuova linea in un'assemblea della sezione socialista di Milano. E concluse l'intervento gridando: «I vinti avranno una storia, gli assenti no. Se l'Italia rimarrà assente dalla guerra, sarà ancora la terra dei morti, la terra dei vili». Quindi, il 24 novembre 1914, Mussolini venne espulso dal Psi.

I contadini che il soldato Pansa aveva incontrato nella caserma di via Leardi non sapevano un'acca di Mussolini, del neutralismo, dell'interventismo. Molti di loro erano di sicuro analfabeti e non avevano mai preso in mano un giornale. Tuttavia avevano nella testa un'idea molto chiara: la guerra la vogliono i ricchi.

Perché allora a combatterla dovevano essere soprattutto i poveracci? Vestire la divisa e andare al fronte era un obbligo che stentavano ad accettare. Fare il soldato e finire in trincea gli sembrava una pena tremenda, inflitta a migliaia di innocenti.

Ernesto sapeva leggere e scrivere. Il giornale non rientrava nelle sue abitudini. Ma aveva sentito parlare dei socialisti e di un certo Mussolini. Tuttavia, con la forza ingenua dell'operaio che andava per i 19 anni, si rese conto che non poteva rifiutarsi di fare il lavoro difficile della guerra. E si rassegnò ad affrontarlo.

Lo stesso fecero, sia pure a testa bassa e bestemmiando, il re e i suoi generali, un'infinità di contadini, chiamati o richiamati alle armi. Erano loro il serbatoio immenso della carne da cannone che si poteva spedire al fronte. Lo spiegava la struttura della società italiana alla vigilia della guerra.

Le cifre pubblicate da Serpieri parlano da sole. I contadini in senso stretto, non i proprietari di terre né gli affittuari, erano la classe più numerosa, vicina ai 10 milioni di individui su una popolazione di 34 milioni di abitanti, compresi donne, bambini e vecchi.

I mezzadri e i coloni erano 2 milioni e 220 mila. I salariati obbligati 710 mila. I giornalieri di campagna, ossia i braccianti avventizi, addirittura 4 milioni e 390 mila. I piccoli fittavoli 960 mila. I contadini con un solo pezzo di terra un milione e 100 mila. Fra tutti i più miseri erano quanti vivevano in zone di montagna.

Il totale di queste cifre è di 9 milioni e 380 mila. I lavoratori agricoli delle classi dal 1874 al 1900, vincolati al servizio militare sino al termine della guerra, secondo Serpieri furono 2 milioni e 618 mila. Ossia il 45,9 per cento degli italiani chiamati alle armi che, nel complesso, erano stati 5 milioni e 698 mila. Ecco perché, nel capitolo successivo, parlerò del massacro dei contadini.

Il 23 marzo 1917, il soldato Pansa lasciò la caserma di via Leardi e partì per Firenze, diretto al deposito del 3° Reggimento del Genio radiotelegrafisti. Il 1° luglio venne inserito nel Battaglione telegrafisti. E il 10 agosto raggiunse il fronte, con la 60ª Compagnia del 3° Reggimento. Come soldato del III Corpo d'armata. Al comando di un generale rimasto famoso, nel bene e nel male: Emanuele Filiberto di Savoia, il Duca d'Aosta.

I militari richiamati potevano raggiungere i centri di raccolta portando con sé gli effetti personali di loro proprietà. In cambio ricevevano un piccolo premio in denaro. L'esercito consigliava di presentarsi ai distretti con un paio di buone scarpe da marcia, un farsetto di maglia, la cinghia dei pantaloni, biancheria varia di ricambio e un po' di calze di lana.

In vita sua, Ernesto non aveva mai posseduto un

corredo. Per questo motivo l'esercito lo rivestì da capo a piedi. Una giubba di panno grigioverde, pantaloni, fasce mollettiere, un copricapo di panno e un paio di scarponi. In più lo armarono di un moschetto modello 91, di una baionetta, di un caricatore di proiettili dentro una giberna unica. E infine un pastrano, più un elmetto.

Poiché stava nel Genio telegrafisti, ebbe anche un distintivo da cucire sul braccio sinistro della giubba. Rappresentava un ragno al centro di tre folgori. Ernesto domandò: «Perché il ragno?». Un maresciallo gli rispose: «Perché è la creatura di Dio che si muove meglio tra i fili. E deve saper lavorare con la velocità del fulmine».

24
Il massacro dei contadini

Ernesto visse gran parte della sua guerra mondiale a Monfalcone, territorio della III Armata. Ed ebbe la fortuna di essere assistito da una forma speciale di ottimismo. Propria di chi dalla vita ha sempre avuto poco o niente. E si sente meglio quando gli capita di ottenere qualcosa di più.

Me ne resi conto tanti anni dopo, il giorno che domandai a mio padre come si fosse trovato sotto le armi, da soldato semplice spedito al fronte. La risposta mi sorprese, anche perché offriva un sintetico ritratto della sua esistenza precedente. Quella di un bambino e poi di un ragazzo povero, orfano di padre, cresciuto fra mille stenti da una madre schiava della miseria.

«Prima di tutto» mi rispose Ernesto, «devo riconoscere che ero davvero un ragazzo ignorante. Ero convinto che la guerra sarebbe finita presto, ben prima di essere chiamato a fare il militare. Dopo ho saputo che la stessa cosa la pensavano i generali, a cominciare dal capintesta, Cadorna. Anche loro erano sicuri di vincere in fretta. Contavano di arrivare a Trieste dopo un mese di battaglie e, subito dopo, di poter invadere l'Austria.

«Il capo del governo, mi pare che si chiamasse Salandra, diceva che tutto si sarebbe concluso in tre mesi prima dell'inverno fra il 1915 e il 1916. Con due o tre battaglie decisive e vittoriose, al suono delle fanfare. Poi ho capito che erano fantasie. E me ne sono accorto di persona, quando mi hanno chiamato alle armi all'inizio del 1917. Arrivato al fronte, ho visto con i miei occhi che l'esercito italiano era nell'acqua alta e ci sarebbe rimasto sino alla ritirata di Caporetto, nell'autunno di quell'anno.

«Ma tu vuoi sapere come mi sono trovato in guerra» continuò Ernesto. «Non posso rispondere bene, perché la verità è che mi sono trovato benissimo. L'esercito mi ha dato il primo cappotto della mia vita. Da ragazzo non ne avevo mai posseduto uno. Durante l'inverno, cercavo di difendermi dal freddo che veniva su dai campi con un mantello vecchio come il cucco, che lasciava passare anche il più piccolo spiffero di aria gelida.

«Quasi sempre a fare da mantello c'era quella che dalle nostre parti si chiama una catalogna, una coperta di lana povera, fatta di tanti pezzi diversi cuciti insieme. Non avevamo i soldi per comprarci una coperta vera, di lana buona. Era un miraggio che non potevamo permetterci. Il giorno che alla caserma di via Leardi mi hanno consegnato il pastrano grigioverde quasi non credevo ai miei occhi!

«Poi ho ricevuto un paio di scarponi nuovi. All'inizio mi sembravano un po' duri e i piedi mi facevano male. Ma ci ho riflettuto e ho scoperto subito il perché. Ero sempre stato abituato a portare scarpe logore, di seconda o di terza mano che alla prima pioggia si sfasciavano. Erano così a pezzi che neanche san Crispino, il protettore dei calzolai, avrebbe saputo ripararle.

«Mia madre Caterina le otteneva dal parroco di San Germano, un prete dal cuore grande come una casa. Tanto caritatevole da raccogliere indumenti e calzature che le famiglie benestanti scartavano e lui distribuiva ai poveri del paese.

«Da soldato ho sempre mangiato due volte al giorno, mentre da noi, di solito, sedevamo a tavola soltanto la sera, davanti a un piatto di minestra e poco altro. I pasti dell'esercito non erano male, anche se potevano cambiare e non sempre in meglio. Ma in uno dei due pasti scoprivi nella gavetta un pezzettino di carne.

Qualche volta era tigliosa, dura da masticare. Però a casa nostra la carne la vedevamo una volta all'anno: il giorno di Natale.

«Anche il pane c'era sempre. Quando sono arrivato al fronte, i soldati anziani mi dissero che era peggiorato. Era fatto di un impasto di grano e di crusca, appesantito dall'acqua. Per di più la razione giornaliera che la truppa riceveva era diminuita da sette etti e mezzo a sei. Però il poco pane che riuscivo a mangiare da bambino e poi da ragazzo era persino più cattivo di quello dell'esercito.

«In guerra ho assaggiato per la prima volta il cioccolato» continuò Ernesto. «E ho bevuto il mio primo bicchierino di cognac. Di questo liquore c'era un'abbondanza straordinaria alle spalle delle trincee. Dicevano che servisse a dar coraggio ai soldati nell'imminenza di un assalto. Quando mancava, ti davano la grappa.

«Quelli della fanteria chiamavano il cognac "la benzina". Tutti bevevano come spugne. E lo stesso facevano gli austriaci. Nelle trincee l'odore del cognac era persino più forte di quello dei rifiuti e dei cadaveri. Ho visto tenenti, capitani e maggiori che stavano sempre attaccati alla bottiglia. Penso lo facessero per attenuare il disgusto della guerra e scacciare il terrore di morire che anche loro sentivano.

«Infine ho fumato la prima sigaretta. E sono andato per la prima volta con una donna. Mi è capitato in uno dei bordelli militari della III Armata. Una leggenda sosteneva che erano i migliori dell'intero esercito italiano. Li aveva voluti così il Duca d'Aosta che pare fosse un gran donnaiolo. Però la signora che mi ha svezzato non era un granché. Ma ero contento lo stesso: meglio stare nel letto di una slandrona che dentro un ospedale da campo o in una fossa per i morti.»

Poi proposi a Ernesto la domanda che mi premeva di più rivolgergli: «Hai provato paura al fronte?». Lui si fermò a riflettere, quindi rispose: «Sì, molta e tante volte. Ma non era quella di morire. Tieni conto della mia età: ero un ragazzo che andava per i 19 anni. E come succede a chi è molto giovane, anch'io, senza rendermene conto, avevo la convinzione di essere immortale. Ero sicuro che sarei sopravvissuto alla guerra. Adesso capisco che m'illudevo, perché ho visto crepare tanti ragazzi come me.

«La mia paura era di restare mutilato» continuò Ernesto. «Ho avuto di fronte spettacoli orrendi. Gambe sparite. Braccia tagliate. Facce spaccate a metà, senza il naso e le orecchie. Bocche diventate buchi neri, senza lingua né labbra. Sai quanti sono stati i mutilati nella guerra mondiale? Conosco la cifra esatta: 219 mila. Tutti uomini sani destinati a restare invalidi per il resto della vita. E non soltanto nelle braccia e nelle gambe, ma nella mente. Tanti di loro sono diventati pazzi.

«Mentre tiro su dalla memoria questi spettacoli orribili» disse mio padre, «mi sembra di rivivere la mia paura di allora. Vedi, Giampa, c'era una questione che mi tormentava e che tu, per fortuna, non puoi capire. Ero un ragazzo cresciuto nella povertà più nera. Poi avevo trovato la mia strada. Quando aiutavo a raccogliere i soldati feriti, mi domandavo sempre: che cosa mi succederà se dovessi restare mutilato e finire su una carrozzella?

«Non avrei più potuto lavorare né da guardafili del telegrafo né in campagna da contadino. Sarei diventato un peso terribile per mia madre Caterina, per le mie sorelle, per mio fratello Francesco. La mia vita, e anche la loro, si sarebbe trasformata in un inferno. Poi il Padreterno mi ha aiutato. O forse mi ha protetto lo spirito di mio padre Giovanni. Dall'aldilà, si sarà detto: ho già dato troppi fastidi alla mia famiglia, devo fare in modo che Ernesto torni a casa dalla guerra tutto intero...»

La prima tappa di Ernesto soldato fu il Basso Isonzo. La città di Monfalcone era stata sottratta agli austriaci pochi giorni dopo l'inizio della guerra, il 9 giugno 1915. Quella facile vittoria aveva inebriato i generali del Duca d'Aosta. Al punto di convincerli che, partendo di lì, sarebbe stato un affare da niente conquistare Trieste, l'obiettivo numero uno dell'esercito italiano.

Da Monfalcone si scorgeva l'intera costa del golfo di Panzano, anche questa terra nostra da riprendere all'Austria. Con i cannocchiali a forte ingrandimento, gli ufficiali esploravano il tratto fra Duino e Sistiana, quindi il Castello di Miramare e infine il miraggio bianco di Trieste, "una sposa sdraiata a scrutare il suo mare, l'Adriatico" diceva un componimento poetico.

Chiesi a Ernesto: «Che cosa sapevate di Trieste?». Lui sbuffò: «Noi della truppa, la bassa forza, quasi niente. I contadini meridionali non ne avevano mai sentito parlare. Qualcuno di loro era convinto che quella città non esistesse. E fosse soltanto un'invenzione dei generali per scatenare la guerra. La stessa cosa pensavano di Trento».

In realtà Trieste esisteva. Era una città che prima del conflitto contava quasi 240 mila abitanti. Un'altra leggenda, molto diffusa nelle trincee italiane, raccontava che era un paradiso in terra, piena di soldi. I ristoranti, i tabarin, i caffè straripavano di gente che preferiva stare sotto l'Austria e se la godeva. I bordelli offrivano ragazze di prima classe, tutte devote dell'Imperatore e in grado di parlare bene il tedesco. D'estate, la spiaggia di Barcola era frequentata da belle donne in costume da bagno. In compagnia di ganzi che nessuno chiamava alle armi.

Confrontata con Trieste, Monfalcone assomigliava a un cimitero. La città era tutta una rovina. I cantieri navali non esistevano più: soltanto macerie, nient'altro. Lo stesso il Duomo. Di case in piedi neanche una. E in quel disastro, circondato da un'infinità di trincee, transitavano di continuo colonne della fanteria, dirette al massacro dell'Hermada.

Ma che cos'era questo Hermada? Ernesto lo imparò subito grazie ai vecchi del Genio. Loro gli ringhiavano: «Non credere agli ufficiali quando ti dicono che prenderemo Trieste in un amen. Se fosse così, non ci vedresti inchiodati qui dopo più di due anni di guerra schifosa. Dovremmo lasciarla perdere Trieste. Anche perché i triestini non hanno nessuna voglia di diventare italiani. Comunque, ci penserà l'Hermada a tenere lontano da loro l'esercito di Vittorio Emanuele».

Era un monte per modo dire. In realtà, si trattava di un collinone sui 300 metri d'altezza. Le nostre artiglierie lo bombardavano tutti i giorni, ma invano. Da Monfalcone si scorgevano le nuvole bianche e poi nere delle cannonate. Ernesto mi spiegò: «La truppa sosteneva che ogni colpo di cannone costasse come un'automobile: 5 mila lire. Ma il Duca d'Aosta aveva la fissa di conquistarlo, quel montarozzo pieno di buchi. Le nostre fanterie, e anche noi del Genio, battevano i trentadue denti a sentir parlare dell'Hermada. Ma lo stesso effetto faceva pure agli austriaci».

Mario Silvestri ci avrebbe poi lasciato questa descrizione dell'Hermada: "Quando i reparti austroungarici venivano destinati sul Carso, alla quota 323, sentivano un tuffo al cuore. Esisteva una sola quota 323 sul Carso ed era l'Hermada. Un colle bruciato, riarso, bersagliato da proiettili di tutti i calibri. Un gigantesco termitaio nel quale stavano annidate decine di migliaia di soldati dell'Impero, con le mitragliatrici e batterie di cannoni d'ogni genere. Un colle bucato da trincee, gallerie, caverne. Su un solo chilometro di fronte c'erano trecento chilometri di camminamenti".

Questo fu l'Hermada che Ernesto, ragazzo soldato, vide a partire dall'agosto 1917. Un ammasso di roccia carsica che sotto le cannonate si sfaldava in mille schegge. Circondato in vetta da una nebbia grassa che sapeva di cadavere. Dappertutto l'odore nauseabondo di migliaia di soldati caduti. I rifiuti delle tante offensive decise dai generali che se ne stavano al sicuro, nei palazzi di Udine.

«Era come una grande semina di morti stecchiti» mi spiegò Ernesto, «molto fitta, solco per solco, senza sprecare un seme, anche se non fruttava niente. Noi del Genio ci passavamo attraverso per stendere le linee del telegrafo e del telefono. Non mi era mai capitato di vedere un morto. Quando mio padre Giovanni era andato al Creatore avevo 3 anni e mezzo. E non mi ricordavo niente di lui. Adesso di cristiani uccisi ne vedevo centinaia, ogni giorno.»

Ernesto era costretto a camminargli sopra. Li spostava con la pala. Li rivoltava per far passare i fili del telegrafo e soprattutto dei telefoni da campo. Le linee si guastavano spesso e bisognava riattivarle di continuo, anche sotto le cannonate degli austriaci. Accadeva soprattutto con le linee telefoniche che arrivavano alle prime trincee. I rischi erano molti. Ti piovevano addosso le schegge delle granate capaci di mutilarti. Oppure potevi finire sotto il tiro delle mitragliatrici o beccarti la pallottola di un cecchino.

Anche il Genio telegrafisti ebbe i suoi morti: almeno 1400. Ma gli veniva risparmiato il momento terribile dell'assalto. Per questo motivo, ricordava Ernesto, i genieri erano odiati dalla fanteria. Li ritenevano soldati per finta, un peso inutile.

Lo stesso accadeva nei confronti della cavalleria e dell'artiglieria. I fanti, quasi tutti contadini, si sentivano condannati a morte. E consideravano gli altri soldati degli imboscati, dei raccomandati, dei papponi che campavano sfruttando la vita degli altri militari.

Del resto erano soltanto loro a dover vivere, tutti i giorni, nell'inferno della trincea. Già questo rappresentava un tormento disumano, difficile da sopportare. Il freddo, il caldo, la solitudine, l'insonnia, l'immobilità forzata: una tortura per uomini abituati a muoversi sempre in campagna. Poi la puzza dei corpi, l'odore delle feci, i grossi topi che si mangiavano i cadaveri, l'assalto di migliaia di pidocchi.

Però il disagio più grande veniva dalla sete. Il cognac non dissetava. Rifornire d'acqua le trincee di prima linea non era un'impresa da poco. Le botti erano trainate da cavalli o da muli, ma il transito poteva essere interrotto dai cecchini austriaci.

Da un certo momento in poi, vennero adoperati cani di grossa taglia, addestrati a quel compito. Portavano acqua, ma anche munizioni. Erano bestie formidabili. Non sbagliavano mai l'itinerario, resistevano alla fatica, fiutavano il pericolo, senza fermarsi. Cercavano di correre al coperto. E quando arrivavano alla trincea che cosa trovavano? Qualcuno che li ringraziava con un calcio in culo, perché avevano fatto tardi.

Chi poteva adattarsi a questa vita e a questa morte? Soltanto dei poveri, già allenati a campare in condizioni pesanti. Non è un caso se il 95 per cento delle perdite nella prima guerra mondiale si registrò nei reparti di fanteria. Come scrive Serpieri nel lavoro già citato, al termine del conflitto gli orfani di guerra e i figli di invalidi di guerra risultarono 280 mila. Di loro, 179.326, pari al 64 per cento del totale, erano figli di contadini caduti in battaglia.

Ernesto mi disse: «Li ho visti quei padri destinati a morire o a restare mutilati. Erano uomini delle classi più anziane, che avevano lasciato a casa mogli e figli piccoli. Marciavano inquadrati verso le trincee, al seguito della fanfara del reggimento che suonava la marcia reale. Loro sfilavano piangendo perché erano sicuri di crepare».

Di solito erano braccianti, sterratori, pastori, salariati al servizio dei padroni delle terre. La classe più contraria alla guerra offriva alla patria il più alto contributo di sangue. Ma loro della patria non conoscevano niente. L'unico sentimento che li dominava era la rassegnazione. Ovvero, per dirla con Serpieri, "l'oscuro istinto che esistono forze superiori alle quali occorre piegarsi e ubbidire".

Inoltre sapevano di non avere nessuna via d'uscita tranne una: disertare. Molti l'avevano fatto prima dell'arruolamento. Si diceva che in Sicilia 40 mila uomini non avessero risposto alla chiamata alle armi. Il rifiuto di presentarsi si era rivelato imponente sull'Appennino toscano e abruzzese, nel Gargano in Puglia e nel Gennargentu in Sardegna. Ma disertare quando si stava già al fronte era praticamente impossibile. E presentava il rischio certo della fucilazione, subito dopo la cattura.

Ernesto non pensò mai di disertare. Anche se sapeva che sorte poteva toccare a un soldato rimasto in vita, ma ferito in modo grave. La maggior parte di loro era destinata a morire dopo due o tre giorni di ricovero negli ospedali da campo, alle spalle del fronte. Ma pure chi si era salvato dopo un assalto rischiava di andare all'altro mondo per una delle tante malattie diffuse fra i soldati.

La malaria, prima di tutto, quella di tipo cerebrale, la più perniciosa che, dopo averti mandato in delirio, ti spediva in coma e ti accoppava. Poi il tifo petecchiale. E infine il colera che si diceva arrivasse dall'Europa centrale, per l'esattezza dalle montagne dei Carpazi.

I soldati colerosi venivano trasferiti in lazzaretti improvvisati dentro una chiesa abbandonata o in qualche edificio in rovina. Non esisteva cura in grado di guarirli. I colerosi se ne stavano sdraiati su strati di paglia, in mezzo ai loro escrementi. Gli unici soccorritori che vedevano erano i monatti che passavano due volte al giorno per portare via i morti.

Le cifre che troviamo nello studio di Serpieri, pure nella loro fredda sobrietà, ci descrivono una strage durata tre anni e mezzo. Le perdite complessive degli italiani nella prima guerra mondiale furono le seguenti. Per cominciare 400 mila soldati morti per ferite d'arma da fuoco o per l'azione dei gas tossici usati dal nemico. Altri 200 mila morti per malattie "strettamente dipendenti dalla vita di guerra". Infine 946 mila feriti non deceduti. A queste perdite, Serpieri assomma i 600 mila prigionieri del nemico, 100 mila dei quali morirono.

Anche lui riconosce la grande difficoltà di stabilire con esattezza quanti fossero i contadini morti o feriti in quella guerra. Tuttavia "il maggior sacrificio delle classi rurali" è documentato in modo indiretto dai maggiori sacrifici dell'arma della fanteria.

La proporzione annua media dei morti in fanteria superava il 10 per cento, quella dei feriti il 30 per cento. Nell'artiglieria e nel Genio era dieci volte inferiore. Queste percentuali sono calcolate sulle statistiche del Comando supremo, quasi sempre lacunose. Serpieri le corregge così: 22 per cento di caduti nella fanteria, 6-7 per cento nel Genio, 5-6 per cento nell'artiglieria.

Era davvero la strage dei poveri. Il racconto di questo massacro lo si trova nella storia delle brigate di fanteria. Con reggimenti, dice Serpieri, "che in una settimana di battaglia perdevano oltre la metà, e fino a tre quarti, della forza combattente".

25
Al servizio del Duca

Ernesto non poteva saperlo, ma nell'agosto 1917, quando stava al fronte da pochi giorni, il Regio esercito aveva sotto le armi 2 milioni e 321 mila uomini. Di questa forza immensa, un milione e 200 mila soldati stavano schierati su una linea di appena ottanta chilometri, da Tolmino a Monfalcone.

Erano suddivisi in due armate. La II Armata disponeva di 666 mila militari ed era guidata da Luigi Capello. Questo generale aveva 58 anni ed era un piemontese di Intra. La sua figura risultava perfetta rispetto al carattere e allo stile di vita: un omone massiccio, spregiudicato, aggressivo, sempre circondato da giornalisti, da politici, da faccendieri, iscritto alla massoneria come tanti ufficiali di carriera. Appariva ansioso di combattere, anche troppo. Riteneva che esistesse un solo modo di fare la guerra: con la crudeltà. I soldati gli avevano affibbiato un soprannome che diceva tutto di lui: "Tristaccio".

La III Armata, quella di Ernesto, poteva contare su 498 mila uomini. E a comandarla provvedeva un Savoia: Emanuele Filiberto, duca d'Aosta. Era cugino primo di Vittorio Emanuele III e nel 1917 aveva 48 anni. Descriverò più avanti che personaggio fosse. Per ora, dirò soltanto che i suoi biografi, almeno quelli che non si comportavano da cortigiani, sostenevano che il Duca aveva più apparenza che sostanza. Ma tutti gli riconoscevano due passioni autentiche: le donne e i cavalli.

Nell'anno che si sarebbe concluso con il disastro di Caporetto, le due armate avevano l'aspetto di colossi immobili o di dinosauri pietrificati. Stavano sepolte dentro un'infinità di trincee, strapiene di soldati destinati a morire in un succedersi vano di assalti. Erano avvolte da migliaia di linee telegrafiche e telefoniche, in grado di trasmettere all'istante ordini su ordini, per poi smentirli quasi subito. E venivano rifornite ogni giorno da decine di treni militari.

Queste tradotte stavano in coda sulle due uniche ferrovie che conducevano al fronte dell'Isonzo: la Mestre-Monfalcone e la Treviso-Udine. Scriverà poi Silvestri che, all'andata, i convogli sfilavano nelle campagne friulane carichi "della ricchezza del suolo e dell'industria: cannoni, mitragliatrici, munizioni, telefoni da campo, rotoli di filo spinato, viveri e vestiario". Nel viaggio di ritorno trasportavano verso l'interno della pianura padana "il prodotto di quella ricchezza: feriti, ammalati, morti, prigionieri austriaci e poche armi inservibili strappate al nemico".

Dopo più di due anni di guerra sanguinosa e senza nessuna vittoria in vista, i soldati di queste armate avevano perso del tutto la poca voglia di combattere. I contadini in divisa, trasformati in fucilieri di fanteria, obbedivano ancora agli ordini di andare all'attacco. Ma si trascinavano fuori dalle trincee sempre più stremati e apatici.

Correvano incontro agli austriaci con rassegnazione disperata. Per non essere feriti dalle rivoltellate dei loro stessi ufficiali e per non finire sotto processo davanti a un tribunale militare. Non pochi preferivano darsi prigionieri. Ed erano pronti a gettare il fucile per consegnarsi alla prima pattuglia nemica.

Chi erano questi nemici? Austriaci, ungheresi, cecoslovacchi, slavi meridionali, bosniaci o che cos'altro ancora? Nelle trincee opposte alle nostre parlavano una babele di lingue diverse. Era fatale che fosse così. L'Impero aveva arruolato ventinove classi di leva dal 1870 al 1898, mettendo la divisa a sedici differenti realtà regionali ed etniche. L'unica certezza era che pure quella truppa risultava fatta di contadini. Il soldato italiano che si arrendeva poteva pensare: mi consegno a uno che è uguale a me.

Ernesto mi raccontò che la maggior parte dei generali non capiva, o fingeva di non capire, le ragioni di questo atteggiamento passivo. Lo comprendevano di più gli ufficiali inferiori, i tenenti e i capitani, che all'inizio della guerra erano stati sostenitori dell'intervento.

Erano gli unici a conoscere lo stato d'animo dei contadini poveri diventati soldati. Mesi e mesi di vita in comune nelle trincee avevano cancellato le illusioni del 1914 e del 1915. E gli ufficiali avevano compreso da tempo che sarebbe stato molto arduo concludere il conflitto senza lasciare sul terreno migliaia e migliaia di cadaveri.

Uno che non voleva, o non poteva, capire era il comandante in capo dell'esercito, Luigi Cadorna. Dai suoi uffici di Udine, continuava a ripetere quel che pensava da tempo, sino a farla diventare un'idea fissa: «Se i soldati non vogliono combattere, la colpa è della propaganda sovversiva dei socialisti!». Ma la maggior parte dei militari non sapeva neppure che cosa fosse il socialismo. Era una cosa "che non si mangiava". A differenza del rancio che, per altro, stava diventando sempre più scarso e cattivo.

Nell'inverno fra il 1916 e il 1917, il Comando supremo di Udine aveva inventato una nuova dieta per la truppa. Il menu era il seguente: verza bollita senza condimento, pane misto di grano e riso, merluzzo al posto della carne. Il cognac e il cioccolato erano sempre abbondanti, ma alla bassa forza venivano distribuiti soltanto al momento dell'assalto.

«Gli unici a non soffrirne troppo furono i soldati contadini. Per metà lo ero anch'io» mi raccontò Ernesto. «La povertà ci aveva abituati a nutrirci poco e di cibi senza sostanza, come la polenta che metteva in tavola Caterina per noi sei ragazzi. Inoltre, chi era vissuto in campagna sapeva bene come arrangiarsi. Quando arrivai a Monfalcone, compresi subito che molti della truppa se la cavavano in modo spiccio: rubando.»

«Rubando nelle case?» domandai stupito. Ernesto si mise a ridere: «Ma no: nei pollai! Di notte, violando tutti i regolamenti possibili, facevano delle sortite nella campagna circostante. Quando scorgevano un cascinale, il gioco era fatto. Non erano dei violenti e rispettavano i civili, a cominciare dalle donne. Prendevano soltanto quel che serviva per mangiare. Galline, conigli, il maiale, i salami, le scorte di riso e di pasta, qualche damigiana di vino. Si sentivano assolti dal rischio che affrontavano in guerra. Dicevano, con rabbia: se dobbiamo crepare per la patria e per il re, meglio farlo con la pancia piena!».

I comandi inferiori erano al corrente di queste ruberie, ma si guardavano bene dall'intervenire. Soprattutto gli ufficiali giovani si rendevano conto che una parte della truppa stava arrivando al limite dell'ammutinamento. Delle licenze non si parlava più. C'erano soldati che vivevano al fronte dall'inizio della guerra, ossia da più di due anni. Non ricordavano neppure che faccia avessero le mogli e i figli. Quelli piccoli, poi, non avrebbero riconosciuto il padre.

La lontananza da casa li stava portando all'esasperazione. Era una rabbia che si sfogava in due modi: tentare di defilarsi nel momento più duro dell'assalto e disprezzare i comandanti. Più alto era il loro grado, più erano odiati. A sentir nominare i capi supremi, la truppa sputava per terra. E si domandava: perché gli austriaci non li ammazzano al nostro posto?

Un generalissimo che aveva un indice di gradimento raso terra era quello della III Armata, il comandante di

Ernesto. Emanuele Filiberto di Savoia si presentava come un signore dall'aspetto ciclopico. Altissimo di statura, la corporatura massiccia, una chioma già bianca, un volto severo, l'espressione amara, sempre con le labbra piegate all'ingiù. Quasi a far pensare che anche per un principe la guerra fosse davvero un gran brutto affare.

Gli storici della prima guerra mondiale, a cominciare da Silvestri, ne hanno poi dato quasi tutti un giudizio freddo, a volte gelido. A sentir loro, non era in grado di guidare un'armata di mezzo milione di soldati. Come tutti i principi di casa reale, aveva fatto una carriera fulminea. A 21 anni era già capitano, a 25 colonnello, a 29 generale. Ma sembrava quasi a digiuno di scienza militare. Il suo principale interesse era rivolto alle femmine e ai cavalli da corsa, passioni coltivate con cura anche nell'età matura.

Con le femmine il successo del Duca d'Aosta era immediato. Per cominciare era un Savoia e già questo gli offriva un gran vantaggio nei confronti delle donne che corteggiava. Poi curava molto l'aspetto e l'abbigliamento. La capigliatura bianca appariva sempre come se fosse appena uscita dalle mani di un coiffeur di lusso. La divisa era inappuntabile, tagliata da un sarto che ben conosceva come dovevano presentarsi in pubblico i membri della casa reale.

Tra i soldati era famoso il suo pastrano lungo sino alle caviglie. I militari più scafati lo deridevano, dicendo che assomigliava a una vecchia madama. E si domandavano, sghignazzando: non sarà mica una mezza donna? I più moderati, osservando le proprie divise logore, pensavano che tutta quella stoffa pregiata sarebbe bastata a vestire in modo decente tre soldati.

Una parte della fama, il Duca d'Aosta l'aveva conquistata recitando magnifici discorsi alla truppa. Ma tutti sapevano che non aveva confidenza né con la parola scritta né con quella recitata. I discorsi glieli scriveva qualche ufficiale letterato del suo comando. Lui si limitava a pronunciarli.

Ernesto mi raccontò che un soldato del Genio, originario di Pavia, diceva che il duca era soltanto un bufalibron. È un termine dialettale che indica quanti non leggono mai un libro, ma si limitano a farne voltare le pagine soffiandoci sopra.

Emilio Lussu, all'inizio del suo libro più famoso, *Un anno sull'Altipiano*, ci ha lasciato un ritratto al curaro del Duca d'Aosta: "Il principe aveva scarse qualità militari, ma grande passione letteraria. Egli e il suo capo di stato maggiore si completavano. Uno scriveva i discorsi e il Duca li imparava a memoria e li recitava, in forma oratoria da romano antico, con dizione impeccabile... Disgraziatamente, il capo di stato maggiore non era uno scrittore. Sicché, malgrado tutto, nella stima dell'armata, guadagnava più la memoria del generale nel recitare i discorsi che il talento del suo ufficiale nello scriverli. Il Duca aveva anche una bella voce. A parte questo, era abbastanza impopolare".

Lussu, classe 1890, era uno degli ufficiali della Brigata Sassari, inquadrata nella III Armata. La costituivano due reggimenti di fanteria, il 151° e il 152°, che all'inizio della guerra inquadravano in totale 6 mila uomini, tutti sardi. Ernesto non fece in tempo a vederli perché la brigata era stata inviata in un settore più delicato del fronte dell'Isonzo. Ma ne sentì parlare molto dagli anziani del Genio, con un gran rispetto misto al timore.

Gli austriaci li chiamavano "i diavoli rossi". Non tanto per il colore delle mostrine, bianco-rosse, bensì per il loro istinto guerriero. Amavano baionettare, ma quando combattevano all'arma bianca usavano un coltello: la pattadesa, panciuta al centro, con la punta acuminata e il manico d'osso.

Nei racconti ascoltati da Ernesto, quelli della Sassari erano tutti neri di capelli, nerissimi gli occhi, piccoli di statura, un fascio di nervi, una molla a scatto. Quando ingaggiavano un corpo a corpo, risultavano imbattibili. I soldati magiari, assai più atletici di loro, li temevano, ben sapendo che i sardi preferivano non fare prigionieri. Nel rapporto con i superiori, rispettavano soltanto gli ufficiali sardi come loro.

Nel bel libro di Giuseppina Fois, *Storia della Brigata Sassari*, pubblicato nel 1981 dalle Edizioni Gallizzi di Sassari, è riprodotto il racconto di un ufficiale, Babbu Mannu, che vuole dire Babbo Grande. Era scritto in sardo e intitolato *Sa olta ch'hamus bidu su Duca*, la volta che abbiamo visto il Duca d'Aosta. Ne cito un brano della traduzione in italiano.

"Il Duca era sul ciglio dello stradone, tutto dritto. Guardava i soldati con un occhio stanco, come se si fosse alzato dal letto in quel momento. Faccia di uomo che non sapeva né quello che voleva né quello che non voleva, tutto bello, rasato, senza baffi. Ogni tanto, quando sentiva il grido dell''attenti a sinistr!', alzava la mano alla visiera, e poi la lasciava cadere come un peso morto... Il maggiore venne in mezzo ai soldati: 'Avete visto? Per fare onore al vostro valore, il Duca vi ha voluto vedere sfilare'. E una voce da un gruppo di soldati gettati per terra che mangiavano gallette e scatolette gridò: 'E perché non viene a farci onore il giorno che dobbiamo andare all'assalto?'."

Ma esisteva infine un aspetto ben più grave della personalità di Emanuele Filiberto. A giudizio dei suoi parigrado, il Duca era troppo incline a fucilare i soldati ritenuti colpevoli di qualche reato grave. Lo stesso Cadorna aveva stigmatizzato quanto accadeva nella III Armata. Una grande unità che non appariva per niente simile al ritratto enfatico tracciato da Gabriele d'Annunzio: "L'armata del Duca d'Aosta è una regola religiosa come quella dei Cavalieri di San Giovanni".

Anche come stratega e comandante di una massa impressionante di uomini, il Duca si rivelò piuttosto scarso. Terribile fu il giudizio del generale Enrico Caviglia, che era stato ai suoi ordini in qualità di comandante di brigata. A sentir lui, "la III Armata, comandata da un principe, costò molte migliaia di caduti in più che se fosse stata comandata da un generale responsabile. Sarebbe stato un grande vantaggio se il Duca d'Aosta fosse stato allontanato: i principi irresponsabili sono dei guai seri".

Chiesi a Ernesto: «Tu l'hai visto il Duca d'Aosta?». Lui si mise a ridere: «Macché, né da vicino né da lontano. Ma io ero un soldato. Per di più appartenevo al Genio. Non credo che il Principe ci ritenesse importanti. Noi non andavamo all'assalto. E non eravamo in grado di far crescere il numero degli eroi caduti in battaglia».

Sette giorni dopo l'arrivo di Ernesto nel territorio di guerra, il venerdì 17 agosto 1917, un giorno e una data che trasudavano iella, la III Armata iniziò l'undicesima offensiva dell'Isonzo.

Quella precedente, la decima, si era svolta in maggio, dal giorno 12 al giorno 28 del mese, e in qualche settore ancora più in là. Ma risultò una disfatta terribile. I soldati non avevano più voglia di combattere. Molti andavano all'assalto con rassegnazione. Altri non volevano saperne di uscire dalle trincee. Qualche ufficiale, impugnato il revolver, sparò nelle gambe ai suoi uomini, per impartire un esempio. Però l'esito dell'offensiva non cambiò.

Gli austriaci andarono al contrattacco e annullarono il piccolo vantaggio degli italiani. Alla fine, il conto delle perdite sofferte, soprattutto dalla II e dalla III Armata, risultò altissimo. In quaranta giorni, fra la metà di maggio e la fine del giugno 1917, i soldati morti furono 54 mila, i feriti 129 mila, i prigionieri catturati dal nemico 27 mila. Per un totale di 210 mila perdite.

A giudizio di Cadorna, ancora una volta la colpa primaria fu dei "sovversivi". Ossia dei socialisti che avevano iniettato nei soldati il virus del ribellismo pacifista. E alla truppa venne proibita la lettura dell'"Avanti!".

Uno degli obiettivi dell'offensiva di agosto era la conquista del maledetto Hermada, il pilastro meridionale del fronte sul Carso. Migliaia di fanti, i soliti contadini in divisa, vennero costretti a tentare l'avanzata. Sotto il sole a picco, dentro un caldo atroce che asciugava l'acqua nelle borracce, fra i cadaveri dei compagni uccisi nell'offensiva precedente, quella di maggio.

"Era tutto un camposanto immenso" scrisse uno dei fanti costretti all'assalto. "Non si poteva riattare un baracchino, riaprire una trincea, sollevare una pietra senza che si presentasse allo sguardo un fratello caduto."

La battaglia durò sei giorni, sino al 22 agosto. L'Hermada non fu conquistato e anche questa offensiva fallì. La III Armata perse altri 45 mila uomini. Ma la nuova strage non scosse l'elegante aplomb del Duca. Silvestri scrive che dal suo comando "continuarono a essere emanati ordini assurdi e folli imposizioni, anche quando risultava chiaro che il successo svaniva".

«Alla fine di agosto» raccontò Ernesto, «eravamo al punto di prima. Non era accaduto niente, a parte la morte di tanti altri poveracci, nostri compagni di sventura. Ma questo non era un fatto capace di impressionare gli alti comandi. Se in guerra la truppa non muore, che guerra è? A cominciare dal Duca, i generalissimi ragionavano così. Sul fronte, iniziò un periodo di inerzia, destinato a durare fino all'ottobre del 1917.

«Il giorno 6 di quel mese» continuò mio padre, «arrivò il mio diciannovesimo compleanno. Nessuno, a cominciare da me, pensò di festeggiarmi. Poi ci cadde addosso il più grande disastro della guerra: Caporetto. E subito dopo comparve una pestilenza mai vista: la febbre spagnola.»

26
La peste spagnola

«Che cosa rammenti della ritirata di Caporetto?» chiesi a mio padre Ernesto. Lui sospirò: «Ci ho pensato molte volte e ho sempre ritrovato dei ricordi precisi, che però non stavano nella sequenza giusta. Come se dopo tanti anni la memoria si fosse spezzettata, regalandomi soltanto immagini isolate. Hai presente uno scatolone di fotografie che si rovescia e il contenuto si mescola senza l'ordine di prima? Ecco, a me succede così».

La prima fotografia è del 24 ottobre 1917, quando i soldati italiani cominciarono a ritirarsi dal fronte sotto i colpi dell'offensiva nemica decisa per arrivare al Piave. I militari ripiegavano con calma, scappando senza molta fretta. Molti cantavano l'*Inno dei lavoratori*. O una canzone patriottica con le parole cambiate: "Addio mia bella addio, la pace la fo io".

Da giorni pioveva a dirotto. I fiumi erano in piena, per primo l'Isonzo, poi il Tagliamento, quindi il Piave. Su quel finimondo gravava una nebbia spessa, c'era fango dappertutto e un freddo invernale. E quando spuntò il sole, molti pensarono che la guerra fosse perduta.

Gli sbandati avevano l'aria dei mendicanti. Anche i generali sembravano alle corde: incupiti, sconvolti, quasi impazziti. Il comandante della 19ª Divisione si sparò una rivoltellata in fronte. Sugli altri capintesta giravano notizie inverosimili. Il re aveva fatto arrestare Cadorna. Capello, il Tristaccio che comandava la II Armata, era stato fucilato a Padova insieme agli ufficiali del suo stato maggiore. Quel trombone del Duca d'Aosta l'avevano degradato.

Un'altra leggenda affermava che il disastro di Caporetto era stato causato dall'arrivo in prima linea dei più ribelli fra gli operai rossi delle fabbriche militari di Torino. In realtà che cosa era accaduto? La capitale piemontese era il maggior centro dell'industria di guerra e nel 1917 occupava 125 mila fra uomini e donne. Sotto la Mole covava da tempo la ribellione. In gran parte dei negozi mancavano i viveri, a cominciare dalla farina, e il prezzo del pane era rincarato. La rivolta esplose all'improvviso il 22 agosto 1917 e durò quattro giorni, sino al 25.

Come scrive Valerio Castronovo nel testo che ho già citato, *Il Piemonte*, diventò subito "la più dura e violenta manifestazione nazionale contro la guerra". Guidata dai dirigenti socialisti torinesi che, in seguito, sarebbero stati processati. Così avvenne per Giuseppe Romita, Ottavio Pastore e Maria Giudice.

Nelle strade comparvero le barricate e l'esito fu drammatico: cinquanta morti, un centinaio di feriti e molti arrestati. Dopo il fallimento della rivolta, per punizione gli operai incarcerati vennero spediti al fronte nelle Compagnie di disciplina. Ed è facile immaginare che non avessero nessuna voglia di combattere.

I soldati che stavano in trincea da più di due anni non potevano soffrire i nuovi arrivati. Li chiamavano "quelli della Brigata Scappa". Piena di maledetti imboscati che, con la scusa del socialismo, non avevano mai preso in mano un fucile, rimanendo a casa, al sicuro. I vecchi dei reggimenti di fanteria sostenevano che, non appena avevano visto il nemico attaccare, si erano limitati ad alzare le mani, per consegnarsi prigionieri.

L'unica notizia fondata era che il 28 ottobre una divisione tedesca aveva occupato Udine. Il giorno precedente, il Comando supremo italiano, con Cadorna e tutto il suo stato maggiore, si era trasferito a Treviso. La truppa lo venne a conoscere subito, grazie alla cosiddetta "Radio Fante", il fiume di voci che scorreva di reparto in reparto. Questo fatto convinse molti soldati che combattere non serviva più. E non restava che ripiegare in direzione del Piave.

La ritirata di Caporetto fu un bordello immenso. Ed ebbe aspetti contradditori. In alcune zone, i soldati in fuga si comportarono da banditi. Rapinavano le case. Saccheggiavano le botteghe. Violentavano le donne. Ammazzavano gli ufficiali e poi li depredavano. Alcuni di loro uccidevano i superiori con il coltello, sgozzandoli.

Il Duca d'Aosta, sempre in sella alla testa della III Armata, firmò un ordine che imponeva ai mitraglieri e agli artiglieri, "opportunamente scaglionati", di sparare sui fuggiaschi. Ma il bando risultò un pezzo di carta inutile, dal momento che pure i serventi delle mitraglie e dei cannoni avevano tagliato la corda.

Curzio Malaparte, in un libro famoso, *La rivolta dei santi maledetti*, pubblicato quattro anni dopo Caporetto, descrisse episodi selvaggi. Soldati senza fucile, ma tutti ubriachi, assalirono un camion che trasportava infermiere e dame della Croce Rossa. Le donne furono denudate e sparirono nella babele della ritirata. Accadde il contrario alle ragazze dei bordelli militari che stavano anche loro ripiegando: vennero portate in trionfo, "nude e sconce".

Tuttavia Ernesto mi disse che il suo ricordo di Caporetto era diverso. Lui non poteva saperlo, però coincideva con quello del generale Capello. Come rammenta Melograni, il Tristaccio descrisse la ritirata così: "Un fenomeno grandioso di apatia, quasi di tranquillità indifferente, di attesa di un destino inevitabile".

Lo stesso quadro tracciò il colonnello Angelo Gatti nel suo diario di guerra: *Caporetto*, pubblicato a Bologna nel 1964 dal Mulino. Il 30 ottobre, insieme a Leonida Bissolati, un socialista riformista fra i leader dell'interventismo democratico, si recò a osservare le truppe in ripiegamento.

Quando Gatti chiese agli sbandati chi gli avesse dato l'ordine di ritirarsi, loro si misero sull'attenti e risposero di non saperlo. Alcuni invece dissero: «L'ordine l'abbiamo ricevuto dal soldato più vicino».

In seguito si accertò che sulle poche strade dirette al Tagliamento erano in fuga un milione di soldati e 400 mila civili. Tra questi ultimi c'erano i ricchi, i nobili, i sindaci, i maestri elementari, i medici condotti. Invece i parroci rimasero quasi tutti al loro posto.

Dovunque si vedevano i segni del disastro. C'erano montagne di armi e di mezzi abbandonati. Cannoni, camion, carriaggi, equipaggiamenti, cucine da campo, ambulanze. Mio padre mi raccontò: «Ho visto tanti cavalli sventrati, poi arrostiti sul fuoco e divorati dai fuggiaschi affamati. Muli, asini, buoi e maiali hanno fatto la stessa fine».

Ernesto continuò: «Attorno a quell'inferno, girava sempre la stessa sarabanda di voci. Cadorna non era più agli arresti, ma aveva pensato bene di uccidersi con il revolver nel suo ufficio al Comando supremo di Udine, poco prima dell'arrivo del nemico. Dopo averci ordinato di tornarcene a casa tutti, Vittorio Emanuele III si era rifugiato in Svizzera, dove lo aspettava la regina».

Molti soldati sembravano diventati folli. E non è difficile immaginare il perché. Quelli più anziani avevano sul groppone due anni e mezzo di guerra. Erano riusciti a sopportare tutto. Ma adesso volevano abbandonare il mattatoio del fronte, non pensavano ad altro. Comunque, la III Armata si comportò meglio di altre unità dell'esercito.

Anche Ernesto si condusse bene, conservando la divisa, l'elmetto, il fucile, lo zaino e soprattutto la cassetta dei ferri da guardafili del telegrafo. La sua regola fu una sola: restare accanto al proprio ufficiale, seguire i genieri anziani e non disperdersi.

La sera del 4 novembre passò il Livenza con altri militari del Genio. Due sere dopo, il grosso della III Armata stava già sulla riva destra del Piave. E il giorno 9 il ripiegamento fu completato, in uno scenario di tregenda: pioggia battente, vento gelido e poi nebbia fitta.

Trascorsa una settimana, Ernesto si accorse di stare male. Gli era scoppiato un febbrone, con sudori in tutto il corpo e dolori terribili alla testa, al torace e alle braccia. Un medico militare gli spiegò che si era beccato la malaria.

Era successo il medesimo guaio a tanti altri militari. Dapprima al fronte sul Basso Izonzo e poi a Caporetto, dove il terreno era diventato una palude che arrivava sino al mare. Alla fine i soldati malarici risultarono un numero enorme: 85 mila. E non si riuscì mai a stabilire quanti ne morirono.

Il 17 novembre Ernesto venne fatto partire dal fronte e fu mandato a Firenze, al deposito del 3° Reggimento del Genio radiotelegrafisti. Viaggiò sulle tradotte militari in mezzo a mille difficoltà. Per arrivare a Firenze impiegò un'infinità di tempo: ben diciotto giorni, sempre con la febbre addosso e una scorta di chinino nel tascapane.

Di qui lo trasferirono in un ospedale militare, forse più di uno, dapprima in Toscana e poi al Nord. Aveva 19 anni compiuti in ottobre e una fibra robusta. Adagio adagio guarì. E ottenne una brevissima licenza di convalescenza da trascorrere a casa.

Ritornato per qualche giorno in famiglia, trovò la stessa miseria che aveva lasciato quasi un anno prima. Caterina appariva sempre più magra e infuriata contro chi era stato così pazzo da decidere la guerra. Il disastro di Caporetto le confermava di aver visto giusto. Le sorelle più grandi lavoravano in città come donne di servizio o in campagna da contadine. Anche il fratello più piccolo, Francesco, di 16 anni, faticava da un pezzo.

Ernesto si rese conto che tutta l'Italia dei poveri voleva soltanto una cosa: la fine della guerra. E del disastro di Caporetto non gl'importava nulla. Soltanto il parroco di San Germano volle sapere per filo e per segno che cosa era successo al soldato Pansa dopo l'arruolamento. Alla fine concluse che aveva ragione il papa Benedetto XV a dire che le armi servivano soltanto per creare l'inferno in terra.

Il 12 aprile 1918, Ernesto rientrò al suo reparto del Genio e fece quanto doveva sino al termine della guerra, il 4 novembre di quell'anno. Ma prima che le armi smettessero di sparare apparve un nuovo nemico. Era un avversario invisibile, però in grado di fare più morti che dieci conflitti mondiali: il virus della febbre spagnola.

All'inizio sembrò un'influenza come tante. Con gli stessi sintomi e i medesimi dolori, diffusi in tutto il corpo. Ma non era così. L'umanità scopriva di avere di fronte una malattia sconosciuta. Capace di uccidere in pochi giorni, ma talvolta anche in pochi minuti, persino l'essere umano più robusto.

Ancora oggi non si conosce con certezza dove emerse il virus. I libri che se ne occupano indicano negli Stati Uniti la culla della spagnola. Dall'America del Nord, la malattia varcò l'Oceano e arrivò in Europa. Forse portata dai soldati americani mandati ad appoggiare le truppe alleate che combattevano contro la Germania e l'Impero austroungarico.

Nel febbraio 1918, il primo luogo del Vecchio continente nel quale si manifestò fu una cittadina della costa spagnola settentrionale, affacciata sul golfo di Guascogna: San Sebastián. Presentava ancora una forma benigna. E i sintomi non sembravano far presagire una catastrofe sanitaria: qualche giornata di febbre e un po' di fastidio alle ossa. Quel primo assalto le regalò il nome che avrebbe fatto tremare il mondo.

In pochi mesi, la spagnola si diffuse in Francia e in Italia. Soltanto allora ci si rese conto che negli Stati Uniti aveva già ucciso molte migliaia di persone. Da noi la febbre conobbe un primo picco tra il giugno e il luglio 1918. Quindi raggiunse il culmine fra l'ottobre e il novembre di quell'anno.

Nella fase acuta, l'autunno 1918, le autorità sanitarie italiane stimarono che la spagnola stesse uccidendo 3500 persone al giorno. Anche nella provincia di Ernesto, quella di Alessandria, i morti furono tanti. Ma il conto esatto dei decessi, località per località, non si è mai conosciuto. E il motivo è presto detto.

Per evitare che si diffondesse il panico, il governo italiano impose una censura ferrea ai giornali. Il silenzio della stampa rimase totale anche alla fine di ottobre. Quando a Torino i morti erano 400 ogni settimana. E a Roma, che stava a 600 chilometri di distanza, risultavano altrettanti.

Molte famiglie si trovarono di fronte a un dilemma angoscioso. Chi era assalito da quella peste infernale doveva essere ricoverato in ospedale oppure no? Quando l'ospedale non esisteva, il malato veniva assistito in casa da un medico. E a volte moriva, a volte guariva. La stessa regola incerta, identica a quella della roulette, dominò i ricoveri ospedalieri: alcuni malati andavano al Creatore, altri sopravvivevano.

C'è un libro che racconta con efficacia l'infuriare della spagnola. È *L'influenza che sconvolse il mondo* del giornalista inglese Richard Collier, pubblicato da Mursia nel 1980.

Secondo Collier, l'Italia fu il paese europeo più colpito dalla spagnola, a parte la Russia. Ma qualsiasi manifestazione pubblica di dolore continuò a essere vietata per legge. Allo scopo di non creare ondate di panico in una comunità nazionale già sotto lo choc di una guerra interminabile.

Collier scrive: "Non si udivano più suonare le campane a morto. Erano banditi i funerali, le prediche, persino i manifesti mortuari che annunciavano un decesso. Era proibito anche chiudere, in segno di lutto, uno dei due battenti del portone di un edificio dove la spagnola aveva ucciso qualcuno. Un'abitudine invalsa in molte località italiane da tempo immemorabile".

Un solo deputato, Luigi Petravalle, che di professione era medico, sollecitò invano il governo presieduto da Vittorio Emanuele Orlando a rendere pubblica la verità sulla situazione sanitaria nazionale. Il suo proposito era l'opposto dei motivi alla base della censura sulle notizie: "Mettere a tacere le voci che minavano il morale di una comunità di lavoratori che stava ancora in guerra". Ma il governo fece orecchie da mercante. E il bavaglio sul progredire della spagnola rimase ferreo.

Ancora oggi, quasi un secolo dopo l'epidemia, non vi è una certezza assoluta sul numero dei deceduti. Non resta che registrare le cifre riferite da Collier. Numeri che lui stesso giudica "approssimativi". In Europa fu la Russia a essere la più colpita, con 450 mila morti. Subito dopo veniva l'Italia con 370 mila decessi. Seguivano la Gran Bretagna con 228 mila, la Germania con 225 mila, la Spagna con 170 mila, la Francia con 166 mila, la Scandinavia con 37 mila. Negli Stati Uniti la spagnola uccise 540 mila persone e in Messico 300 mila.

Erano numeri terrificanti, ma che sparivano nel confronto con quanto era accaduto nelle aree più povere del mondo. In India morirono 12 milioni di persone, il 4 per cento dell'intera popolazione. Sempre secondo Collier, nell'intero pianeta la peste della spagnola uccise 21 milioni di essere umani.

Morirono persone che appartenevano a tutti i ceti sociali. Esseri umani sconosciuti e personaggi famosi. Per citarne uno soltanto, il poeta francese Guillaume Apollinaire, stroncato a Parigi quando aveva appena 38 anni. Collier racconta: "Apollinaire depose l'ultimo sguardo su una stanza color di rosa sulla Rive Gauche parigina. Mentre crisantemi bianchi lucevano come pallide lune nel crepuscolo e i ceppi ardevano nel focolare".

Come era sempre accaduto nelle pestilenze, la spagnola uccise soprattutto i poveri. Per un motivo semplice: erano i più denutriti e campavano nelle condizioni igieniche peggiori. Ma non risparmiò neppure i ricchi e quanti vivevano nell'agiatezza. In molte situazioni, quella peste moderna scelse le sue vittime a caso: giovani e anziani, maschi e femmine, l'uomo forte e quello debole, chi si era chiuso in casa e chi si adoperava per assistere i malati.

Ernesto mi raccontò di non aver avuto paura della spagnola. Aveva già fatto la malaria e ritenne che il suo debito con il Padreterno fosse stato onorato. Temeva invece per la madre Caterina, per le sorelle e il fratello Francesco. Ma stava ancora sotto le armi. E non poteva sperare in un'altra licenza per constatare di persona in quali condizioni fossero. Poi ricevette da casa notizie che lo misero tranquillo.

Durante l'epidemia, Caterina stava per compiere 50 anni. Era una donnina di ferro, temprata da mille avversità. Non si ammalò e la spagnola risparmiò anche i suoi figli. Quel sant'uomo del parroco di San Germano le aveva consigliato un rimedio infallibile contro il virus assassino: dire ogni sera tre rosari.

Ma Caterina gli replicò, borbottando: «Sono stufa di dire il rosario. Prima di andare a dormire pregherò il Padreterno così: Gesù, la vostra bestia si corica, fate che mi svegli domani mattina con la forza di affrontare un'altra giornata di guai!».

27

In volo su Vienna

Un eroe borghese per un soldato che veniva dal ceto proletario più umile: perché no? La guerra aveva avvicinato e reso uguali migliaia di giovani che, una volta scoppiata la pace, sarebbero ritornati a vivere nei loro mondi, distanti anni luce l'uno dall'altro. Vestire la medesima divisa, affrontare gli stessi rischi, morire nell'identico modo, poveri e ricchi, analfabeti e laureati, polentoni del Nord e terroni del Sud, tutto li aiutò a realizzare insieme, senza rendersene conto, la vera unità d'Italia.

Fu quello che mi disse, decenni dopo, mio padre Ernesto: «L'ho compreso soltanto in seguito. Ma avrei dovuto capirlo subito. Quando si è giovani, siamo sempre alla ricerca inconsapevole di un eroe da ammirare. Lo cercai anch'io. E lo trovai in un ragazzo della nostra città: Natale Palli».

Questo Palli veniva da una delle famiglie ricche di Casale Monferrato ed era nato tre anni prima di Ernesto, il 24 luglio 1895. Mentre mio padre imparava il mestiere di guardafili del telegrafo, e faceva ginnastica sui pali con il freddo e il caldo, con la pioggia e con la neve, Natale studiava ingegneria al Politecnico di Torino. Allo scoppio della guerra stava per compiere 20 anni. Si arruolò volontario, nell'ottobre 1915 prese il brevetto da pilota di aereo e venne inserito nei pochi reparti dell'aviazione militare.

Per capire di quale pasta fosse questo ragazzo, bisogna leggere che cosa scrisse al padre e alla madre il 29 maggio 1915, cinque giorni dopo l'inizio della guerra.

In quel momento Palli era un soldato semplice, in attesa della nomina a ufficiale. Stava in una caserma di Torino e si sentiva inutile perché l'unica incombenza che aveva era di guidare le automobili dell'esercito.

Ho scoperto per caso questa lettera sfogliando una vecchia raccolta della "Lettura", la rivista mensile del "Corriere della Sera". Nel fascicolo del marzo 1920, mi sono imbattuto in un articolo di Otello Cavara, intitolato: *Precursori, donne e schiappini nel primo volo*. Insieme a una lettera di Francesco Baracca, un altro pilota che sarebbe diventato famoso, c'era lo scritto di Palli.

"Torino, 29 maggio 1915. Carissimi genitori, debbo annunciarvi, con mio grande giubilo, che sono stato accettato come allievo pilota. Cara mamma, è giunto anche per me il momento di agire: il lungo indugio nella caserma e l'inattività continua finivano per rendermi indifferente e insensibile al sentimento del dovere. Ora per contro sento di avere uno scopo ben netto da raggiungere. E le mie forze crescono vieppiù al pensiero che questo mio operare può essere di grande utilità, anche se non nell'immediato, per l'Italia nostra."

Il giovanissimo Palli continuava così: "Temo che qualcuno potrebbe dirmi 'vigliacco' perché fuggo i pericoli eterni di una guerra di trincea. Però io sento di non meritarmelo. Perché se alla morte brutta sfuggo facendomi aviatore, non è per paura, ma solo per la grande passione che mi porta al volo. Per un fulgido ideale che mi illumina tutto in un orizzonte non lontano. E più ancora per un intimo e sacro presentimento che alla mia patria sarò più vantaggioso e utile seguendo questa via che non combattendo con spada o fucile".

Insieme alla lettera destinata ai genitori, il mensile pubblicava il rapporto di Palli sul primo volo compiuto da solo, dopo aver ottenuto il brevetto da pilota, credo al campo di Cameri, in provincia di Novara. "Una volta salito a 2 mila metri d'altezza" scrisse, "le Alpi mi svelavano le loro cime sorgenti da uno strato tenue di brume e di nebbie... Se l'atmosfera fosse stata del tutto limpida, avrei scorto di certo anche la mia Casale... La solitudine perfetta, l'estensione immensa della vista, l'ondeggiamento brusco dell'apparecchio ormai ritroso ai comandi, tutto mi dava l'impressione di essere entrato nel regno dei fantasmi. I sibili del vento freddo mi parevano le loro voci, gli urti dell'apparecchio erano come le spinte delle loro braccia diafane e invisibili... Avevo raggiunto e sorpassato i 3 mila metri di quota. Mi era ormai difficile governare la rotta del mio ippogrifo che balzava da tutti i lati. Iniziai allora la discesa a motore spento e spiraleggiando tranquillo raggiunsi le quote più basse e più calme, finché mi posai lieto al suolo. La prova era compiuta".

Palli era un ragazzo smilzo, piccolo di statura, biondo con gli occhi azzurri, un accenno di baffi sottili, la fronte spaziosa. Aveva un viso più adulto della sua età e l'espressione un po' chiusa, da introverso silenzioso. Sorrideva di rado e non amava le compagnie chiassose. Infine era un tipo pignolo, adorava la precisione, curava ogni dettaglio. Se fosse diventato ingegnere, sarebbe stato un professionista di quelli rigorosi, capaci di far trottare al massimo chiunque lavorasse al suo fianco.

A questa descrizione bisogna aggiungere un aspetto del carattere che la guerra sugli aerei avrebbe rivelato sino in fondo. Palli aveva un grandissimo coraggio. Non amava sfoggiarlo, anzi lo nascondeva sotto un temperamento per molti aspetti insondabile.

Un commilitone che lo conobbe nella Grande guerra, dirà di lui: «Sembrava sempre alle prese con un rovello interno, forse un presagio di morte. A farla corta, un tipo d'uomo assai diverso dal ritratto che tracciò di lui Gabriele d'Annunzio: un fanciullo biondo dai capelli ondeggianti e dagli occhi di zaffiro».

Palli non era un pilota da caccia, ma da bombardamento e, soprattutto, da ricognizione. I compagni lo chiamavano il Piccione viaggiatore, per la straordinaria capacità di orientamento. Volare era la sua seconda vita. Quella dove metteva in risalto una speciale resistenza fisica.

Allora tutti i piloti militari usavano aerei di legno e tela, poco più che giocattoli. Ma erano in grado di salire a 5 mila metri di quota. Viaggiavano a 200 all'ora, con temperature di 15 o 20 gradi sottozero, senza il riparo offerto da una carlinga chiusa. Sotto il casco portavano un passamontagna di lana pesante. E sotto la giubba di cuoio, foderata di pelliccia, più maglioni a strati.

Se venivano colpiti dall'artiglieria contraerea, la loro sorte era segnata. L'uso del paracadute non era ancora diffuso. I piloti sapevano di essere attesi da una fine orribile: morire bruciati vivi nell'aereo in fiamme. Molti portavano con sé una dose di veleno, dall'effetto immediato. E un revolver con il colpo in canna.

A Palli piaceva volare da solo, con l'unica compagnia della macchina per le rilevazioni fotografiche. Si avventurava in lunghe missioni di ricognizione sui territori ancora in mano all'Impero austroungarico. Andò a perlustrare la costa dalmata, il Tirolo, l'Albania. Con tragitti anche di mille chilometri. Parlava con se stesso. Non aveva paura. Anche lui portava la pistola pronta a sparare, per non morire divorato dal fuoco.

Aveva già il grado di capitano, quando nell'estate del 1918 venne assegnato alla 87ª Squadriglia. Quella chiamata Serenissima, perché molti degli aviatori erano veneti. Sulle fiancate degli aerei avevano dipinto il gonfalone scarlatto con il Leone di San Marco. La base stava al campo di San Pelagio, vicino a Padova, in località Carrara San Giorgio. La forza era di 15 ufficiali e 102 uomini di truppa.

Il loro dio in terra era D'Annunzio. Il poeta aveva 55 anni, era piccolo, brutto, quasi guercio da un occhio, ma possedeva un ascendente enorme sui giovani ufficiali. Non sapeva pilotare un aereo. Però si distingueva per il grande coraggio. Ed era divorato da una passione bruciante per il volo. Aveva scritto: "Più dell'oceano m'attira l'empireo. Il cielo mi rapisce come un fato delle mie midolla".

Chi non poteva soffrire il divino Gabriele gli rinfacciava di eccitare i piloti, spingendoli a imprese insensate. Ma loro lo adoravano. Per capire molte cose dell'amore di D'Annunzio per il volo, bisogna leggere un libro importante, con un corredo imponente di documenti fotografici: *In volo per Vienna*, pubblicato nel 1993 dal Museo dell'Aeronautica G. Caproni di Trento e dal Museo storico italiano della guerra, allestito a Rovereto.

Scrive Roberto Gentilli: D'Annunzio veniva accusato di "forgiare uno spirito ardimentoso, di audacia sconsiderata, negativo per quelli che sono i veri presupposti dell'aviazione: la costanza tecnica, la pignoleria, la serietà. Quelle virtù che oggi si compendiano con il nome di professionalità".

Tuttavia, ricorda sempre Gentilli, "uno dei nostri più cavallereschi avversari, Gottfried von Banfield, 'l'Aquila di Trieste', dichiarò che il solo uomo che avrebbe voluto uccidere in un duello aereo era D'Annunzio. Forse lo stile del poeta pescarese era così distante da quello delle generazioni successive che le sue stesse parole hanno contribuito a far rifiutare a molti quei miti che lui stesso aveva creato".

D'Annunzio inseguiva un sogno: andare in volo su Vienna, la capitale dell'impero nemico. Non per colpirla con le bombe, ma per una sfida pazzesca da concludere con un lancio di volantini tricolore. Dopo qualche tentativo a vuoto, per l'ostilità di più di un comando superiore, riuscì a realizzarlo nell'estate 1918, al campo di San Pelagio. E con l'aiuto di Palli, il biondino silenzioso che aveva appena compiuto 23 anni.

Come tutti gli aerei da ricognizione, anche lo Sva di Palli era un monoposto, portava soltanto il pilota. Fu necessario creare un abitacolo per D'Annunzio. Venne piazzato in avanti rispetto a Palli, sopra il serbatoio della benzina. Il poeta lo chiamò subito "la mia sedia incendiaria". Il giovane capitano collaudò il velivolo quattro volte. E concluse che si poteva partire.

Tentarono la missione all'alba del 2 agosto 1918, poi la mattina dell'8 agosto. Però il maltempo sull'Isonzo li costrinse a rientrare. Ripartirono il venerdì 9 agosto, poco prima delle sei. In uno degli hangar dell'aeroporto, D'Annunziò arringò i piloti come soltanto lui era capace di fare.

Disse: «Mi è stato ordinato di partire con una squadriglia di undici aerei. Mi è stato ordinato di non proseguire se la squadriglia si riduca a meno di cinque. Nessuno di voi si arresterà, se non con l'ultimo battito del motore. Non vento, non nuvole, non tempesta, non malessere, non avversità alcuna potrà essere causa di arresto o di ritorno».

E ancora: «Ciascuno di voi atterrerà o precipiterà quando il motore abbia cessato di battere senza speranza di ripresa. L'ordine è irrevocabile. Se non arriverò su Vienna, io non tornerò indietro. Se voi non arriverete su Vienna, voi non tornerete indietro. Questo è il mio comando. Questo è il vostro giuramento. Ciascuno di voi mi guardi negli occhi e mi dia la mano».

Gli aerei erano undici, volavano schierati a cuneo, Palli in testa. D'Annunzio aveva con sé, in una scatoletta d'acciaio, "il segreto della tenebra". Era la dose di veleno da inghiottire se fossero stati colpiti. Ogni velivolo portava venti chili di manifestini da lanciare su Vienna e una macchina fotografica panoramica per immortalare l'impresa.

Tre aerei furono costretti a rientrare per avarie al motore. Un altro fu obbligato a un atterraggio d'emergenza poco prima della capitale e il pilota venne catturato dalla polizia militare austriaca. Arrivarono su Vienna in sette e alle 9.15 iniziarono a scendere. Raggiunta una quota molto bassa, cominciarono a lanciare i volantini.

Ne avevano 50 mila con un proclama in italiano, scritto da D'Annunzio. E 350 mila, tutti tricolori, con un messaggio in tedesco steso dal giornalista e scrittore Ugo Ojetti, che era parte attiva dell'ufficio stampa e propaganda del Regio esercito.

Rimasero su Vienna per venti minuti. Quindi Palli ordinò il ritorno. Non incontrarono problemi, a parte qualche tiro della contraerea su Lubiana, in Slovenia. Come era successo nell'andata, trovarono la rotta con la bussola, l'orologio, qualche carta geografica e orientandosi grazie al sole. A mezzogiorno stavano già sopra Venezia. Poco dopo, ecco il campo di San Pelagio. Il raid era durato sei ore e mezza.

Erano tutti impazziti di gioia. Ma i piloti, chiusi per ore e ore dentro una gabbia di legno leggero e senza alcuna difesa dal tiro della contraerea, sembravano invecchiati di dieci anni.

Esiste una fotografia di Palli appena sceso dall'aereo. È ancora in tenuta di volo e si gusta la prima sigaretta. Ha il volto deformato dalla tensione, gli occhi fuori dalle orbite, la fronte incisa dalle rughe. E il solito mezzo sorriso, incrinato dalla tristezza.

La guerra del ragazzo che amava volare non terminò lì. Il 29 ottobre 1918, il fratello minore, Silvio, anche lui pilota, fu abbattuto nel cielo di Orsago, in provincia di

Treviso, ucciso dalla fucilata di un cecchino austriaco. Aveva un anno e quattro mesi meno di Natale.

Restava ancora un Palli: Italo, nato pure lui a Casale nel 1912. Era stato esonerato dal servizio militare in quanto fratello di due caduti in guerra. Dopo la laurea in ingegneria, fece l'impossibile per entrare nell'aviazione e ci riuscì.

Richiamato in servizio nel giugno 1940, qualche giorno prima che iniziasse la seconda guerra mondiale, Italo fu assegnato alla caccia. E anche lui morì in volo, sul cielo di Derna, in Libia, abbattuto dagli inglesi. Aveva 28 anni.

Tre fratelli piloti, inseguiti da un destino che voleva rubare le loro giovani vite. Una volta concluso il servizio militare, Natale Palli continuò a volare. Credeva nel futuro commerciale dell'aeronautica. E s'impegnò a provarlo con una serie di raid.

All'alba del 20 marzo 1919 si alzò in volo dal campo di San Pelagio. Era diretto a Parigi, per poi arrivare a Roma. Pilotava un piccolo aereo monoposto, seguito da un secondo velivolo affidato a Francesco Ferrarin, cugino di Arturo, un altro aviatore destinato a diventare famoso. Tutto andò bene sino ad Aosta. Ma non appena si diressero verso il massiccio del monte Bianco incapparono in un tempo orrendo.

Ferrarin perse l'orientamento e fu costretto a ritornare indietro. Palli superò la catena delle Alpi e andò avanti verso l'alta Savoia, dentro una tempesta di neve e contro un vento fortissimo. All'altezza della val d'Isère si accorse di non poter proseguire. A una quota di 2 mila metri intravide un pianoro ghiacciato e fu tanto abile da atterrarvi con l'aereo, senza distruggerlo.

Erano le otto del mattino, Palli uscì dal velivolo e cercò di scendere a valle. Il suo istinto da piccione viaggiatore lo guidò nella direzione giusta, verso Bourg-Saint-Maurice. Camminò per ore nella neve, poi il gelo lo uccise. Nel pomeriggio del 22 marzo, un montanaro ne scoprì il cadavere. Palli stava sdraiato su un fianco, la testa reclinata sopra il braccio destro, il volto tranquillo. In luglio avrebbe compiuto 24 anni.

Il 27 marzo 1919, D'Annunzio andò a Casale Monferrato per i funerali di Palli. Nell'orazione funebre, descrisse la stanza del suo "guerriero irreprensibile" nel campo di San Pelagio: "Un lettuccio di ferro, un solo materasso scarno, qualche sedia di paglia, una tavola di legno grezzo. Una cella monacale, una povertà volontaria, una disciplina d'eroe continuamente pronto, per quel giovane senza colpa, senza macchia, senza ombra".

Tre anni dopo, il 22 marzo 1922, venne inaugurato a Casale il bassorilievo in bronzo dedicato a Palli, scolpito da Leonardo Bistolfi e apposto sulla casa natale del pilota, in via Ascanio Sobrero. L'orazione fu pronunciata da Aldo Finzi, uno dei piloti che avevano volato su Vienna.

In quel momento, Finzi era già deputato di Mussolini, eletto in Polesine. Parlò da politico e disse: «Se Natale Palli fosse vissuto, non c'è dubbio che sarebbe stato l'alfiere del gagliardetto fascista. Perché fascismo è sinonimo di patriottismo. E Palli fu un vero patriota».

Domandai un giorno a Ernesto: «Che cosa ne dici?». Lui si strinse nelle spalle: «Il futuro di un giovane com'era Palli è sempre difficile da scrutare. Ma penso che Finzi non avesse torto. Però Natale Palli è caduto prima dell'ingresso in scena di Mussolini come capo del governo. Dunque qualunque ipotesi è un azzardo».

Gli chiesi ancora: «Che cosa diceva di Palli tua madre Caterina?». Ernesto rispose: «Quando le spiegai chi era e che fine avesse fatto, lei si infuriò. Poi borbottò: "La guerra ammazza i giovani anche quando è già finita. E non guarda in faccia a nessuno, non importa se ricchi o poveri. Ringrazia il Padreterno che tu hai portato a casa la pelle".».

Per anni, l'ultimo aereo di Natale Palli, ricuperato e

ricostruito, rimase appeso al soffitto del Salone del Senato, a Palazzo Langosco, nel centro della sua città. Dopo la marcia su Roma, era diventato la sede del fascio locale. In seguito, una volta concluso il ciclo del regime fascista, vi presero posto le sezioni dei partiti di sinistra e infine la Biblioteca civica, una delle istituzioni storiche della città, di cui anch'io ho beneficiato e molto.

Da bambino e poi da ragazzo, abitavo nella stessa strada, via Corte d'Appello. Avevo sentito mio padre Ernesto parlare tanto di Palli. E andavo spesso a vedere l'aereo di quel giovane eroe. Mi piaceva farlo verso sera, quando la luce scemava. Lo Sva mi appariva un grande uccello scuro, una creatura bonaria che m'incuteva ammirazione, mai paura.

Oggi mi dicono che l'aereo non c'è più. L'hanno portato dentro un museo, in un'altra città. Pazienza. Anch'io vivo lontano dal posto che mi ha visto nascere. E purtroppo non sono più un ragazzo.

Parte settima

28
Guerre civili

«Il ritorno dei reduci fu un affare quasi peggiore della guerra» raccontava Caterina. «Me lo ricordo bene quel periodo infernale. Ero contenta che l'Ernesto fosse rientrato dal fronte tutto intero, senza che gli mancasse una gamba o un braccio. E che fosse rimasto per un po' di tempo in Ungheria, a illudersi di essere un vincitore. Però vedevo nascere un ambaradan mai successo prima. Un caos di uomini infuriati, uno contro l'altro, che non prometteva niente di buono.»

Gli ufficiali, soprattutto quelli giovani, si sentivano feriti dall'accoglienza ruvida che stavano ricevendo. Di solito erano stati a favore dell'intervento. E una parte di loro si era presentata volontaria. Al fronte non si erano risparmiati, offrendosi alla patria senza temere di perdere la vita.

Adesso, una volta ritornati a casa, scoprivano di aver sbagliato tutto. Erano considerati militaristi violenti, i fucilatori dei loro soldati. Gentaglia buona soltanto per riceversi in faccia gli sputi dei neutralisti. Che erano poi le sinistre di allora, i socialisti. A volte, gli sputi venivano da altri reduci di guerra: i poveri della fanteria, soprattutto contadini costretti a combattere per una causa che non capivano e di cui non sapevano niente.

Non pochi ufficiali se ne rendevano conto. E non addossavano l'intera colpa a chi aveva vissuto l'orrore delle trincee e degli assalti alla baionetta. Ma il loro stato d'animo diventava sempre più gonfio d'ira. Ce l'avevano con il governo per essere stati mandati a casa senza fanfare né bandiere. Erano furibondi per una circolare del premier, Francesco Saverio Nitti, che obbligava gli ufficiali in congedo a vestire in borghese, lasciando a casa la divisa e il revolver.

Ma esisteva anche un'altra frustrazione. Il reduce si accorgeva che l'imboscato lavorava e il combattente restava disoccupato. La piccola borghesia, il ceto da dove provenivano molti ufficiali, era dissanguata dall'inflazione. E vedeva che i poveri vivevano meglio, avevano maggiori prospettive e potevano contare su molti difensori: il sindacato, le cooperative e un partito, il socialista, sempre più forte.

Sul fronte opposto, quello dei reduci contadini, bolliva la rabbia. Chi era scampato alla guerra provava un rancore profondo per i ricchi che avevano deciso di riempire di poveri i reggimenti della fanteria da mandare al massacro. Ma l'avversione rabbiosa era soltanto la spia di una condizione esistenziale assai più profonda: il reduce contadino si sentiva cambiato soprattutto nell'anima.

Era arrivato al fronte lasciando la miseria senza scosse, e in apparenza immutabile, della fatica sui campi. Ma una volta indossata la divisa, si era trovato prigioniero di un sistema infernale. Una vita alla giornata nel chiuso delle trincee, alle prese con la fame, la sete, le malattie. Poi il terrore di essere costretti ad andare all'attacco. I compagni uccisi o mutilati. E non di rado la cattiveria di certi comandanti.

Esisteva anche un altro fatto a incendiare gli animi dei contadini. La monarchia li aveva chiamati alle armi con una promessa: dopo la guerra e la vittoria, tutti avrebbero ricevuto un pezzo di terra, sufficiente per campare da piccoli proprietari. Ma la terra era rimasta nelle mani dei padroni di sempre. I poveri non avevano ottenuto nulla. E avevano scoperto di essere stati minchionati, truffati e traditi, com'era sempre accaduto nella storia.

Lo Stato gli aveva pure garantito che, una volta ritornati a casa, ci sarebbe stato da lavorare per tutti. Però non accadeva per niente così. Il numero dei disoccupati cresceva e i braccianti si trovavano sempre alle prese con i capoccia degli agrari che decidevano: tu lavori, tu no. Era stato fatto intravedere un minimo di uguaglianza fra le classi sociali, ma i signori li scoprivi sempre più signori. Mentre chi non possedeva nulla doveva mordere la polvere come prima.

I braccianti e i salariati fissi, la carne da cannone sul fronte dell'Isonzo, si rendevano conto di non avere più speranze. Si guardavano attorno e vedevano soltanto un essere umano disperato quanto loro. Era il perdapè, il perdipiedi, come veniva chiamato nella pianura della Lomellina e del Vercellese. Ossia il piccolo fittavolo costretto a lavorare la terra così tante ore al giorno che, per la fatica, si consumava i piedi, sino a perderli del tutto.

Era dunque inevitabile che esplodesse un fenomeno politico nuovo: la crescita impetuosa di quelle che Serpieri chiamerà "organizzazioni di resistenza delle classi rurali", le leghe contadine. Leghe bianche, fondate dai cattolici. Ma soprattutto leghe rosse. Promosse dai socialisti e riunite nella Federazione nazionale fra i lavoratori della terra.

L'Italia del 1919-1920 era ancora un paese in gran parte agricolo. Fu così che le leghe divennero subito protagoniste della lotta sociale. Con una base di braccianti scannati, era fatale che fossero molto estremiste, quasi rivoluzionarie. Guidate da dirigenti costretti a essere aggressivi perché così li volevano gli iscritti. E con quadri locali, i capilega, spesso arroganti nei confronti dei padroni delle terre e dei grandi fittavoli.

Serpieri, un moderato che nel 1923 entrò nel governo di Mussolini, in seguito descrisse con esattezza la ragione di quel cambiamento: "In seguito allo sviluppo delle leghe, là dove questo fu più forte, in Emilia e in Lombardia, l'animo dei braccianti mutò profondamente. Mentre un tempo erano considerati, e si consideravano essi stessi, i paria della terra, l'ultimo gradino della scala sociale, si sentirono piuttosto le sentinelle avanzate di un esercito lanciato alla conquista di nuovi e migliori destini".

Nel primo dopoguerra, la lotta di classe iniziò a infuriare nelle campagne prima ancora che nelle città. Il capolega, un contadino più incazzato degli altri, era disposto ad andare oltre ogni limite. In seguito, un dirigente politico della sinistra ammise che più di una volta le azioni dei capilega erano apparse «un vano esercizio di prepotenza». A dirlo fu un leader comunista: Palmiro Togliatti.

Benché povero tra i poveri, l'operaio Ernesto era ben vaccinato nei confronti di tutti gli estremismi. Per il suo carattere di uomo tranquillo e di buon senso. E per quello che aveva saputo e visto in una delle capitali sconfitte: Budapest.

Alla fine della guerra, invece di congedarsi subito dall'esercito, Ernesto aveva accettato di andare in Ungheria con la missione italiana che vi rappresentava le potenze vincitrici.

Rispose di sì al suo tenente, Quinto Gregotti, di Mortara, classe 1896, un ufficiale di 23 anni, già studente di ingegneria al Politecnico di Milano. Bisognava dare il cambio ai radiotelegrafisti della missione. Ernesto si aggregò al tenente insieme a due altri soldati del Genio, un vercellese e un monferrino.

La squadretta di genieri arrivò a Budapest il 20 settembre 1919, quando Ernesto stava per compiere 21 anni. E si trovò di fronte a due eventi storici: una rivoluzione comunista già fallita e una controrivoluzione bianca in atto da poco. Tutte e due coperte di sangue, responsabili di massacri, esecuzioni, violenze inenarrabili.

Ernesto sarebbe rimasto a Budapest cinque mesi. Un tempo in apparenza breve, ma importante per un ragazzo sveglio e giudizioso, con un'istintiva capacità di ragionare "a bocce ferme", come diceva lui, l'esatto contrario del tipo emotivo. Infatti quel supplemento di servizio militare lontano da casa gli fu molto utile. Soprattutto perché lo aiutò a scrutare dentro se stesso e a farsi domande sull'Italia dove era destinato a ritornare e a vivere.

Prima di tutto, si disse di essere nato con la camicia, nonostante un'infanzia e un'adolescenza all'insegna della miseria. Al fronte c'era stato poco a causa della giovanissima età. E la fortuna, o il Padreterno, l'avevano assistito. Non era morto e non aveva riportato una mutilazione. Ma avevo visto cadere tanti soldati, anche ragazzi giovani come lui e persino più giovani.

Casale e il Monferrato circostante avevano sofferto molte perdite. Si diceva che in città i soldati caduti fossero mezzo migliaio. Ma se lo sguardo si allargava al territorio legato alla città, il numero delle vittime arrivava a 3 mila, forse di più. Ricordo il piccolo monumento eretto in piazza Dante, gremito di nomi. Mio padre Ernesto mi portava spesso a vederlo. E penso si domandasse a che cosa erano servite tante esistenze stroncate.

Certo, Trento e Trieste erano città libere, l'Impero austroungarico era stato sconfitto, l'Italia aveva ribadito di essere una potenza militare. E poi? Il paese non era migliorato e lo stesso la condizione di molti italiani. I poveri restavano poveri e i ricchi rimanevano ricchi.

Anzi, non pochi di questi ultimi lo erano diventati ancora di più. I padroni sembravano avere una forza economica e sociale maggiore di prima. In città si parlava molto dei profitti di guerra dei cementieri, dei proprietari di cave e degli industriali che avevano lavorato per il Regio esercito.

L'ordine pubblico era peggiorato. Ernesto sentiva dire che le campagne del Monferrato erano infestate da banditi, gentaglia che spadroneggiava, assaliva le cascine, svaligiava le case. Anche l'ordine sociale sembrava diventato precario. I braccianti e i salariati agricoli stavano in subbuglio. C'erano scioperi continui, accompagnati da vandalismi e da qualche sparatoria notturna.

A soffiare sul fuoco ci pensavano certi politici rossi che predicavano la rivoluzione. La loro battaglia per impedire l'ingresso in guerra dell'Italia li aveva visti sconfitti perché la guerra c'era stata. Adesso cercavano la rivincita, spingendo i più deboli a muoversi contro i più forti, i padroni.

Il clima politico e sociale era diventato pessimo, non soltanto nelle grandi città, ma dovunque, anche nei piccoli paesi. La vittoria non aveva riconciliato gli italiani. Troppi sembravano odiarsi. Anche i reduci si erano divisi. E sembravano decisi a iniziare un'altra guerra, tutta interna al campo dei vincitori.

L'estremismo non era un pane che potesse piacere a Ernesto. L'aveva compreso proprio durante la permanenza in Ungheria. Grazie a quanto aveva visto e sentito raccontare.

Budapest era una capitale da un milione di abitanti, una metropoli dalle sette bellezze. Però quando Ernesto vi arrivò con la divisa dell'esercito italiano si trovava allo stremo. E non soltanto per aver perso la guerra, bensì a causa di un secondo conflitto. Ben più feroce perché vedeva l'uno contro l'altro gli ungheresi. Decisi a martoriarsi con una guerra civile.

Prima di questa nuova tragedia, l'Ungheria, insieme all'Austria, era già stata costretta a patire sofferenze terribili nel corso del conflitto mondiale. L'Impero aveva mobilitato otto milioni di uomini e di questi un milione e 100 mila erano morti, per la metà in combattimento e un'altra metà per le ferite, le malattie e la fame. E in maggior parte i caduti erano anche lì contadini poveri.

Ernesto scoprì che il famoso Impero austroungarico aveva una società arretrata. L'industria era in declino. I contadini avevano subìto requisizioni brutali. La gente che viveva nelle città stava alla fame. L'inflazione era altissima. Il costo della vita era passato da quota 100 nel 1914 a quota 1082 nel 1918.

Nel 1917, il penultimo anno di guerra, molti giovani si erano nascosti nei boschi o nelle campagne, per non vestire la divisa di una monarchia sempre più odiata. Chi si era presentato si trovò dentro una struttura militare debole, minata soprattutto dalla mancanza di cibo. La sconfitta non fece altro che peggiorare il clima sociale. Preparando il terreno per un nuovo conflitto, tutto fra ungheresi.

A cominciarlo, il 21 marzo 1919, fu Béla Kun, un comunista visionario. Aveva 35 anni e nella guerra mondiale era stato un sergente dell'Armata imperiale austroungarica. Catturato sul fronte russo nel 1916, l'anno successivo aderì alla rivoluzione di Lenin e venne messo a guidare la Federazione internazionale dei prigionieri di guerra comunisti. Quando le armi cessarono di sparare, fu subito liberato e rispedito in Ungheria con un incarico mica da poco: segretario del neonato Partito comunista ungherese.

Kun era un giovane di statura media, tozzo e tendente alla pinguedine, pochi capelli rasati a zero, non un filo di barba sulle guance tonde, labbra quasi sensuali, lo sguardo risoluto. La sua prima mossa fu di istituire i commissari del popolo, con la divisa militare e il berretto a visiera, una tenuta copiata dai sovietici.

Nel novembre 1918, subito dopo la sconfitta, in Ungheria era stata proclamata la repubblica, ispirata alla socialdemocrazia. Guidata da un nuovo capo dello Stato: il conte Mihály Károlyi. Invece di dargli una mano, Kun fece di tutto per mandarlo a gambe all'aria.

Ci riuscì nel marzo 1919, senza star lì a perdere troppo tempo. Sfruttando la forza politica che possedeva. Dal momento che la sua predicazione rivoluzionaria l'aveva fatto diventare molto popolare tra i contadini poveri e i borghesi radicali. Nacque allora la Repubblica sovietica di Ungheria, esempio unico di nazionalbolscevismo.

Secondo il capo della missione italiana, il colonnello Guido Romanelli, uomo saggio e ufficiale avveduto, la Repubblica rossa di Kun era un'ottusa caricatura del socialismo, destinata a finire male. Tutti i palazzi del centro erano tappezzati di rosso. Migliaia di bandiere proletarie sventolavano da migliaia di finestre. Vicino al Parlamento, erano state erette tre gigantesche statue di gesso. Raffiguravano Marx, Engels e Lenin.

Poi arrivarono gli editti di Kun. Il lavoro obbligatorio per tutti. Il passaggio allo Stato delle scuole e delle aziende private. La requisizione delle case abitate dai benestanti. La socializzazione delle proprietà agrarie, delle banche, dei trasporti, delle miniere. E infine la nascita del Tribunale rivoluzionario.

Furono decisioni prese nel giro di pochi giorni. Tanto che Lenin suggerì a Kun di muoversi con maggiore prudenza. Lo stesso consiglio gli diede un dirigente socialista italiano: il torinese Oddino Morgari, un politico con i piedi per terra, arrivato a Budapest il 20 maggio 1919, su incarico del Psi. Per rendersi conto di cosa diavolo fosse questo regime comunista ungherese.

Kun non ascoltò nessuno. Anzi lasciò le mani libere a una formazione paramilitare capace di ogni ferocia. Erano i Figli di Lenin, una banda di duecento uomini, specializzata in rapimenti e omicidi.

La guidava un marinaio della flotta ungherese, József Cserney, che durante la guerra aveva disertato per andare in Russia. I Figli di Lenin sparsero il terrore in tutta Budapest. E nessuno fu in grado di tenere il conto dei tanti "nemici del popolo" ammazzati da loro.

Il sogno sanguinario di Kun non poteva durare molto. L'Ungheria era circondata da paesi che aspettavano soltanto di invaderla. Il 16 aprile 1919 partì all'attacco la Romania. Poi si mossero i cecoslovacchi. Quindi i serbi.

Fra il 28 e il 30 luglio, le truppe rumene varcarono il fiume Tibisco e iniziarono a inseguire i resti dell'Armata popolare. La sera del 31 luglio, Kun e la famiglia fuggirono in treno verso l'Austria. Decretando la fine della Repubblica sovietica di Ungheria. Durata appena centotrentatré giorni.

Dopo un periodo trascorso in un carcere austriaco, Kun si trasferì in Germania e nel 1921 trovò rifugio in Unione Sovietica. Qui visse fra qualche agio, poiché era lo sfortunato leader del comunismo ungherese. Ma nel giugno 1937 incappò nel terrore di Stalin. Fu arrestato con la falsa accusa di essere una spia della Gestapo, la polizia segreta di Hitler. Venne torturato, poi lo fucilarono in un luogo sconosciuto, forse nel novembre 1939.

Stalin fece uccidere anche il fratello di Kun, Sandor, un agronomo riparato in Russia con la famiglia. La moglie di Kun, Irene Gal, venne deportata in un gulag. Fu rimessa in libertà nel 1946. Ma conobbe come era morto il marito soltanto nel 1955, quando Stalin era già andato all'altro mondo da due anni.

Nel frattempo l'Ungheria era finita sotto il terrore bianco, più feroce di quello rosso. Il potere venne conquistato dall'ammiraglio Miklós Horthy, che durante la guerra aveva comandato la flotta austroungarica. Entrò a Budapest il 16 novembre 1919, in sella a un cavallo bianco, indossando la divisa da parata. E ne diventò subito il padrone assoluto.

Horthy era un uomo di 51 anni, aitante e dal profilo altero. Odiava Budapest, che considerava "la città del peccato". E cominciò subito a fucilare i comunisti, i socialdemocratici e gli ebrei che stavano già in carcere. Arrestati dai rumeni come seguaci di Kun.

L'ammiraglio bianco sparse il terrore in tutta l'Ungheria. Fece gettare vivi nelle fornaci non pochi operai rossi, per vedere se potevano sostituire il carbone che mancava. Gli ebrei catturati morirono appesi alla forca. Le mogli e le figlie dei comunisti vennero violentate dagli ufficiali e poi passate alla truppa.

L'ammiraglio rimase al potere per più di vent'anni, come reggente dell'Ungheria. Aderì all'asse Roma-Berlino e nel 1944 aprì le porte all'occupazione tedesca. Tentò invano di negoziare una resa separata con l'Urss. Ma i nazisti lo sequestrarono. Dopo la fine della guerra, fuggì in Portogallo, dove visse a lungo. E morì all'età di 89 anni.

Il giorno che mi capitò di parlare con Ernesto della tragedia ungherese, lui replicò: «Un eccesso partorisce sempre un altro eccesso. Capitò anche nell'Italia del dopoguerra. Dopo lo strapotere inutile dei Béla Kun nostrani, i socialisti massimalisti e i comunisti, arrivò il fascismo di Mussolini».

29
Benito e la dama nera

Ernesto ritornò in Italia da Budapest il 1° febbraio 1920. E si rese conto di persona che da noi stava accadendo un evento strabiliante: i poveri si erano illusi di poter comandare sui ricchi.

Era un ribaltamento di ruoli che la storia del mondo non aveva mai registrato. Se adesso stava succedendo, il merito era di un signore che si chiamava Nikolaj Lenin. Un omettino con gli occhi spiritati e la barbetta a punta, che nella lontanissima Russia aveva inventato un marchingegno infernale: la rivoluzione comunista.

Il compagno Lenin trovò subito degli imitatori anche in Italia. Erano i socialisti, l'unico partito di sinistra allora esistente. Quando conobbero l'esito delle prime elezioni generali del dopoguerra, il 16 novembre 1919, si convinsero di poter fare come in Russia.

Il Psi risultò il primo dei gruppi politici in lizza, con il 32,4 per cento dei voti. Il successo generò un'euforia pericolosa, incoraggiata dalla crescita degli iscritti al partito, passati in un anno da 20 mila a 80 mila. E dall'aumento impetuoso dei tesserati alla Confederazione generale del lavoro: erano 200 mila e in pochissimo tempo diventarono un milione e 300 mila.

Il quotidiano socialista, l'"Avanti!", commentò il successo elettorale con un titolone a piena pagina, apparso il 20 novembre 1919. Strillava: *L'Italia della rivoluzione è nata*. La stessa retorica fiammeggiante non si spense neppure nel 1920. Quando si cominciarono a vedere le prime reazioni di contrasto alla baldanza del Psi e all'irruenza aggressiva delle leghe rosse.

Non tutti i socialisti credevano in modo cieco a un bis di quanto era accaduto in Russia. Uno di questi uomini saggi era Claudio Treves, un socialista riformista molto legato a Filippo Turati. Dopo la vittoria elettorale del suo partito, il 3 dicembre 1919 parlò alla Camera dei deputati e mise in guardia i propri compagni sul rischio di una reazione della destra. Disse: «Sentiamo circolare attorno a noi un vento sinistro di controrivoluzione, prima ancora che sia avvenuta la rivoluzione».

Ma le sinistre di allora anticipavano tutti i difetti che in seguito avrebbero rivelato sino in fondo. Non soltanto nella prima metà del Novecento, bensì nei decenni successivi, per poi arrivare ai giorni nostri.

Il Psi era spaccato in due grandi aree: i massimalisti e i riformisti. All'interno di queste parrocchie esistevano poi delle fazioni minori e molto combattive. Da una di queste sarebbe nato il Partito comunista, gettando nel caos uno schieramento che avrebbe dovuto restare unito. Se davvero voleva tutelare i ceti più poveri.

Rammento un giudizio aspro di mia nonna Caterina, quando la seconda guerra mondiale era già finita e si avvicinavano le prime elezioni, quelle del 1946 per l'Assemblea costituente: «I rossi non sono diversi dai neri che hanno mandato a ramengo. Pensano soltanto agli interessi della loro ditta e alla carriera che sperano di fare. Se ci fossero già stati i comunisti e i socialisti quando ero una vedova disperata, senza un soldo e con sei bambini da crescere, sarei morta di fame. Perché da loro non avrei ricevuto neppure un soldo bucato, ma soltanto parole a vuoto».

Come darle torto? Anche fra il 1919 e il 1920, le sinistre più scaldate si rivelarono formidabili fabbriche di proclami, di slogan, di promesse fondate sul niente. Non facevano che sbraitare di rivoluzione, di conquista del potere, di fine del capitalismo. E continuarono a illudere i loro militanti, nella convinzione che anche in Italia, come in Russia, i padroni e la monarchia avessero i giorni contati.

I giornali locali dei socialisti, quasi tutti schierati con l'ala massimalista del partito, non si preoccupavano d'altro che di arroventare il clima. Il settimanale di Mortara, "Il Proletario", tre giorni dopo le elezioni annunciò: "La rivoluzione sarà, e a breve scadenza. Non saremo noi a precipitarla, ma avverrà. Come avviene un fenomeno naturale, come avviene una burrasca".

Un giorno Ernesto mi confessò: «Ogni volta che sentivo parlare i socialisti, anche quelli anziani che avrebbero dovuto avere un po' di sale in zucca, sai chi mi veniva in mente? Il Duca d'Aosta, con i suoi proclami di guerra, accompagnati da una sconfitta dopo l'altra». Osservai: «Non credi di essere troppo duro nei tuoi giudizi?». Lui tagliò corto: «Tu allora non c'eri. Dunque lascia parlare me».

Infatti, nell'anno successivo non si vide nessuna rivoluzione. Tuttavia, le fiammate ribellistiche diventarono sempre più alte. E culminarono con l'occupazione della Fiat nel settembre 1920, e prima ancora con il lungo sciopero agrario, cominciato nel mese di marzo. Una vera battaglia, che a molti sembrò l'inizio di una guerra civile destinata a concludersi con la conquista del potere da parte della sinistra.

Soprattutto nelle campagne della pianura padana, fu un'agitazione durissima, che arrivò al divieto di mungere le mucche. Una misura estrema che poteva uccidere le mandrie. Decisa per mettere con le spalle al muro gli agrari e costringerli a firmare un nuovo contratto di lavoro più favorevole ai braccianti e ai salariati fissi.

Certi capilega rossi arrivarono al punto di timbrare le mani ai mungitori per evitare che lavorassero di nascosto, durante la notte, con lo scopo di non far morire le bestie. Ogni mattina veniva fatta l'ispezione corporale ai bergamini, per accertarsi che il timbro non fosse sparito.

Questo gigantesco bailamme, in seguito chiamato il Biennio rosso, accelerò la nascita dello squadrismo fascista. Emerso dapprima nelle campagne, quindi nelle città. Fu allora che si constatò per intero il male oscuro che insidiava le sinistre. Invece di restare unite davanti al fascismo nascente, si divisero.

Ernesto mi disse: «Me la rammento bene questa follia, perché in quel tempo avevo 23 anni ed ero ritornato a fare il guardafili alle Regie poste. Nel mio ambiente di lavoro, tutto di operai come me, la sinistra era dominante. Per di più, la mia squadra faceva capo ad Alessandria, una città tutta rossa.

«Nel gennaio 1921, una parte dei socialisti fondò a Livorno il Partito comunista» continuò Ernesto. «E i suoi capi, Gramsci, Terracini e Bordiga, iniziarono a fare la guerra al Psi. Senza rendersi conto che lo squadrismo di Benito Mussolini stava già diventando il padrone delle campagne. Con l'aiuto della borghesia moderata e degli agrari. Tutto avveniva in un clima torbido. Ben rappresentato dalla storia fra Mussolini e la contessa di Semiana.»

Semiana è un paese della Lomellina, allora di mille abitanti, non lontano da Casale Monferrato, ma già in provincia di Pavia. Dalla città di Ernesto ci si arrivava in quattro e quattr'otto. Passavi il Po, superavi Candia e Valle ed ecco il posto rimasto famoso nel tempo. Per una giostra furibonda di eccessi amorosi, di sesso spinto all'estremo, di tradimenti e di letti roventi, che coinvolse i primi capi fascisti.

Lo dominava un agrario di quelli duri e pronti a tutto: il conte Cesare Carminati Brambilla. Era nato a Milano da una famiglia patrizia della Bergamasca. E all'inizio della storia aveva 33 anni. Nella guerra mondiale aveva combattuto da ufficiale di cavalleria. L'arma dei padroni, sacramentavano i contadini in divisa rinchiusi nelle trincee.

Era un tipo alto, magrissimo, aveva l'andatura ciondolante e un tic che gli contraeva l'angolo destro della bocca. Verso la fine del 1920, decise di vivere in campagna. E comprò a Semiana una tenuta di 4 mila pertiche. Dove esisteva una dimora padronale, definita in modo un po' eccessivo il Castello. Il conte andò ad abitare lì, insieme alla contessa, Giulia Mattavelli.

In realtà, i due non erano sposati. Formavano quella che oggi chiameremmo una coppia di fatto. Dove a primeggiare era lei, una ragazza di provocante bellezza, con un carattere di quelli tosti e dallo stile per niente nobile, sia per ascendenza che per modi di fare. Infatti era la figlia di un portalettere di Lanzo d'Intelvi, nel Comasco. Il conte l'aveva conosciuta quando lei era ancora adolescente e lavorava a Milano nel negozio di mode della sorella.

Domandai a Ernesto: «Come hai conosciuto la storia di questa contessa?». Ernesto sorrise: «Avevo un amico guardafili che veniva da Semiana. La sua era una famiglia di braccianti tutti rossi. Anche loro erano dei poveri che a volte trovavano lavoro e a volte no. Si erano iscritti alla Lega di quella zona della Lomellina. E quando arrivò a Semiana il conte Brambilla, vennero subito segnati a dito dai nuovi padroni. Il conte era un tipo arrogante, pronto a dimostrare di essere il più forte. La contessa era anche peggio di lui. Per di più, era una donna davvero bella. Questo faceva infuriare salariati e braccianti che ringhiavano: chissà perché le donne come lei toccano sempre ai ricchi».

In quel momento la Giulia Mattavelli aveva 29 anni ed era un vero bocconcino da prete. Una giovanotta dal seno statuario, bionda, un bel viso intrigante, sorriso malizioso, labbra di un rosso naturale. Chi l'ha conosciuta bene, sostiene che sopra la bocca aveva un filo di peluria chiara che le dava un tocco provocante.

Mio padre continuò: «Bisogna aggiungere che vestiva con un'eleganza un po' chiassosa. E soprattutto, devo dirlo perché risulterà un dato importante nella vicenda, era una sgenata come poche. Caterina l'avrebbe definita una slandrona. O una sporcacciona, ma di prima classe.

«Non aveva freni e, quando le conveniva, era pronta a concedersi a chiunque potesse tornarle utile. Sempre con la disinvoltura energica della padrona e mai della donna sottomessa. Se fosse vissuta in tempi più vicini a noi, sarebbe stata una perfetta signora da rotocalco. Fotografata al braccio di qualche pennacchione, mai di un tizio qualsiasi.»

Mussolini la conobbe durante la campagna elettorale del maggio 1921. Benito aveva deciso di pronunciare soltanto tre discorsi. Il primo lo tenne a Milano, il 3 maggio, in piazza Belgioioso. Il terzo era fissato per il 13 maggio a Verona. Per il secondo scelse Mortara, in onore dei camerati che in poche settimane avevano sbaragliato i rossi della Lomellina.

In città erano arrivati centinaia di fascisti, anche da Casale Monferrato. Prima del comizio, all'Albergo Tre Re si svolse un banchetto in onore di Mussolini. I convitati erano stati scelti con cura, quarantacinque in tutto. Tra loro non potevano mancare i conti Carminati Brambilla.

Alla fine del pranzo, venne offerta a Benito una grande medaglia d'oro, per ricordare l'evento. Chi gliela consegnò? La contessa Giulia. Si avvicinò al futuro duce, gli sparò un sorriso pieno di promesse e strillò: «Questo piccolo presente è per il nostro alfiere!».

Mussolini aveva 38 anni, nove più della Mattavelli. Lo accompagnava la fama di essere un donnaiolo assatanato. E quando si trattava di belle donne, non perdeva tempo. Restò abbagliato dallo splendore disinvolto della contessa. Tanto che la sera, durante il Veglione Tricolore Italianissimo, al Teatro comunale, ballò soltanto con lei. Suscitando i mormorii scandalizzati o invidiosi di molte delle dame presenti.

Poco prima di mezzanotte, Mussolini e la nobildonna si eclissarono. Per andare dove? Al vicino Albergo Tre Re. Qui, nella stanza numero 5, Giulia si concesse a Benito. Con una seduta infuocata che durò un'ora abbondante. Verso le due di notte, Benito si ripresentò alla propria automobile. Mise da parte l'autista e ripartì a tutto gas per Milano, salutato da una selva di potenti "alalà!".

La contessa e Mussolini si incontrarono altre volte, con soddisfazione di entrambi. Non più a Mortara, forse a Milano, in qualche scannatoio riservato. Oppure in camere di alberghi di lusso, dove la discrezione era garantita dalla scorta di Benito. Un gruppo di bodyguard, diremmo oggi, tutti squadristi di provata fede e specialisti nel tenere la bocca cucita.

La contessa di Semiana aveva puntato sul cavallo vincente: il fascismo. Quando diventò un regime, la bella Giulia non trascurò di prendersi cura dei desideri sessuali di chi poteva garantirle il successo al fianco dei nuovi padroni politici. Senza trascurare l'ambiente dei ras di seconda fila.

Si portò a letto il colonnello Silvio Magnaghi, il capo delle squadre lomelline, un cinquantenne dal profilo crudele, un Robert De Niro anni Venti. Poi Cesare Forni, un leader fascista in ascesa, il numero uno del partito a Mortara. Quindi Francesco Giunta, destinato a diventare il segretario nazionale del Partito fascista. E infine Renato Ricci, il ras di Carrara.

Fu un carosello di amanti, una sarabanda sessuale e politica che consentì alla contessa di mettere l'uno contro l'altro un plotone di big fascisti che non si potevano soffrire. Perché lo faceva? Ecco una domanda che ha molte risposte. Una può essere la seguente: la contessa di Semiana non era soltanto una mangiatrice di maschi, ma aveva una forte ambizione. E pur essendo venuta dal niente, desiderava contare in un regime destinato a durare per molto tempo.

Nacque in questo modo la leggenda nera del castello di Semiana. Raccontava di notti lussuriose, di orge a base di champagne e di cocaina, di giochi erotici che gli esclusi invidiavano, pur non sapendone nulla. E il conte Carminati Brambilla? Sopportava le corna, per convenienza. Si era dotato di una milizia personale. E di tanto in tanto si sfogava dando la caccia ai pochi rossi rimasti nella zona.

A volte, le spedizioni punitive erano guidate dalla contessa. Montava a cavallo come un cowboy, armata di frustino e revolver. In questo modo, la figlia del portalettere conquistò un posto nella cronaca sotterranea del fascismo. Accompagnata da una definizione sprezzante del socialista Pietro Nenni: "Metà femmina da lupanare, metà amazzone da avventura".

Uno dei ras che lei aveva agganciato s'innamorò alla follia. Era Giunta, il leader fascista della Venezia Giulia che, per ragioni elettorali, stava tentando di mettere radici in Lomellina. E per questo motivo aveva iniziato a farsi vedere sempre più spesso in quel territorio, per altro assai vicino a Milano.

Nella primavera del 1922, Giunta aveva 35 anni ed era un bell'uomo con la fama del duro. A Trieste, si era fatto temere da tutti gli avversari. Gli sloveni lo accusavano di aver incendiato l'Hotel Balkan. Anche da parlamentare si mostrava violento e collerico, tanto che a Montecitorio lo chiamavano "il deputato squadrista".

La contessa lo mandò in oca. Con la bollente Giulia, il cattivo Giunta si comportava come un adolescente in amore. Giocava a nascondino con lei nei campi di meliga. Si gettò in un canale per salvare il suo cagnolino. Da Roma le scriveva lettere fiammeggianti, senza nascondere nulla del desiderio che provava del suo corpo, dei suoi baci, delle sue carezze audaci.

Fu proprio la relazione con Giunta a mettere in crisi la contessa e il marito. La coppia finì nel mirino del gran capo fascista della Lomellina: Forni, uno che vedeva nel camerata Giunta un nemico. Colpevole anche di averlo soppiantato nel letto della pimpante dama nera.

Nel luglio 1922, tre mesi prima della marcia su Roma, Forni, un colosso di 32 anni, un fegataccio che non aveva paura nemmeno di Mussolini, decise di tagliare le gambe al conte e alla contessa di Semiana. Per cominciare, tolse a lui la tessera del Partito fascista. Poi sciolse la sezione del fascio aperta dal conte in paese. Sulla base di una raffica di accuse, in parte vere.

La più fondata rinfacciava al Carminati Brambilla di "avere una concezione di vita alla don Rodrigo". Pagava poco i salariati obbligati e i braccianti. Osteggiava i sindacati nazionali. Esigeva l'ossequio dei paesani. E aveva preteso di essere eletto sindaco di Semiana: un'arroganza in più che gli sarebbe costata cara.

La domenica 4 febbraio 1923, quando Mussolini era già diventato il capo del governo e aveva ben altro a cui pensare, Forni si presentò sulla piazza di Semiana, in veste di Console generale della Milizia. Deciso a chiudere la partita con quella coppia prepotente e carica di soldi.

Forni aveva lasciato a casa la divisa grigioverde, zeppa di medaglie, di nappe e nappine, di alamari e di fascetti d'argento. Indossava soltanto la camicia nera e un cappotto scuro, per difendersi dal freddo umido della Lomellina. Radunò gli abitanti di Semiana e ottenne trecento firme su un documento che chiedeva le dimissioni del conte dalla carica di sindaco.

Da Roma, insorse Giunta che tentò di rimettere in sella il conte. Ed ebbe il consenso di Mussolini, memore della seduta d'amore con la contessa Giulia, nella stanza dell'Albergo Tre Re. Ma in quel momento Forni era troppo forte. Il 23 marzo fece espellere il conte dal fascio di Mortara, per la seconda volta.

Anche per la dama nera finirono i giorni di gloria. Il giornale fascista lomellino, "Il Risveglio", cominciò a sbeffeggiarla con articoli irridenti. La focosa Giulia venne dipinta così: "Una ex fantesca, dalla quale tutti i profumi di Coty non hanno tolto il lezzo di remote rigovernature... Un femmina dedita all'intrigo che, con la sua volgarissima astuzia a sfondo uterino, architetta piani avversi alle persone che non prostituiscono la loro dignità e le loro idee per fascini di bassa lega".

Nel giugno 1923, il conte Carminati decise di vendere il castello e la tenuta di Semiana. Lui e la contessa sentivano tirare un'aria pessima, malgrado la protezione di Giunta. Prima di andarsene, bruciarono una quantità di carte, lettere, fotografie, libri dedicati dagli autori. Trasformando in cenere anche documenti pericolosi per loro. Poi si trasferirono in un grande appartamento di Milano, in via Ariosto, una strada da ricchi.

Di qui andarono in Veneto, dove il conte aveva acquistato una grande tenuta, Ca' Vendramin in Polesine. Carminati si decise a sposare Giulia che così divenne una contessa a pieno titolo. Restarono agganciati al regime fascista: il conte diventò rettore della provincia di Rovigo e podestà del comune di Taglio di Po.

Entrambi uscirono indenni dalla guerra civile e dai furori dell'esecuzione di Mussolini. Non ebbero figli e dopo il 1945 si trasferirono a Como. Giulia sopravvisse al marito. E campò sino al 12 febbraio 1975, quando morì alla bella età di 83 anni.

All'inizio degli anni Settanta era ancora una signora spigliata, elegante, imperiosa. Sempre con la sigaretta accesa e il linguaggio sboccato. Dei suoi celebri amanti diceva: «Il più focoso era Benito. Anche se l'ho trovato troppo sbrigativo per i miei gusti».

30
La ragione è dei più forti

Un vecchio detto del Monferrato recita: "Al pu fort a l'ha mai tort", il più forte non ha mai torto, ossia ha sempre ragione. Nel biennio tra il 1919 e il 1920, un po' dappertutto i poveri si illusero di poter diventare i più forti. E di ribaltare le condizioni miserande nelle quali campavano.

Quando Ernesto ritornò da Budapest, sua madre Caterina gli spiegò come si viveva nella loro città e nelle campagne circostanti. La guerra aveva portato alle stelle i prezzi dei beni di prima necessità. Il pane, il vino, lo zucchero, la carne, il lardo, il baccalà, il caffè e il carbone vegetale costavano un occhio della testa. Il rincaro più pesante riguardava la carne bovina e le patate che costavano cinque volte tanto rispetto all'anteguerra.

Durante l'inverno le case dei poveri continuavano a essere gelide e d'estate diventavano prigioni sopraffatte dall'afa. Comprarsi un vestito o un paio di scarpe era un affare da ricconi. Trovare lavoro risultava sempre più difficile. Ernesto era fortunato perché stava alle dipendenze delle Regie poste e telegrafi. Ma i disoccupati si andavano moltiplicando. Le aziende addette alla produzione bellica vedevano scemare le ordinazioni e chiudevano i battenti o decimavano le maestranze. Anche i cementifici, il pilastro industriale del Monferrato, avevano ridotto l'attività di un terzo e a volte di più.

I poveri erano più infuriati che mai. Com'era sempre successo, la miseria trasformava la difficoltà di campare in rabbia e poi in un desiderio di rivolta. Contro chi? Contro i ricchi che la guerra aveva reso ancora più ricchi. Adesso era arrivato il momento di fargliela pagare cara, la loro fortuna. E fu così che i poveri si misero in marcia, verso il sol dell'avvenire.

Provarono a farlo senza tener conto di una regola antica che Ernesto aveva visto applicare a Budapest. Diceva: ogni spinta genera sempre una controspinta. Lo aveva proclamato l'ammiraglio Horthy, per giustificare il terrore bianco dopo il terrore rosso di Béla Kun. Significava che i ricchi si sarebbero difesi. Loro non avrebbero subìto l'assalto senza reagire.

Era accaduto nella vicina Lomellina. E accadde nella città di Ernesto. Senza il contorno di contesse infoiate, di capi fascisti pronti a fornicare, di avventure sessuali. In fondo, erano tutti dettagli, vicende secondarie. Una cortina di fumo, capace soltanto di nascondere la natura profonda del grande mutamento che avrebbe cambiato il corso della storia italiana.

In uno spazio piccolo qual è una cittadina di provincia, le cose si vedono meglio che in uno spazio grande. Me ne sono reso conto quando per un mio vecchio libro, *Romanzo di un ingenuo*, pubblicato nel 2000 da Sperling & Kupfer, ho raccontato, tra l'altro, la nascita del fascismo a Casale.

Leggendo i giornali dell'epoca, consultando le carte giuste, ascoltando i pochi testimoni superstiti, ero arrivato a una conclusione che allora non misi nero su bianco, per un motivo: non la scorgevo con la chiarezza di oggi. A volte, un decennio basta per aprire gli occhi e arrivare a un giudizio meno incerto.

La conclusione era la seguente. I poveri si lasciarono sconfiggere dai ricchi poiché erano guidati da un'ideologia senza futuro: il socialismo e il suo derivato, il comunismo. Erano due utopie destinate al fallimento. Lo dimostra la sorte delle nazioni nate dal loro grembo, prima fra tutte l'Unione Sovietica. Per quale miracolo avrebbero dovuto trionfare in Italia?

Infatti anche qui vennero battute, almeno all'inizio del Novecento, dall'ideologia contraria: il fascismo. Poi Mussolini e il suo regime sbagliarono il passo finale, quello fatale. Entrando in guerra contro le democrazie fondate su un principio che finora ha sempre vinto: la democrazia liberale.

Ma nell'Italia degli anni Venti a imporsi fu il fascismo, come era inevitabile che accadesse. Contro una parte politica miope, capace soltanto di predicare la rivoluzione proletaria, senza essere in grado di realizzarla. Insieme ai fascisti, vinsero i ricchi. Non soltanto perché possedevano un'arma potente: il denaro. Ma anche perché, almeno in quel frangente, si dimostrarono più avveduti, più colti, più pronti a tutelare i loro interessi rispetto agli avversari.

Gli altri, i socialisti, contavano su una massa di manovra molto potente, almeno sul terreno dei numeri. I braccianti del circondario di Casale Monferrato erano 14 mila. I rioni popolari risultavano tutti rossi. A cominciare dal quartiere del Ronzone, quello dei cementifici. O dalla frazione di Casale Popolo, al di là del Po, abitata da tanti cavatori delle miniere di marna. Qui molti si domandavano, sempre più incazzati: bisogna fare come in Russia, quando cominciamo?

La stessa aria tirava alla Camera del lavoro, situata in piazza Po, poco prima del ponte pedonale sul fiume. Il massimalismo più cieco imperava in quelle stanze. Accentuato da un mito: l'organizzazione di classe che, giorno dopo giorno, appariva sempre più forte. Infatti, le leghe rosse si stavano moltiplicando. Era nata pure la Lega proletaria dei reduci di guerra.

Chiesi a Ernesto: «Non hai mai pensato di aderirci?». Lui alzò le spalle: «Io ero un reduce e un proletario per conto mio. Pensavo soltanto a lavorare. E l'unica tessera che tenevo in tasca era quella di guardafili delle Regie poste».

La Camera del lavoro era una fucina di progetti rivoluzionari. Lì nascevano agitazioni a getto continuo, scioperi, manifestazioni di piazza. Ma tutta questa ginnastica politica non serviva a nulla. Tranne che a far crescere le paure dei borghesi, spingendoli a chiudersi in difesa, l'anticamera di una prevedibile reazione.

Tra la primavera e l'estate del 1919, lo sciopero divenne il pane quotidiano per tanta gente. Nella provincia di Alessandria le fermate del lavoro coinvolsero le categorie più diverse: gli operai cementieri, le sarte, i postini, i maestri elementari, i tipografi, i calzaturieri, i cappellai, gli elettricisti, i carrettieri, i muratori, i manovali.

A conti fatti, le uniche a non fermarsi erano le prostitute dei bordelli e quelle girovaghe. Lo stesso accadeva per le ragazze dei locali notturni, i tabarin. Loro non avevano il problema di mettere insieme il pranzo con la cena. Il mercato del sesso non subiva flessioni, anzi trionfava. Anche perché i clienti erano diventati assai più numerosi di un tempo.

Chi aveva vinto il terno al lotto di ritornare sano dalla guerra voleva soltanto dimenticare il mattatoio delle trincee. In gran parte erano uomini giovani che desideravano rifarsi della vitaccia al fronte. Insieme al lavoro, la prima cosa che cercavano era il sesso. Ma le ragazze per bene non erano disinibite come oggi. Per questo motivo, quelle che si vendevano avevano un successo formidabile. E soprattutto non scioperavano mai.

Alcune cortigiane mostrarono un'inventiva senza precedenti. E diventarono famose per la bizzarria delle loro prestazioni. C'era quella che si faceva chiamare Francesca Giuseppa e fingeva di opporre resistenza al cliente, per poi cedere gridando: «Viva l'Imperatore, abbasso i Savoia!». Un'altra sosteneva di essere la figlia di un agrario ricco e prepotente, e di averlo ripudiato. Si presentava vestita da contadina, ma al posto dei miseri panni dei braccianti indossava abiti provocanti.

Una terza era conosciuta come Lenina, la finta nipote di Lenin. Portava indumenti intimi rossi e si era fatta tingere dello stesso colore la pelliccia che nascondeva in mezzo alle gambe. Aveva un successo enorme presso i clienti danarosi. Li incitava a prendersi la rivincita sui proletari socialisti, si sottometteva alle pratiche più violente e strillava: «Abbasso la Russia!». A letto con lei, i borghesi godevano il doppio.

Tuttavia, i poveri che avevano da vendere soltanto la loro capacità di faticare onestamente si sentivano alle corde. Le sommosse potevano nascere dal niente. Accadde nella città di Alessandria, all'inizio del luglio 1919. E quanto avvenne lo raccontano le ricerche di Lorenza Lorenzini e di Pietro Gallo.

Il comune, amministrato dai socialisti, aveva imposto un calmiere sulla verdura, la frutta e altri generi alimentari. Tra questi c'erano le uova, con un prezzo stabilito di 4 lire la dozzina. Poiché le uova mancavano, un'ambulante del mercato, una contadina, cominciò a vendere le sue a un prezzo di 5 o 6 lire. Un'operaia protestò invocando il calmiere. E la contadina reagì gettando tutte le uova che aveva sul selciato di via Cavallotti.

Una parte dei presenti insorse. Prese dai banchi la verdura, il pollame, i conigli, più le uova rimaste e cominciò a distribuire gratis la merce. Il comune, il Partito socialista e la Camera del lavoro inviarono alle barriere della città gruppi di operai con un compito speciale: fermare i contadini che se ne stavano andando via per non sottostare al calmiere comunale.

Gli operai si diedero subito da fare. E affinché non ci fossero dubbi su come la pensavano, inaugurarono un bracciale con la scritta "Guardie rosse". Si formò un comitato di agitazione che requisì l'edificio delle scuole

De Amicis. Sempre più scaldata, la folla invase negozi e magazzini di scarpe, di tessuti, di abbigliamento, s'impadronì della merce e la portò quasi tutta alla Camera del lavoro, in via Marsala. Qui venne messa in vendita con un ribasso del 40 per cento. «Ecco il calmiere rivoluzionario!» strillarono i socialisti.

Fu una specie di esproprio proletario, forse il primo del genere in una città italiana. Ma il calmiere rosso durò pochi giorni. E venne abolito quando i suoi inventori si accorsero di una circostanza negativa che non avevano previsto. Ad avvantaggiarsi del calmiere erano soprattutto i benestanti. Dal momento che, pur se vendute a un prezzo scontato, quelle merci restavano inabbordabili per le tasche vuote delle famiglie povere.

Sempre nel luglio 1919, il giorno 21, i socialisti ordinarono uno sciopero generale in difesa della Russia dei Soviet e della Repubblica comunista di Ungheria, quella di Kun, che stava tirando le cuoia. Era un'iniziativa internazionale che in Italia si risolse in un mezzo fallimento. Ma ad Alessandria riuscì. E lo stesso avvenne a Casale Monferrato.

Quel giorno di luglio, nella città di Ernesto una gran folla si raccolse in piazza Carlo Alberto. I dimostranti non sapevano nulla dei guai terribili che aveva combinato il compagno Kun. Erano anche convinti che la sua repubblica nazionalcomunista fosse un esempio che altri paesi europei dovevano seguire. E ignoravano che il suo leader era già pronto a scappare. Per questo volevano sostenerlo lo stesso.

La polizia ingiunse alla gente di andarsene dalla piazza, però nessuno si mosse. Allora un commissario ordinò la carica, con tre squilli di tromba. Da via Duomo irruppe sulla piazza la cavalleria militare con la spada sguainata. La folla si disperse, ma tornò quasi subito a riunirsi. Ci furono altre cariche, poi intervennero i carabinieri reali. E andò avanti così fino a mezzanotte.

Il potere del sindacato sembrava imbattibile. Tanto da decidere quali negozi fossero esentati dallo sciopero. Su non poche vetrine comparve un avviso stampato che diceva: "L'apertura di questo esercizio è autorizzata dalla Camera del lavoro".

I padroni della città di Ernesto compresero subito il rischio che potevano correre. E si attrezzarono per tempo, con lo scopo di difendersi e di prepararsi a combattere il nemico di classe. Un avversario che, allora, stava sotto due bandiere del medesimo colore. Quella del Psi e quella, assai più gagliarda, del sindacato rosso.

Il primo passo lo tentarono un gruppo di esponenti della borghesia. Nell'estate del 1919 diedero vita a un Comitato di resistenza interna contro il bolscevismo. Erano avvocati, professori, imprenditori. Il più noto tra loro era il sindaco di Casale, Enrico Tavallini, un avvocato liberale che presiedeva una società importante, la Cementi Alta Italia. Ma fu un'esperienza che durò poco. Sostituita da iniziative ben più solide, destinate a lasciare il segno.

L'altro passo venne compiuto dagli agrari del Monferrato. Nella seconda metà del 1919, si unirono in un nuovo movimento politico: il Partito agrario. La guida non venne affidata a uno dei tanti possidenti. Bensì a un signore che oggi definiremmo un tecnico, un esponente della società civile disposto a occuparsi della cosa pubblica. E a schierarsi.

La scelta cadde sull'enotecnico più famoso in Italia: Arturo Marescalchi. Era un signore di 51 anni, nato a Baricella in provincia di Bologna e arrivato a Casale nel 1902 per creare la Società dei viticoltori monferrini che in seguito si estese all'intero territorio nazionale. Marescalchi non si occupava soltanto dei vigneti. Nel 1911 fondò un periodico, "Italia vinicola ed agraria", molto diffuso tra quanti si occupavano di produzione agricola, il settore economico più importante nel paese.

Poco tempo dopo, Marescalchi divenne il presidente dell'Associazione agricoltori del Monferrato. E fu candidato alle prime elezioni politiche del dopoguerra, quelle del 16 novembre 1919. Sostenuto dal blocco dei partiti di destra, venne eletto alla Camera. Qui si fece subito notare per due qualità. Era un signore affabile, di ottima cultura non soltanto tecnica e cortese con tutti. Ma si rivelò anche un uomo tenace nel sostenere le proprie idee.

A Montecitorio, si comprese subito che Marescalchi aveva ben misurato il carattere e la forza del proprio nemico di classe. O della classe che aveva deciso di rappresentare e difendere.

A spiegare chi fosse l'avversario più pericoloso fu il settimanale degli agrari del Casalese, "La Terra". Il 4 gennaio 1920, all'inizio di un anno destinato a rivelarsi cruciale, il giornale si rivolse ai lettori con parole molto chiare: "Dichiariamo fin da ora che batteremo in breccia, risolutamente, tutte le dottrine di violenza e di odio che vanno sotto il nome di bolscevismo".

Fu Marescalchi a dirigere gli agrari del Monferrato durante il grande sciopero del marzo 1920. Era l'ultimo tentativo dei poveri delle campagne di mettere sotto i padroni delle terre. Con due obiettivi: strappare contratti migliori e condizioni di vita meno miserabili, e insieme affermarsi come soggetto politico dominante.

Lo sciopero si estese ai cementifici che avevano ripreso la produzione a ritmi intensi. Fu l'ultima fiammata estremista e rivoluzionaria del Biennio rosso, destinata a fallire. Da quel momento in poi, i proletari italiani sarebbero passati di sconfitta in sconfitta. Sino a ritrovarsi di fronte alla brutale realtà dello squadrismo fascista.

Un giornale molto ostile ai socialisti, "L'Avvenire", alla fine dell'aprile 1920 pubblicò un ritratto a tinte fosche di quanto accadeva a Casale: "Vi domina un sovversivismo spinto all'estremo eccesso. Da quindici giorni e più, la nostra città si trova in uno stato d'allarme senza posa. Qui la piazza ha libero passo e può esercitare senza limiti il suo dominio".

E ancora: "Lo sciopero generale dilaga, senza che si sappia perché è stato proclamato. Impera la scioperomania. A nome della Camera del lavoro, certe persone vanno di bottega in bottega, a ordinare la chiusura dei negozi, se non si vuole i vetri rotti. Par di vedere in azione i bravi di don Rodrigo, quelli descritti dal Manzoni. In questo modo, una classe è giunta ad atterrire una città intera, a esercitare un dominio contro la legge".

Più secco fu Marescalchi. Nel settembre 1920, davanti all'occupazione delle fabbriche, a cominciare dalla Fiat a Torino, scrisse sul giornale "L'Aratro": "Non s'illudano gli agricoltori che la stessa cosa non succeda in campo agrario. I socialisti preparano l'occupazione dei municipi e delle terre".

La conquista del municipio di Casale avvenne due mesi dopo, con le elezioni comunali del 24 ottobre 1920. Poco prima c'era stato il voto per il comune di Alessandria. Ma qui le urne si limitarono a confermare l'amministrazione socialista già in carica. Al Psi andarono 9800 voti, al blocco liberale moderato 3800, ai popolari di don Luigi Sturzo poco o niente.

Ernesto ricordava che i cattolici del Partito popolare e delle leghe bianche cantavano un inno copiato a metà da quello socialista, ma con i colori cambiati: "Avanti popolo / con fede franca / bandiera bianca / trionferà". Poi arrivò il voto di Casale e fu una drammatica doccia fredda per i borghesi che temevano la deriva massimalista del Psi.

Malgrado fosse una domenica di pioggia, l'affluenza

alle urne fu altissima per l'epoca: il 68 per cento. I socialisti vinsero a mani basse. Ottennero 32 seggi su 40. Divenne sindaco Giuseppe Rampini, un avvocato di 61 anni. Un signore magro dal tratto austero. E assai meno scaldato degli elettori che lo avevano votato.

La città dei poveri impazzì di gioia. Per la prima volta nella storia di Casale Monferrato, i ricchi erano stati scacciati da Palazzo San Giorgio, il municipio. Il campanone della torre di Santo Stefano, l'emblema laico della comunità, cominciò a suonare a festa già dalla sera di domenica, non appena chiuse le urne. Sino all'alba vagarono per le strade cortei improvvisati che cantavano *Bandiera rossa*. E la stessa bandiera venne alzata sul balcone del municipio.

Il giorno successivo, lunedì 25 ottobre, una fiumana di gente si raccolse in piazza del Cavallo. Ho davanti a me un ingrandimento della fotografia che venne scattata allora. Ne fu stampata una cartolina postale con la dicitura: "Casale Monferrato. Manifestazione di giubilo popolare per la vittoria del Partito Socialista nella conquista del Comune il 25 ottobre 1920".

La folla è davvero immensa. Tanto fitta che sembra stritolare il cavallo di bronzo sul quale sta issato Carlo Alberto, re savoiardo. Con una lente è possibile osservare i volti delle persone. Uomini di ogni età, quasi tutti con il cappello e la cravatta, poiché anche i poveri si erano vestiti a festa.

Colpisce la presenza di tantissime donne, spesso molto giovani e belle. Chi erano: operaie, sartine, modiste, serve nelle case di ricchi, disoccupate? Nessuna di loro aveva potuto votare, perché la popolazione femminile non possedeva il diritto di recarsi alle urne. E l'avrebbe conquistato solo ventisei anni dopo, nel 1946.

Quella fotografia è un documento molto raro. Non ricordo in che modo mi sia capitata tra le mani. L'ho fatta ingrandire e mettere in cornice, per poterla tenere bene in vista nel mio studio. Mi aiuta a ricordare che qualsiasi vittoria, per travolgente che sia, può durare poco. E l'immagine di un giorno di gioia diventa il simbolo di una tragedia.

Infatti, un anno dopo, nell'ottobre 1921, quella folla non esisteva più. Era diventata un fantasma. Sotto i colpi sferrati dalle squadre fasciste nate anche a Casale Monferrato.

31
Erano in tredici

Che cosa sono ventisei giorni nella storia di una città? Una microscopica frazione di tempo, un po' di giri completi per le lancette dell'orologio e nient'altro. Ma fu proprio questo l'intervallo che passò tra il grande raduno socialista nella città di Ernesto e un evento lì per lì ritenuto insignificante: la nascita del fascio di Casale Monferrato.

A costituirlo furono appena in tredici: tutti giovani e tutti reduci di guerra. Più un padrino destinato a diventare un pezzo grosso del regime di Mussolini. Era Cesare Maria De Vecchi, arrivato apposta da Torino nel pomeriggio del 20 novembre 1920, un sabato di freddo umido, con un velo di nebbia a coprire le colline sulla sponda destra del Po.

De Vecchi era nato a Casale nel 1884 e dunque aveva 36 anni. Di mestiere faceva l'avvocato, era un signore piccolotto di statura, la faccia larga e carnosa, il cranio rasato, i baffi cespugliosi simili a due code di scoiattolo. Nella guerra mondiale aveva combattuto come ufficiale di artiglieria e si era comportato da valoroso. E forse fu in quel conflitto che De Vecchi scoprì la sua vera vocazione. Non era di starsene chiuso in un ufficio legale, bensì di cercare l'azione e l'avventura adatta a un uomo di destra come lui.

A parte i baffoni, De Vecchi si distingueva per l'attitudine all'oratoria. Aveva cultura e intelligenza, ma spiccava soprattutto per la voce baritonale e il tono sempre un po' eccitato. I camerati che non lo amavano lo ritenevano un fanfarone dalla loquela facile. Gabriele d'Annunzio lo definì "una nullità tonante". Secondo alcuni, il poeta gli riservava anche un appellativo più volgare: "Un cazzo coi baffi".

Ma De Vecchi non se ne curava. Contava molto sulla propria irruenza e sull'impeto sommato all'energia del comandante. Era un monarchico blindato, a tutta prova. Per questo piaceva molto a Vittorio Emanuele III. Tra i quadrumviri della marcia su Roma, il quartetto di ras che affiancava Mussolini, il re si fidava soltanto di lui. Parlando in piemontese, Vittorio lo chiamava con affetto "il Barbison", ossia il Baffone.

Fra i tredici fascisti della sua vecchia città, tutti giovani di fegato, disposti ad andare contro la marea montante del bolscevismo italico, toccò a De Vecchi scegliere chi avrebbe dovuto guidare il primo nucleo di squadristi del Monferrato. E d'accordo con il segretario del nuovo fascio, Vladimiro Abrate, 30 anni, già capitano del Genio, indicò Giovanni Passerone.

In città non era conosciuto da nessuno o quasi. Ma possedeva tutti i requisiti per fare un lungo cammino all'interno del fascismo. Nato a Casale nel 1895, aveva 25 anni e in guerra era stato negli arditi, oggi diremmo nei commandos o nelle forze speciali. Si era battuto bene e gli austriaci lo avevano ferito due volte, alla spalla sinistra e alla gamba destra. Risultato: due medaglie d'argento e la promozione a tenente, con il via libera per diventare ufficiale di carriera.

Il camerata Passerone possedeva anche il fisico del ruolo, adatto a fare il comandante. Era un giovane alto, magro, muscoloso, ma segaligno, il volto dominato da un naso lungo con una piccola gobba in cima. Dall'aspetto si capiva che non era un tipo conciliante. L'espressione era arcigna, da duro sempre in servizio, un tipo guregn si dice in dialetto, coriaceo e difficile da mandare al tappeto.

Quando lo videro in azione, chi non lo soffriva completò il ritratto così: ha il sorriso da tigre e il tono tra il beffardo e il minaccioso. Infine era un uomo di poche parole. In un'epoca dove andavano di moda discorsi interminabili, e la retorica a passo lento, a lui non piaceva concionare: preferiva agire.

Non conosco se Passerone abbia mai pensato di entrare nei ranghi professionali dell'esercito. Sarebbe stato un militare perfetto. A cominciare dal coraggio quasi sfacciato, un'aggressività naturale e un ascendente molto forte nei confronti dei sottoposti. E invece trovò nel fascismo l'ambiente giusto per mettere in mostra qualità che non tutti possedevano.

Erano doti che si rivelarono preziose nella guerra civile fra rossi e neri, ormai imminente. E doti molto rare fra i socialisti del tempo. Nelle sue varie fazioni, il Psi era sempre stato contro la guerra. Amava i proclami più che le armi. Parlava e straparlava di rivoluzione, ma si mostrava incapace di prepararla. Dal momento che si poteva iniziarla in un solo modo: sparando. Una faccenda mica facile per chi aveva sempre predicato il pacifismo.

Dunque era fatale, quasi il risultato di una selezione naturale, che i guerrieri istintivi fossero in gran parte collocati a destra. Anche quando, tra il 1921 e il 1922, nacquero gli Arditi del popolo, una formazione creata da comunisti e socialisti, si constatò che erano soltanto una pallida imitazione di quelli neri.

Passerone, invece, era un uomo d'armi nato per usarle. Aveva rapidità nel decidere l'obiettivo da raggiungere. La forza nell'aggredire, tipica dell'incursore. La durezza nel colpire l'avversario. E la tenacia nel perseguire i propri scopi, giorno dopo giorno.

Nel cercare di capire di quale pasta fosse, mi sono più volte domandato se avesse anche un aspetto del carattere che negli esseri umani non mi piace e mi sgomenta: la crudeltà. La risposta è sempre stata la stessa: sì, Passerone era un uomo crudele.

I miliziani politici lo sono tutti. Ben più dei militari professionali o dei soldati chiamati alle armi da un monarca o da una repubblica. Si battono per uno scopo che hanno scelto loro e che li rende immuni da dubbi, incertezze, compromessi, sussulti di generosità. Pretendere la mitezza da un miliziano, nero o rosso che sia, è un controsenso.

Ancora oggi, a distanza di quasi un secolo, la storiografia di sinistra rifiuta di riconoscere questa verità. Considera gli squadristi soltanto mercenari, al soldo dei loro mandanti: i padroni di sempre, il capitalismo agrario e industriale alleato della monarchia. Certo, il denaro correva, e molto. Ma da solo non spiega nulla di quanto poi accadde. A cominciare dalla facilità con cui le camicie nere delle prime squadre sconfissero gli avversari.

La molla che faceva scattare i miliziani fascisti era l'odio politico per i sovversivi del bolscevismo italiano, i disfattisti, i neutralisti, gli spregiatori degli ufficiali congedati. La guerra civile del 1920-1922 concludeva la sfida iniziata nel 1915 sui tanti fronti del primo conflitto mondiale.

Passerone, infine, era un miliziano fortunato. Nel senso che i suoi nemici, le sinistre, invece di difendersi con energia dagli assalti dei fascisti, fecero l'impossibile per aiutarli a vincere. Due mesi dopo la nascita del fascio casalese, i socialisti, già separati tra massimalisti e riformisti, si divisero in modo definitivo con la scissione di Livorno. E con la nascita del Partito comunista.

Anche nella città di Ernesto la sinistra ne uscì frantumata. Ai socialisti rimase il controllo del municipio. Ai comunisti andò la Camera del lavoro. Qui gli iscritti erano oltre 7 mila, davvero tanti per un piccolo centro di provincia.

Un referendum interno del febbraio 1921 certificò che i comunisti erano 4052 e i socialisti 3200. A completare il caos, nei rioni e nelle frazioni abitate dai fornaciai e dai cavatori esistevano nuclei di anarchici. Gente decisa, ma pronta a fare soltanto ciò che le pareva e piaceva.

Ernesto mi raccontò: «In cuor mio, mi sentivo un socialista moderato. Non potevo essere altro, per tutta la miseria che avevo patito. Ero anche un ignorante, con la sola quarta elementare. La mia vera scuola era stata la guerra. Avevo visto il disastro di Caporetto. E con il senno di poi ho capito che era stato una specie di suicidio collettivo. Ma adesso mi sembrava di vedere le sinistre correre verso la loro Caporetto: un altro suicidio, questa volta politico e personale».

Passerone e i suoi camerati cominciarono a muoversi subito, sia pure con azioni da poco: qualche bastonatura, un po' di bandiere rosse strappate e sostituite con il tricolore. Le sinistre seguitarono a sbeffeggiarli. Nei cortei cantavano: «Sono tipi da galera, sono bande di ladroni, teschio bianco e mano nera, al servizio dei padroni». I fascisti replicavano gridando: «Con la barba di Turati noi farem gli spazzolini, per pulire gli stivali di Benito Mussolini».

Ma erano i padroni a vedere lontano. Si rendevano conto che la musica era cambiata e a loro vantaggio. Il 2 gennaio 1921, "La Terra", il giornale dei proprietari agricoli del Monferrato, scrisse: "Nel 1920 abbiamo gettato le fondamenta di una roccaforte. Oggi siamo ancora lungi dalla meta, ma verso essa abbiamo incanalato le forze disperse, inerti e inconsce della classe agraria".

Chi rivelava di non capire quanto stava avvenendo era lo stato maggiore delle sinistre casalesi. Nel leggere la raccolta del settimanale socialista, "Bandiera rossa", mi sono detto più di una volta che la povertà non ti offre mai nulla, neppure dei difensori decenti, in grado di tutelarti.

I disperati, quelli che possiedono poco o niente, avrebbero bisogno più di chiunque d'essere protetti e aiutati a uscire dalla gabbia della miseria. Ma i proletari italiani furono davvero sfortunati perché ebbero al loro fianco dei politici pasticcioni e inconcludenti.

Il fascismo di Mussolini poi si rivelò un regime autoritario e illiberale. Ma chi gli tenne il sacco, e lo aiutò a conquistare il potere, furono le sinistre di quel dopoguerra. Un blocco politico parolaio, in grado soltanto di andare a occhi chiusi dentro il baratro.

Da questo punto di vista, la lettura di "Bandiera rossa" è molto istruttiva. Il 3 febbraio 1921, quando gli squadristi di Passerone avevano già cominciato la loro guerriglia, i socialisti pensavano ancora di trovarsi di fronte un avversario inesistente. Lo definivano così: "I quattro gatti piuttosto spelacchiati del Fascio di combattimento casalese".

"Le loro forze fanno ridere" giurava "Bandiera rossa". Salvo poi scrivere che Passerone e i suoi preparavano "un attentato proditorio alla Camera del lavoro". E ancora: "Li avvertiamo che accettiamo la sfida. Le nostre rappresaglie saranno tali da togliere a chiunque l'idea di romperci i corbelli e per sempre".

Le ultime parole venivano stampate in caratteri più vistosi e in neretto. Ma era la conclusione dell'invettiva a lasciare stupefatti, come esempio di rischiosa balordaggine, tipica del topo che sfida il gatto: "Sotto, da bravi, egregi signori fascisti, se avete fegato!".

Il 6 marzo 1921, un mese dopo l'incauto proclama di "Bandiera rossa", ci fu la prima sparatoria e si registrarono i primi morti. Accadde subito dopo una festa convocata per inaugurare il gagliardetto fascista della città. C'erano state un paio di cerimonie. Una al Teatro Italia, di tipo conviviale. La seconda al Cinema Teatro Politeama, dove l'avvocato Ovidio Jublin aveva ricordato il contributo dei soldati casalesi alla guerra mondiale.

Terminati i festeggiamenti, un corteo di automobili e di camion lasciò la sede del partito, in via Mellana, diretto a Torino. Dopo aver attraversato il centro della città, imboccò via Giovanni Lanza per arrivare al ponte pedonale sul Po. Alla fine di questa strada c'era piazza Po. Qui si trovava l'edificio della Camera del lavoro. E nel transitarvi di fronte, il corteo venne raggiunto da più colpi di fucile e di rivoltella, sparati dal tetto o da qualche finestra della sede sindacale.

Con quell'imboscata, gli attentatori miravano a De Vecchi, sperando di accopparlo. "Barbison" viaggiava su una limousine scoperta, seduto accanto a tre attempati tamburini dell'esercito piemontese. Due di loro furono uccisi, insieme a un fascista di Torino, Luigi Scaraglio, un ragazzo di 19 anni, volontario a Fiume con D'Annunzio. De Vecchi venne soltanto ferito.

La rappresaglia scattò subito. Passerone e i suoi squadristi riuscirono a penetrare nella Camera del lavoro, in quel momento piena di iscritti al sindacato, arrivati dal circondario per le votazioni dell'Alleanza cooperativa. Uno di loro, il primo capitato a tiro, fu ucciso a pugnalate. Altri quindici rimasero a terra feriti. Poi i fascisti cercarono di bruciare l'edificio, ma non ci riuscirono.

Da quel momento, la guerriglia fra i fascisti e i socialcomunisti non si fermò più. Gli squadristi crebbero di numero, arrivando presto a 122, divisi in sette squadre di neppure venti uomini ciascuna. Nel Monferrato si videro morti e feriti da una parte e dall'altra. Ma si scoprì subito che i più forti erano le camicie nere di Passerone e non le sinistre. Per un complesso di vantaggi che, in seguito, mio padre Ernesto riassunse così.

Prima di tutto, Passerone e i suoi erano giovani, al di sotto dei 30 anni. Avevano combattuto in guerra e sapevano usare bene fucili e revolver. Non si facevano scrupoli a uccidere un avversario. Gli era toccato farlo più volte da soldati. E non esitavano a rifarlo, davanti a un nemico che consideravano ben più pericoloso degli austriaci. Erano bravi nell'assalto a sorpresa: un'altra tattica imparata al fronte.

Il fatto che si sentissero le spalle coperte dai ricchi non contava poi molto. Un colpo di fucile poteva arrivarti all'improvviso, quando nessun signore dal portafoglio gonfio era lì a farti da scudo. Lo si era visto il 6 marzo, nell'attentato organizzato dai comunisti della Camera del lavoro.

Ma il vantaggio più grande era un altro. I fascisti si erano scelti la parte di chi attacca, mentre socialisti e comunisti stavano nella scomoda posizione di chi deve difendersi. Una differenza cruciale che Ernesto aveva già constatato a Budapest, quando i bianchi dell'ammiraglio Horthy non avevano faticato a liquidare i sostenitori di Béla Kun.

Infine, gli squadristi di Passerone sentivano di appartenere a un potere nascente, destinato a vincere. Mentre i socialisti più avveduti si rendevano conto di essere alla fine della corsa. Soltanto i comunisti s'illudevano ancora di imporre la rivoluzione proletaria. Anche se i più accorti tra loro intuivano che in Italia non ci sarebbe stata nessuna repubblica rossa.

Fu così che, all'inizio del 1922, gli squadristi di Passerone potevano già considerarsi i padroni della città e del Monferrato. Il loro predominio si era imposto subito, nel corso dell'anno precedente. Tanto che la festa del Primo maggio 1921 si ridusse a poco o niente.

La città venne imbandierata con tricolori e fasci. Socialisti e comunisti tentarono di organizzare un corteo, preceduto da una grande bandiera rossa. Ma vennero assaliti dagli uomini di Passerone che li dispersero e s'impossessarono del vessillo. E lo calpestarono.

Il 15 maggio 1921 si tennero le elezioni generali, dopo una campagna tormentata dalle violenze fasciste e dalle risposte dei socialisti e dei comunisti. L'esito lasciò capire che i tempi stavano cambiando. Nella provincia di Alessandria, un territorio rosso, il Blocco di difesa nazionale, oggi diremmo il centrodestra, risultò il vincitore, sia pure di poco rispetto ai socialisti.

Le amministrazioni comunali di sinistra cadevano una dopo l'altra. A Casale il sindaco Rampini venne manganellato a sangue e fu costretto ad andarsene. Nell'aprile 1922 alle nuove elezioni comunali vinse il Blocco dei partiti costituzionali, ossia la borghesia.

Nel frattempo, gli squadristi di Casale e dintorni, riuniti nella Legione del Monferrato, dilagavano nelle province vicine. In appoggio ai camerati che scioglievano, una dopo l'altra, le giunte socialcomuniste. Fu il blitz decisivo, la premessa alla conquista del potere in Italia.

Dopo la marcia su Roma, il comandante Passerone divenne un piccolo duce. Oggetto di un vero culto della personalità. Nel febbraio 1923, "La Scolta", il settimanale fascista di Casale, gli dedicò un grottesco capolavoro di retorica. Aveva "occhi calmi, fieri e fiammeggianti". Il volto era "aspro e generoso". La punta del naso "somigliante a quella di un pugnale di buon acciaio".

E infine il carattere: "Non esitò quando tutti esitavano, non ebbe paura quando tutti tremavano. Oggi è ancora di vedetta: capo e gregario come sempre. Politico no, perché buono, sincero, generoso. Soldato e Italiano sì, tra i più grandi, i più forti, i più incorruttibili".

Come sempre accade in tutte le rivoluzioni, Passerone fu messo un po' in ombra dai gerarchi del nuovo regime. Si ritornò a parlare di lui nel 1926, in seguito a una guasconata decisa per dimostrare che restava pur sempre un uomo senza paura. In piazza Castello aveva messo le tende un circo equestre, completo di animali feroci. Passerone entrò da solo nella gabbia dei leoni e vi sostò a lungo, fissandoli senza dire una parola.

Come ricorda Gabriele Serrafero in *Anni Trenta*, pubblicato dalla Libreria Giovannacci nel 1969, "fu una serata memorabile. Ne parlarono le cronache di tutto il Piemonte. I leoni erano nervosi ed eccitati. Alcune donne svennero per l'emozione". E la popolarità del capo fascista casalese risalì alle stelle.

Ma il suo ambiente vero era la guerra. Nel 1935, Passerone andò in Etiopia per sconfiggere il Negus. L'anno successivo rientrò in città da vincitore. Al comando di una nuova legione, l'Acciaiata. Quattro anni dopo, allo scoppio del secondo conflitto mondiale, ritornò in Africa orientale, di nuovo per combattere.

Aveva già 45 anni e venne catturato dagli inglesi. Fu rimpatriato nel gennaio 1946, con un piroscafo carico di ex prigionieri italiani. Ma allo sbarco a Napoli trovò ad aspettarlo i carabinieri. Con un mandato di cattura per le vecchie imprese da squadrista. Passerone fu portato nel carcere di Alessandria e poi in quello di Casale. Forse venne processato e rimase in cella per un po' di tempo.

Poi di lui si persero le tracce. Gli sconfitti degli anni Venti avevano vinto la seconda guerra civile, quella fra il 1943 e il 1945. I fascisti tenevano la testa bassa, ma lui no. Per poter campare, lavorava da cameriere in un caffè del centro di Torino. Però se incontrava qualcuno di Casale Monferrato non si nascondeva.

Scuotendo la criniera da leone bianco, ringhiava: «Non dimenticate che sono il comandante Passerone!». Nel 1979, spirò nel suo letto. Alla bella età di 84 anni.

Epilogo
Giovanna

A questo racconto manca un personaggio: Giovanna, mia madre. L'ho lasciata per ultima a causa di due motivi. Uno facile da spiegare. L'altro più complesso, tanto da procurarmi un po' d'imbarazzo.

La prima ragione è che lei è entrata nell'esistenza di Caterina e di Ernesto quando molti dei fatti narrati sin qui erano già accaduti. Giovanna aveva percorso una vita parallela a quella di mio padre. Per certi aspetti non molto diversa dalla sua. Ad esempio la povertà della famiglia e l'avvio al lavoro da bambina. Ma per anni sono state due linee rette che sembravano destinate a non incontrarsi.

Il secondo motivo è il rapporto speciale che ho avuto con mia madre. E che continuo ad avere, anche se lei è mancata da molto tempo. Durante la mia giovinezza e nella maturità, la figura di Giovanna non ha mai occupato dentro di me un posto importante. Pensavo soprattutto al lavoro di giornalista, un mestiere che mi piaceva e mi assorbiva molto.

Le uniche figure femminili a contare erano quelle delle donne che incontravo e mi diventavano care, per molto tempo o per poco. Prima fra tutte mia moglie Lidia. È la donna che ho sposato, mi ha dato un figlio e mi ha affiancato con generosità nella mia ascesa professionale. Siamo vissuti insieme per tanti anni. E non le sarò mai abbastanza grato per l'amore che mi ha offerto, sopportando con pazienza i miei errori.

Le altre donne le osservavo nelle loro qualità e nei loro difetti, senza mai paragonarle a mia madre. Ma quando sono arrivato ai capelli bianchi, la figura di Giovanna è ritornata di prepotenza nella mia vita. Ho iniziato a pensarci quasi tutti i giorni, e a confrontarla con Adele, la donna della mia età matura. Sempre più spesso, Adele mi ricorda mia madre: nel modo di fare, nelle parole che usa, nei gesti generosi, nella cura che ha per me. Sono regali che ricevo da lei ogni giorno. E mi confermano di essere amato.

Anche Giovanna mi ha amato molto. E io ho amato lei. Succede sempre ai figli maschi nei confronti della mamma. L'hanno chiamato il complesso di Edipo. Io ho cominciato ad avvertirlo solo pochi anni fa, il giorno che mi sono capitate tra le mani delle fotografie di mia madre giovane. Immagini che risalgono alla seconda metà degli anni Venti, quando lei andava per i 25 anni.

Le fotografie avevano come sfondo un posto di mezza montagna e poi la piazza del Santuario di Oropa, sopra Biella. Era una meta frequente delle gite che partivano dalla nostra città. Si andava in treno a Biella, poi si saliva sulla tramvia elettrica che conduceva al Santuario. Lo scopo dichiarato era di venerare la Madonna Nera. Ma il piccolo viaggio diventava l'occasione di una breve vacanza: una pausa fra tante giornate di lavoro.

In quelle immagini, Giovanna era una perfetta ragazza del suo tempo. Con la gonna al ginocchio. La blusa dalla vita lunga. Le scarpe con il tacco alto e il cinturino alla caviglia. I capelli castano scuro pettinati alla garçonne, alla maschietta, molto corti, ondulati, i ricci sulle orecchie, la riga a sinistra.

Di corporatura era snella, però non troppo asciutta. Le gambe ben tornite e le caviglie sottili. Il busto slanciato. Il seno s'indovinava pieno, ma non pesante. Se allora avessi incontrato Giovanna l'avrei definita una falsa magra. Che si trovava nel momento magico per la bellezza delle donne di quel tempo.

Ma a incantarmi era soprattutto il volto. A cominciare dagli occhi che, in seguito, mi scruteranno con dolcezza per anni. Occhi di un colore per me indimenticabile: castano chiaro, con riflessi dorati. La fronte alta. Il naso diritto con la punta un pochino all'insù. Il mento con la fossetta. La bocca dalle proporzioni perfette, con il labbro superiore a cuore.

Infine il sorriso. Da ragazza sveglia e generosa, volitiva e ottimista. Capace di affrontare la vita senza timore delle difficoltà. Neppure quelle che deve superare chiunque nasca povero, con poco o niente in tasca. E ha imparato sin da piccolo che le avversità si possono superare se possiedi una testardaggine allegra.

La Giovanna che ho conosciuto da adulto non aveva più questo aspetto fisico. Era nata il 20 agosto 1903 e quando sono venuto al mondo, primo di due figli, aveva 32 anni, compiuti da poco. Nel crescere, l'ho vista entrare nella maturità e poi invecchiare. Il giorno che è mancata, il 4 maggio 1971, stava per compiere 68 anni. Era caduta in casa e aveva riportato la frattura di un femore. Dopo l'intervento in ospedale, intervenne il coma e spirò.

Possiedo molte fotografie di me bambino e di mia sorella Marisa con i nostri genitori. Ma l'immagine di Giovanna che mi è rimasta nella memoria è quella che ho descritto.

Può un figlio anziano desiderare di aver incontrato la madre quando lei era ragazza? Certo che può. È un desiderio che provo di continuo. Non c'è nulla di strano o di storto in questo. Il motivo è uno solo: invecchiando, si ha paura di morire. E allora vorremmo ritornare bambini, fra le braccia di una donna giovane.

Giovanna era stata una bambina povera. Non quanto Ernesto, ma quasi. Aveva visto la luce ad Asigliano Vercellese, quarta tra i sei figli di un bracciante, Luigi

Cominetti, e della sua giovanissima moglie, Teresa Cominetti.

Tanti anni dopo, sono andato apposta ad Asigliano, volevo vedere il posto dove era nata mia madre. Ho incontrato un bel paese di pianura che stava tutto in un pugno. Un municipio rosa confetto e bianco, restaurato da poco. Una grande casa dalla facciata dipinta di nuovo, con qualche trompe-l'oeïl bizzarro, molto curato. In uno si vedeva la giovane padrona del palazzo affacciata a una finestra, intenta a sbirciare l'arrivo di un moroso.

La casa dei Cominetti stava a un passo dalla piazza, in vicolo Santa Caterina. Mi sembrò una bicocca abbastanza malandata e per arrivarci bisognava superare un cancello e poi un cortile. Il cancello lo trovai chiuso. Domandai ad alta voce se potevo entrare. E dietro le sbarre comparve un vecchio signore, affiancato da un cane lupo più bacucco di lui. Gli spiegai che nella casa in fondo alla corte era nata mia madre e che desideravo fotografare il posto.

L'uomo scosse il capo e borbottò: «Il padrone è mio fratello che adesso non c'è. Mi ha ordinato di non far entrare nessuno. Da queste parti girano troppe facce sconosciute, immigrati clandestini o delinquenti». Gli dissi che ero un giornalista e mostrai il tesserino professionale.

Ma lui non si lasciò convincere e brontolò: «Vada via, altrimenti le scateno addosso il lupo». Guardai il cane. Si era già sdraiato al sole e dormiva. Salutai il signore sospettoso e me ne andai da Asigliano deluso.

Come Giovanni Pansa, il mio nonno paterno, anche Luigi Cominetti era un contadino senza terra, abituato a cambiare lavoro e paese di residenza. La sua fotografia e i racconti di Giovanna mi suggeriscono che era un uomo piuttosto alto di statura, ossuto, mani forti, viso largo e ben scolpito, con i baffi sottili.

Aveva l'aria del tipo che sa sempre che cosa fare. Negli atti di nascita dei suoi figli risultava di una professione ogni volta diversa: taglialegna, carrettiere, boscaiolo, segatore, falegname. Anche lui e la moglie venivano dal Vercellese e, come era accaduto alla famiglia di Ernesto, si trasferirono da un posto all'altro, alla ricerca di un salario migliore. Dapprima Vercelli, poi Prarolo, Asigliano, Desana e infine Casale Monferrato.

Sua moglie Teresa, la mia nonna materna, era povera quanto lui. Da ragazza e da giovane sposa aveva fatto tutti i mestieri di chi nasce senza la camicia indosso: donna di servizio, lavandaia, bracciante, mondariso. Era di Lignana, un paese di risaie fra Desana e Vercelli. Qui conobbe Luigi e lo sposò a Salasco, un altro paese della Bassa, fra il capoluogo provinciale e Santhià.

Luigi arrivò a Casale perché aveva trovato lavoro presso un commerciante di legname che possedeva dei boschi. La paga era decente, dal momento che lui sapeva tutto delle piante ed era anche in grado di fare il meis da bòsch, il falegname. I Cominetti e i cinque figli, poi diventati sei, si stabilirono in via Saletta, una strada che s'immetteva in via Lanza, a pochi passi da piazza Po. Dove in seguito sarebbe avvenuta la sparatoria tra socialisti e fascisti nel marzo 1921.

Qui crebbe Giovanna che, dopo la licenza elementare, venne subito messa al lavoro. In quell'epoca, fra il primo e il secondo decennio del Novecento, di solito le femmine venivano spedite a faticare in una filanda. Anche i maschi avevano la strada segnata: le cave di marna, le fornaci, i cementifici o l'Eternit, la fabbrica dell'amianto nata nel 1906.

Ma i Cominetti presero una decisione che all'inizio poteva sembrare poco assennata: niente fabbrica per nessuno dei figli. La scelta giusta era di imparare un mestiere. Dopo un periodo di cinghia tirata, gli sarebbe servito a campare meglio.

Il primo maschio, Pierino, divenne un bravo falegname, come Nino, il fratello minore. Il secondo, Giuseppe, chiamato Pinot, imparò a fare il calzolaio. La terza figlia, Angiolina, diventò sarta da uomo. La più piccola, Maria, avrebbe fatto la sarta per bambini e in seguito aprì una merceria in via Lanza.

Una volta presa la licenza elementare, Giovanna fu mandata in una pellicceria a fare la piccinina. Vale a dire la bambina che impara a cucire, con le mani e con la macchina Singer. Era il primo passo di un lungo cammino nel mondo delle confezioni per signora e della modisteria.

Era l'estate del 1913 e lei stava per compiere 10 anni. La sua prima paga fu di zero lire. Ma in compenso si impadronì del mestiere che avrebbe poi fatto sempre, insieme a quello della modista. Erano entrambi lavori adatti al suo carattere: tenace, gioioso, curioso della vita, un tantino spavaldo.

All'inizio degli anni Venti, a Casale stava infuriando la guerra civile tra socialisti e fascisti. Ma la famiglia Cominetti, come tante altre della città, ne rimase estranea. Tutto quel subbuglio la spaventava. E aveva un solo obiettivo: uscire dalla povertà. Schierarsi con i rossi o con i neri non l'avrebbe aiutata a risolvere il suo problema.

Nel lavoro Giovanna, ormai una bella signorina con un personale di prim'ordine, era diventata bravissima e instancabile. Di sera, con l'aiuto della sorella minore, Maria, faceva le ore piccole in casa, confezionando trapunte e ricamando coperte e tovaglie. Ma cucivano anche i vestiti per se stesse. Da indossare il sabato e la domenica nelle sale da ballo.

Giovanna era una ballerina bravissima. Non aveva altro svago che quello. Lo stesso di tante altre ragazze della città: molto pudiche nella vita privata, ma capaci di scatenarsi sulla pista. A Casale, che allora aveva 36 mila abitanti, il sabato e la domenica si ballava tanto, nei palchetti coperti da un tendone colorato o nelle sale al chiuso. Il luogo più moderno era il Gran Salone Roma, aperto nel 1924, con luci a giorno, riscaldamento e bagni quasi lussuosi.

I veglioni si succedevano a ritmo battente per tutto l'anno. I maschi accorrevano in massa per corteggiare o almeno adocchiare le ragazze. E le ragazze per farsi ammirare dai giovanotti. Potevano nascere amori imprevisti. Anche perché nel pubblico femminile era difficile distinguere le figliole povere da quelle benestanti.

Erano tutte snelle, con la gonna al ginocchio, le calze di seta artificiale ben tirate grazie ai corsetti o ai reggicalze. Andava di moda la giarrettiera fantasiosa, considerata un'arma di seduzione. Infine era indispensabile portare il capello corto, con la frangetta all'egiziana o con le onde e i ricci. Le labbra cominciavano a coprirsi di rossetto e le unghie di lacca rossa o viola.

Tra chi non approvava nessuna di queste novità scandalose, a cominciare dal ballo, c'era anche il vescovo della città, monsignor Albino Pella. Nato nel 1865 a Valdengo, nel Biellese, dopo essere stato vescovo di Calvi e Teano, era stato inviato a Casale nel 1915, al compimento dei 50 anni. Uomo riservato, ma dal carattere deciso, si era scandalizzato per la réclame del tango: una danza lasciva, con la coppia troppo avvinghiata e in pose immorali.

Monsignor Pella protestò, però non venne ascoltato. Il ricordo della guerra e dei tanti morti scannati nelle trincee bruciava ancora, poiché era assai vicino nel tempo. La gioventù, a cominciare da quella con pochi soldi in tasca, aveva un solo desiderio: dimenticare i guai della vita. E voleva divertirsi.

Insieme al tango, andavano molto il foxtrot, lo shimmy, il charleston e l'intramontabile valzer. Accanto al ballo, trionfava l'operetta. A Giovanna piaceva davvero tanto. Anni dopo, sapeva ancora a memoria i motivi della *Principessa della Czarda*, della *Madama di Tebe*, della *Duchessa del Bal Tabarin*.

Ernesto e Giovanna si conobbero in una sala da ballo nel 1924, l'anno del delitto Matteotti. Lui aveva 26 anni, lei 21. Del loro incontro non so altro. Ma non credo di sbagliare se immagino che si rividero più di una volta, cominciarono a parlarsi, si conobbero meglio. E infine scoprirono di piacersi e poi di amarsi.

Giovanna era la bella ragazza che ho descritto. Ernesto un giovanotto poco più alto di lei, snello, con le braccia robuste per via delle continue arrampicate sui pali del telegrafo, il volto sempre abbronzato di chi lavora all'aria aperta. Anche lui aveva un bel viso, una mascagna di capelli neri e folti, lo sguardo da persona buona, incapace di far del male a una mosca.

Il fidanzamento durò cinque anni. Davvero tanto anche per quei tempi. Il perché lo immagino e penso che dipendesse da Giovanna. Lei voleva affermarsi nel lavoro da modista e consolidare il piccolo laboratorio di mode. L'aveva creato con un'amica, Olimpia Musso. Stava in via Saletta e in seguito lo trasferirono nel centro della città, in piazza Coppa. Infine ognuna andò per la propria strada e Giovanna riuscì ad aprire un negozio tutto suo, in via Roma, di fronte all'Hotel Leon d'Oro.

L'insegna diceva "Mode Pansa" perché, nel frattempo, Giovanna ed Ernesto si erano sposati. Le nozze avvennero il 14 settembre 1929, alla chiesa della Madonnina, nella parrocchia dell'Addolorata. Da qualche settimana lei aveva compiuto 26 anni. Lui stava per farne 31.

Il matrimonio fu celebrato alle sei e mezzo del mattino. Niente fotografie. Niente rinfresco, ma soltanto una prima colazione al Caffè Rossignoli, a un passo da piazza del Cavallo. Poi gli sposi partirono per il viaggio di nozze, a Riva del Garda, in un piccolo albergo. Fu l'unica vacanza della loro vita.

Al ritorno, Giovanna andò ad abitare nella casa di Ernesto. Lui viveva con la madre Caterina in un alloggio in via Alessandro Oddone. L'appartamento stava nei pressi dei giardini pubblici, sul fianco della Casa di riposo, l'antico Ospizio di carità: una grande costruzione del Settecento, maestosa e cupa. Soltanto più tardi si trasferirono in piazza Coppa e poi in via Corte d'Appello.

Quando stavano ancora in via Oddone, ogni tanto, la nonna Caterina osservava dalla finestra la mole della Casa di riposo. E sospirava: «Prima o poi mi manderete lì». Giovanna le replicava, sorridendo: «Ma che cosa dite, mamma? Vi terremo con noi per tutti i cent'anni che camperete». Infatti andò così.

Non doveva essere facile vivere con una suocera come Caterina. Ho già raccontato che esistenza infernale le fosse toccata. Il carattere era da donna che aveva sempre dovuto lottare per sopravvivere e crescere da sola sei bambini.

Ma da nuora Giovanna si rivelò imbattibile. Tra le sue doti c'era anche l'astuzia intelligente e generosa. Convissero bene per tanti anni, grazie all'ottimismo di mia madre e al suo cuore davvero grande.

Giovanna diceva di se stessa: «Sono sempre stata una volontaria. Non ho mai conosciuto che cosa fosse la gnàgnera, la svogliatezza malinconica. Ho sempre pensato che un'ora di sole asciuga tutti i bucati. E niente mi ha mai fatto paura».

Aveva un'attenzione speciale per il suo Ernesto. Lei era sempre elegante, come imponeva l'essere padrona di un negozio di mode. Ma voleva che anche lui lo fosse, almeno nei giorni di festa. Allora lo suagnava, come si dice nel nostro dialetto. Ossia lo tirava a lucido, e lui usciva con l'abito giusto, i pantaloni con la piega perfetta, la camicia bianca, la cravatta bene annodata, le scarpe a posto. Poi Giovanna se lo coccolava con lo sguardo, dicendogli soddisfatta: «Stai davvero bene, mio caro Netu!».

Si erano sposati tardi, rispetto agli usi del loro tempo. E divennero anche genitori tardi. Non conosco se per scelta o per circostanze della vita. Quando nacqui io, Giovanna aveva compiuto da poco 32 anni. Mia sorella Marisa venne al mondo quando andava per i 34. Molto tempo dopo, un'ostetrica importante mi disse: «Sua madre è stata una primipara attempata».

Attempata? Lì per lì, ci rimasi male. Era soltanto un giudizio professionale, però mi sembrò un po' offensivo per Giovanna. Stavo già nella terza età e l'immagine di mia madre che mi portavo dentro era quella di una bellezza in bicicletta. Certe notti veniva a trovarmi in sogno. E a me sembrava di avere di fronte una giovane amante, sorridente e maliziosa.

Per fortuna, prima di arrivare al dunque, intendo a quel che succede fra due morosi, la sua figura si dissolveva e al suo posto appariva Adele. Insieme a Lidia, sono queste due donne speciali i poli della mia vita. Finché mi andrà così, non posso che ringraziare il Padreterno per essere stato tanto generoso con me.

Indice dei nomi

Indice